JN232396

人の社会性とは何か

――社会心理学からの接近――

永田良昭 著

ミネルヴァ書房

まえがき

　人は，社会的動物であると言われる。誕生間もない子どもは大人の手助けなしには生きられない，といった答えは間違いとは言えないにしても十分ではない。哺乳動物はその点は同じである。人間らしい特徴の表現にはなり得ない。
　どのような答えが期待されるのであろうか。その回答を示すことが本書の目的である。
　本書に提示されている答えは，かなり回りくどいように見えるかもしれない。また，本書は格別目新しい資料を利用しているわけではない。同じ資料を紹介している著作は数えきれないほど存在する。
　しかし，類書と異なるところを挙げれば，本書にはストーリーがあると言えばよいであろうか。
　複雑な現実が，簡明な仮説によって予測し説明できるとすれば知識の整理のためには好ましい。これを前提に置けば，本書は未完成ではあるが，かなりの社会行動の理解を可能にする仮説を提示しているつもりである。
　ストーリーがあるというのは，"いろいろ面白い現象があることがわかった"という面白さを目的としたのではなく，理屈を立てようとしたということである。
　人間行動の研究において，多くの教科書では事実をありのままに観察することが強調されてきたと思う。多くの事実が集積されるにしたがって，やがてわれわれの得た知識を体系化する理論が自ずと構成されるという考え方である。
　しかし，これは楽観的に過ぎるであろう。われわれの知識というものの性格の理解としては素朴に過ぎる。
　たとえ研究者自身が自覚していないとしても，研究者が現実を観察し，さら

に実験を通じて，あるいは調査によって明らかにしようとする事実は，その研究者の素朴な関心，暗黙の理論，大げさに言えば人間観に規定されているところが大きい。

　　黒いハート，赤いスペードなどの色ちがいのまがいものを通常のトランプに混入して提示した場合，実験参加者が通常のトランプと異なるものがあるのに気づくのは意外に容易ではない。
　（Bruner & Postman, 1949）

トランプという思い込みが現実を見えなくさせているのである。

ありのままの事実というのは，それを記述した研究者のものの見方，関心に基づいて見出された事実である。同じ場面を全く異なる関心に基づいて観察した別の研究者は，それとは異なる事実を見出す可能性がある。

観察者，実験者は，ありのままの事実を観察しているつもりでも，それはある視点，人間観に基づいて観察した結果として見出された事実である。

実証という方法を用いることは，逆説的であるが，この問題に対する一つの方法上の回答である。

それは，実験者の言葉ではなく実験計画を子細に検討することによって問題意識は何か，問題意識の背後にある人間観はどのようなものか，如何なる事実の有無を観察しようとしたのか，何を観察しようとして実験を行なったのかが如実に示されるからである。

あるいは，調査の質問の項目内容を知ることで研究者の関心，人間観を知ることができるはずである。

われわれは暗黙のものであれ仮説に基づいて事実を観察している。しかも，その仮説に従って観察の方法も相違する。そのために，実験であれ，観察であれ，個々の操作の相違に密着していたのでは操作の種類に応じた数の事実を羅列することしかできない。しかし，これでは収集された事実の体系的理解を得ることは不可能である。

また，社会という既成の枠組の中に人は生まれ育つという視点を当然のこと

としている場合が多いこれまでの社会行動研究に対して，本書は，社会はわれわれ自身にほかならないという見方をとろうとしている。

　今日の社会行動研究には，例えばその教科書の原型の一つであるクレッチらの教科書（Krech, et al., 1962）にみられるように，伝統的に，研究の主題はあくまで個人の行動であるという認識が背景にあるように思われる。さらにその背景には，社会行動研究の歴史という過去の影響がある。

　しかし，われわれを離れてその外に社会が存在するわけではない。われわれ自身も社会の一部である以上は，人が社会からどのような影響を受けるか，という問題の提起自身がもともと安易に過ぎるのではないであろうか。

　このような視点そのものは新しいものではない。この問題は，形を変えて表現すれば，個と社会の関係をどのようにとらえるかという言い方でとりあげられることが多い。しかし，個と社会という2分法そのものから検討されるべき（Alexander, et al., 1987）なのである。

　ミード（Mead, 1934）を出発点とするいわゆるシンボリック相互作用論においては，その展開の過程におけるそれぞれの若干の相違はあるとしても，個と社会といった2分法を認めないはずである（船津，1995を参照）。

　本書は，これに関係するこれまでの研究史を論じることを目的としているのではない。人が社会からどのような影響を受けるかではなく，人と社会とを一つの関係態として理解しようとしたときに，これまでに蓄積されてきた資料をもとに，どこまで裏づけのある考察が可能であるかを手探りしようとしたものである。

　本書では，あえて本文中でのこまかい数量的資料を提示することは必要最小限度にとどめた。行動に関する数量的な資料は，物理量や社会統計とは異なり，数値そのものは絶対的な意味をもたないものが多い。そのために変数間の関係を示すために必要な場合以外は，可能な限り数値の提示は行なっていない。読者に煩雑な思いをさせないための配慮でもある。

　本書の著者の資料解釈が妥当か否かを詳細に検討するうえで必要と思われる資料やその資料収集の方法，実験の手続きについてやや詳しい注をつけている。

もちろん，注記はあくまで注であり，無視されても本文の理解に影響はないつもりである。

　一方で，本文では考察の手掛かり，材料として生の具体的な事例をなるべく多く提示することを試みた。それは本書の著者が明らかにしたい事実を実験室内での出来事や研究者の枠組によって整理された形ではなく，具体的な生の現象にその例を見出して示そうとしたためである。

　しかし，本文中に示されているエピソードや事例のみが著者の仮説の根拠ではない。むしろさまざまな実験研究，調査研究の結果から得られるモデルに該当する現象が日常的な世界の中でどのように現われているかについて，適当と思われる事例，エピソードを紹介したつもりである。

目　　次

まえがき

序　章　社会的動物としての人 ……………………………… *1*

　　(1)　一つの例示
　　　　——アッシュの古典的実験 ……………………………… *1*
　　(2)　独立的な人という虚構 ……………………………… *5*
　　(3)　社会的真実性の世界 ……………………………… *9*

第1章　道具としての他者と目的としての他者
　　　　——人間関係・組織過程の二重構造 ……………… *18*

　　第1節　工場における人間関係と矯正施設における人間関係
　　　　　　——事例を読む ……………………………… *18*
　　(1)　ホーソン工場にみられる人間関係 ……………… *18*
　　(2)　矯正施設における人間関係 ……………………… *26*
　　(3)　工場と矯正施設に共通にみられる人間関係の次元 ……… *31*

　　第2節　人間関係，集団・組織過程の基本的次元 ……… *36*
　　(1)　現象としての人間関係，集団・組織過程の2つの側面
　　　　——道具的・手段的関係と自己完結的関係の特徴 ……… *36*
　　(2)　人間関係，集団・組織過程の道具的・手段的関係と自己完結的
　　　　関係の間の現象的関係 ……………………………… *44*

第2章　人間関係，集団・組織体の成り立ち
　　　　——原型としての成立過程と現象型 ……………… *53*

　　第1節　人間関係，集団・組織体における道具的・手段的関係の
　　　　　　成立過程 ……………………………… *53*

  (1) 協同の体制すなわち集団・組織体の成立過程 ················ 53

  (2) 協同関係における各構成員の保持する資源とリーダーシップの成立 ················ 59

 第2節 自己完結的関係の成立過程 ···················· 70

  (1) 自己完結的関係とは何か
   ——好意あるいは魅力についての類似性要因説の理論的検討 ············ 70

  (2) 魅力に関係する類似性とは何を意味するか ················ 81

 第3節 人間関係，集団・組織過程の道具的・
   手段的関係と自己完結的関係の諸形態 ···················· 88

  (1) 親子，同輩関係にみられる人間関係の2つの側面 ·········· 88

  (2) リーダーシップあるいは組織過程の次元 ················ 93

  (3) 記述的研究の示す関係の2次元の現象的な共通性
   ——道具的・手段的関係と自己完結的関係の存在 ················ 97

第3章 人間関係に生じる矛盾とその統合の過程
   ——道具としての関係と目的としての関係の矛盾 ················ 100

 第1節 人間関係の組織化にともなう二重構造の発生 ·········· 100

  (1) 人間関係の組織化にともなって生じる2つの機能と構造の矛盾 ···················· 100

  (2) 人間関係の矛盾する過程の現象的顕在化 ···················· 109

  (3) いわゆる凝集性—魅力説の問題点 ···················· 112

 第2節 民主的対専制的組織運営の問題および
   それに関係する組織体の諸問題
   ——古くかつ未解決の問題 ···················· 119

  (1) 民主的運営と専制的運営における組織体の活動 ············ 119

  (2) 現実の集団・組織体における問題
   ——組織体の道具性の問題 ···················· 123

(3)　教育組織あるいは学級における問題 …………………………… *129*

第4章　人間関係が人をつくる …………………………… *134*

第1節　社会性の基盤を考える …………………………… *134*

　　　(1)　欲求としての人間関係という考え方 …………………………… *134*

　　　(2)　社会的な関係の欠如の兆候としての孤独感
　　　　　——関係への欲求 …………………………… *137*

第2節　人間形成の契機としての人間関係 …………………………… *145*

　　　(1)　認知の構造的変容の契機としての人間関係 …………………………… *145*

　　　(2)　類似性と対人魅力
　　　　　——再説 …………………………… *152*

第5章　人，人間関係，社会 …………………………… *160*

第1節　"自分捜し"の時代 …………………………… *160*

　　　(1)　集合的同一性と個人的同一性
　　　　　——"捜される自己"とは何か …………………………… *160*

　　　(2)　同一性確立への要求を示す一事例
　　　　　——血液型性格関連説への関心 …………………………… *166*

　　　(3)　血液型性格関連説への関心の消長の意味するもの …………………………… *172*

第2節　人間関係，集団・組織体，社会 …………………………… *176*

　　　(1)　集合的同一性と個人的同一性の成立 …………………………… *176*

　　　(2)　同一性の形成に関する試論
　　　　　——集合的同一性と個人的同一性の形成 …………………………… *185*

第3節　微視的心理過程と社会現象をどのように関係づけるか
　　　　　——血液型性格関連説の流行を例とした事例的試論 …………………………… *190*

　　　(1)　微視的心理過程の変動—— 一つの方法的試行のための事例研究
　　　　　1930年前後と1970年代後半を読む …………………………… *190*

(2) 1930年前後と1970年代後半以降の社会 ……………………… *196*
　　　(3) 1930年前後と1970年代後半以降の社会心理的状況 ……… *199*

終　章　本書の仮説と仮説構成の方法 ………………………………… *206*
　　　(1) 本書の仮説 ………………………………………………… *206*
　　　(2) 本書の仮説構成の方法 …………………………………… *209*

　引用文献 ……………………………………………………………… *212*
　事例出典 ……………………………………………………………… *232*
　あとがき ……………………………………………………………… *234*
　人名索引 ……………………………………………………………… *237*
　事項索引 ……………………………………………………………… *240*

序　章　社会的動物としての人

(1)　一つの例示
　　——アッシュの古典的実験

古典的とも言える一つの実験がある。

図序-1のa（標準）の線分と同じ長さのものを図序-1のb（比較対照）の3本の線分の中から選択することを求めるのである。まず，1人1人に他の人の判断を知らせないで個別に判断を求めてみる。これは，後に述べる集団実験群の結果と比較するための対照群である。対照群ではほとんどの人が3本の線分の長さの相違を見分け，判断を誤ることがない。誰にとっても容易な判断課題を意図的に用意しているからである。

対照群とは別に，7人から9人の人々が1室に集合を求められる。これが対照群に対する集団実験群である。その中に1人だけ真の実験参加者（被験者）が加わっている。集団実験群の真の実験参加者も，対照群と同様に図序-1のaの線分（標準）と同じ長さの線分を図序-1のbの3本の線分の中から見出すことを求められる。

　　　　　　　　　　5　　　　　5　　4　　6 ½
　　　　　　　a．標準の線分　　　　b．比較対照となる線分
　　　　　　　　　図中の数値は線分の長さを示す（インチ）
　　　　　図序-1　アッシュの実験に用いられた課題の1例
　　　　　　　（Asch, 1956）

しかし，ここでは集まった7人から9人の人々は，1人1人が皆に聞こえるように自分の判断結果を声に出して発表しなければならない。相談することは許されない。しかし，後の人は前の人の判断を聞いて自分の判断を述べることになる。これは，アッシュの一連の実験（Asch, 1953, 1955, 1956）の中の一つの場面である。集団実験群というのは真の実験参加者と言える1名を除く他の参加者はすべて「さくら」である。

　「さくら」は全員があらかじめ実験者から要請されていた一定の判断試行（臨界試行）のときに，実験者から前もって与えられていた指示に従って，同じ長さに見える可能性のほとんどない線分を指して"同じ長さ"であると答える。

　「さくら」の存在を知らされていない真の実験参加者は，実験参加者を追加する必要が生じたという口実で直前に実験に誘われる。結果的に最後に実験室に請じ入れられ，あたかも偶然のように最後から2番目に答える位置に席を占めている。「さくら」が明らかに間違いに見える回答を異口同音に述べるのを聞かされた真の実験参加者は，自分の順番がきたときどのように答えるであろうか。

　図序-2の集団実験群とは，「さくら」の存在を知らされていない真の実験参加者の正答者率を示したものである。「さくら」が全員一致で誤りの判断を答えた臨界試行は12回ある。図にはその12回の臨界試行ごとの真の実験参加者中で正しい判断をした者の比率が示されている。

　図序-2には，同じ判断材料について他の人の判断を知ることなく単独で判断を行なった対照群で正しい判断をした人の比率も示されている。

　この実験の目的は，多数者（「さくら」）の明らかに誤りと見えるはずの判断が，少数者（1名の真の実験参加者）にどのような影響を与えるかを検討することである。多数者の判断が誤りであることが明らかであれば，一致して誤りの判断を下すこと自体が不自然である。そのために，真の実験参加者に実験そのものへのさまざまな疑念が生じる可能性がある。

　「さくら」が常に一致して不自然な回答を行なうのではなく，「さくら」も

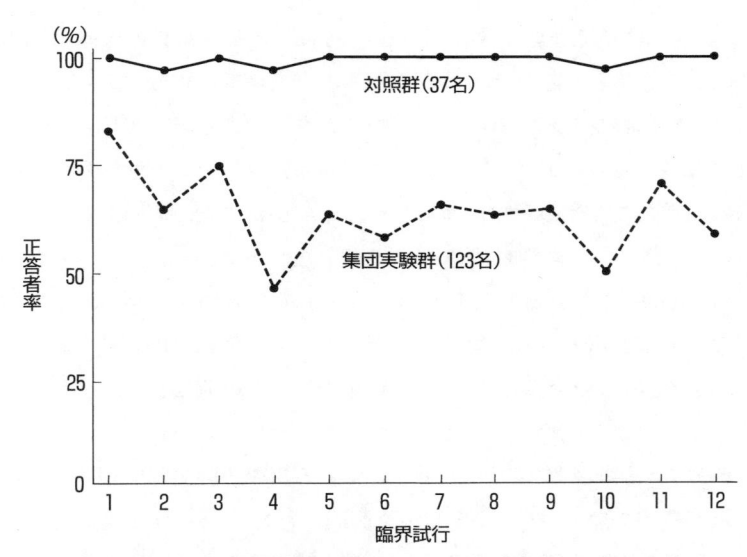

図序-2 集団実験の真の実験参加者（図中の集団実験群）の正答者率と個人場面で同じ判断課題を行なった対照群の正答者率
（Asch, 1956）

"同じ長さの線分を選ぶ"という課題としてはごく自然な回答を行なう試行が適度に混入されているのはそのためである。

　図序-2の横軸には12回の試行を示すが，これは合計18試行行なわれた判断の中で「さくら」が実験者の指示によって同じ長さには見えないはずの線分を同じ長さであると答える臨界試行と呼ばれる試行の結果を示したものである。

　また，臨界試行での真の実験参加者の誤りの判断とは，必ずしも「さくら」と一致した答えをしているとは限らない。「さくら」は臨界試行の中で，3本の比較対照となる線分の中で標準の線分と最も長さの異なるものを"同じ長さ"とする場合と，同じ長さとは見えないはずであるが相対的に標準の線分に近似した長さのものを"同じ"であると答える場合がある。

　「さくら」が相対的に近似した線分を"同じ長さ"と答えた場合，真の実験参加者で誤りの答えをした者のほぼ全員が「さくら」と同じ答えをしている。

　「さくら」が，極端に長さが異なる線分を"同じ長さ"と答えた場合には，

"同じ長さ"には見えないはずの線分を"同じ"と答えた真の実験参加者の約10〜25％が「さくら」の答えとは異なり多少とも標準の線分に近い，しかし本来なら明らかに誤りとわかる線分を"同じ長さ"であるとしている。

これらの真の実験参加者は，あくまで"同じ長さ"という意味を自分にとって既知の通常のことばの意味に理解しつづけていたこと，したがって真の実験参加者には「さくら」の判断の原理は不可解なままであったことを示すように思われる。図序-2を見ると，実験参加者が1人1人別々に判断を求められた対照群では，ほとんどの人が物理的な等しさという意味での正答を答えていたことがわかる。言い換えれば物理的な意味での長さの判断に迷うような微妙に長さの異なる線分の比較を求められたわけではないことがわかる。

したがって，集団実験群として示されている真の実験参加者の正答者率と対照群の正答者率の差は，「さくら」が意図的に行なった誤りの判断を知った結果として生じたものと考えられる。すなわち「さくら」の存在の影響を示すものである。

アッシュは，これらの実験を位置づける際に，日常の経験から見てもわれわれがどのように自己の意見を形成し，それに対して社会的条件がどのように作用するかを明らかにすることは意義があるとした上で，無意識の世界の発見者とされる精神分析学のジグムント・フロイト（Freud, Sigmund, 1856-1939）も若い医学徒としてその下で学んだヒステリー研究で知られるフランスのシャルコー（Charcot, Martin J., 1825-1893）などの19世紀の催眠研究につながる現象をこの研究の出発点に位置づけている（Asch, 1955）。

しかし，以上の実験の結果をどのように理解するかを検討する前に，アッシュの実験の真の実験参加者の事後の感想を聞いておく必要がある。

次に示すのはその例である（Asch, 1956，なお一部の表現はAsch, 1953の岡村訳を参照した）。

　Ⅰ．"もしぼくが一番はじめに答えたとすると多分ちがった答えをしたと思います"［12回の臨界試行のすべてで誤りの答えをした実験参加者］

II．"目がおかしくなったか，頭がおかしくなったか，ぼくがおかしくなったにちがいない，と思いました"［12回の臨界試行すべてで誤りの答えをした実験参加者］
　III．"みんながそういうのなら，きっとぼくが間違っている，と思いました"［12回の臨界試行のうち10試行で誤りを答えた実験参加者］
　IV．"ほかの連中が間違っていることもまちがいないが，自分が正しくないこともたしかだと思いました"［12回の臨界試行のうち3試行で誤りを答えた実験参加者］

　図序-2からは集団実験群の正答者率は，試行によって異なるものの最低でも50％をやや下回る程度であることがわかる。真の実験参加者がすべて誤りの答えをしていたわけではない。例えば，多数者である「さくら」の判断とは独立的な判断を示した真の実験参加者は次のように事後の感想を述べている。

　V．実験者："他の方々と意見がくいちがったことが何回くらいあったと思いますか？"
　真の実験参加者："15回です"（実際は全部で18回の試行で，うち12回だけが「さくら」が明らかに誤りに見える判断を行なう臨界試行であり，この回答は他の人々との判断の相違を過大に評価していることを示す）
　実験者："他の人たちと違った判断をしたとき，あなたは自分が正しいと思っていましたか？"
　真の実験参加者："正しいと思っていました"［12回のすべての試行で「さくら」とは無関係に正しい答をしていた実験参加者］

(2) 独立的な人という虚構

　何人かの実験参加者に「さくら」の判断の影響が見られたことは間違いない。アッシュはそれを独立に対する屈従（yielding）と記述している。その独立とはどのようなことを意味するのであろうか。
　一般に，独立的であるとは何を意味するかが正面から検討されることはほとんどないように思われる。その根底には，われわれは本来独立な存在であるにもかかわらず，他者からの影響，圧力，強制によって独立的に行動することが

できない場合がある，という発想があるからであろう。

アッシュは,「さくら」の影響がほとんど見られない場合と,「さくら」の影響が顕著に見られる場合を，実験参加者の個体的差異（個人差）ととらえたために，独立的な人，屈従的な人という表現をする。

個人的な特質に因果関係を求めるか否かは別として，ここで屈従的行動とされるものは，一般には同調行動と呼ばれる。アッシュに限らず，一般に，いかにすれば独立的でありうるかよりも，何が同調行動をもたらすかという視点からこの種の問題が論じられるのは，われわれが本来は独立的な存在であるという暗黙の視点が存在するためではないであろうか。

同調行動とは"現実のあるいは想像上の集団圧力の結果として行動や信念が集団に向かう変化である"（Cialdini & Trost, 1998 ; Kiesler & Kiesler, 1969, 訳書3頁）とされる。

同調行動は，集団圧力あるいは一般的に社会的圧力を受けない場合の行動との相違によって定義される。換言すれば独立とは圧力を受けない場合の行動を指している。同調行動研究を志したアッシュの実験で，集団実験群の結果が個別的な判断を行なう対照群と比較されているのはそのためである。

しかし，その圧力とは他者が意図的に強要する場合だけでなく，意図しない場合も含まれる。また，圧力，影響力の源は"想像上の"という言葉が示すように目の前にいる他者に限定されるものではない。

例えば，説得を目的としたメッセージに接したとき，これに対立する見解をもつはずの，しかし目の前には存在しないが心理的に一体感をもつ人々との関係から，目前の説得に対する抵抗が生じることが知られている（Kelley & Volkert, 1952）。

社会的圧力を受けない，他者の影響からは無縁である，という意味で独立的な行動というものが考えられるのであろうか。アッシュ自身，子どもがその「母語」を習得する例を挙げて，集団が計り知れない影響をもつことを指摘することから議論をはじめている（Asch, 1955）。

人は「社会的動物」であるという言葉はアリストテレス（Aristotelis, 前384

-322) の"人は生来社会的動物（生来ポリスをもたねばならない動物）である"
（Aristotelis, 訳書35頁～）に由来する言葉とされている。

(1) アリストテレスからの引用は，基本的には山本訳（1961）による。ただし，"社会的動物"，"生来ポリスをもたねばならない動物"というのは田中（1931）に拠った。山本訳では"国的動物"とされている。

"人は生来社会的動物である"とは，人間は孤立して生活したのでは単に物質的な面だけではなく，すべての面で必要を満たすことができないことを意味している。アリストテレスによれば，ポリスとは人間の協同生活の最高の形態であるとともに人が生きるために必要不可欠の共同体である。

アリストテレスは，さらに，人は群れて生活するだけでなく，言葉をもち，それによって善悪や正邪の判断を共有することを社会的動物である理由とする。何が善いことで，何が悪いことか，正しいこととは何か，何が邪悪かを区別する物差しが共有されることこそ，家や国，一般的に言えば共同体を作るための基本になる条件であるという意味である。

何が善いことか，何が邪悪なことかを区別する物差しには人類のあらゆる時代や地域を通じて共通するものがあるわけではない。人はもともと何が正しいことで何が邪悪であるかをあらかじめ知っていることを意味するものではない。

それは，人を殺すことが正当かどうかについてのわれわれの判断を考えれば自ずと理解できる。

飢饉などの危機的な状況に関係なく，人がヒトを食べるという行為を，必ずしも異様なことや好ましくない行為であるとは思わない社会が存在する（Harris, 1985）。

また，アリストテレスは，人間は完成された時には，動物のうちで最も善いものであるが，しかし法や裁判という枠組を失ったときには，すべてのもののうちで最も悪いものであるとつけ加えている。

これは，人間は，もともと社会的動物ではあるが，完全な社会的動物となるためにたえず努力し，教育しなければならないことを指摘したものであると言

われる。

　田中（1931）は，アリストテレスの言は，人は生来の社会的動物でありながら，どのようにしてよき社会生活を営むかを学ばなければならないこと，人間は社会なしでは生きられないと同時に，人間社会は人間が自ら工夫し，訓練して住まわなければならない社会であることを意味していると述べている。

　もともと善悪に限らず，さまざまな判断の基準が絶対的なものとして成立しているわけではないこと，その判断の基準はわれわれがつくりあげるものであること，その基準はわれわれに共有されることによって意味をもつことを指摘したものである。

　アッシュの実験の結果を独立に対する屈従と解釈することについて，アリストテレスに感想を求めるとすれば，同調行動と独立的な行動との区別は便宜的かつ皮相的なものにすぎないと答えるのではないであろうか。

　"同じ長さ"の意味する物理的な定義が周知のことである限りは，多数者である「さくら」に対する独立的な判断とは「さくら」がどのような答えをするかに関係なく自己の見たところに基づいて"同じ長さ"に見える線分を指摘することであろう。

　しかし，「さくら」の影響を受けた実験参加者の感想は，この実験の状況が日常的な意味での"同じ長さの線分を選ぶ"という要請とは異なるのではないかという疑問をもった真の実験参加者が存在した可能性を示唆しているのではないであろうか。

　極端な表現をすれば，真の実験参加者の中には，この状況のみに通用する符丁として，"同じ長さ"という言葉が用いられていると理解しようとした者がいたのではないか。しかし，たとえそのような疑問をもったとしても，実験参加者の中にその符丁の意味を読み解くことのできる者はいなかったと思われる。

　なぜなら，「さくら」の存在とその正体を真の実験参加者が知る手掛かりは与えられていないために，「さくら」の不可解な行動を既知の枠組の中で理解するすべがないからである。

　そうであれば，これは単なる暗示の効果でもなければ，ましてや不本意な回

答を強要したという意味での強制力，圧力の結果とは言えない。

　ここに，人が社会的な動物であることの最も基本的な現象が示されていると考えられる。例えば，"みんながそういうのなら，きっとぼくが間違っている"という感想は，何が正であり，何が邪であるかがこの実験のように，一見客観的で普遍性をもつように見える物理量の判断の場合でも，実は社会的な約束を前提として成立していることを示唆している。

　「さくら」の影響を受けた実験参加者の中には，自己の視覚的判断そのものに自信をなくした，いわゆる「暗示」による影響を受けた者が含まれている可能性はある。また，"そのように"見えたわけではないにもかかわらず「さくら」に同調し，あるいは「さくら」の判断と自分自身の判断との妥協を求めて行動した人々がいたことも，事後に"ほかの連中が間違っていることもまちがいないが，自分が正しくないこともたしかだと思いました"と述べた者がいたことや，「さくら」が極端に長さの異なる線分を"等しい長さ"としたときには正答ではないが，それよりも標準の線分の長さに近いものを選択した真の実験参加者がいたことにも現われている。

　しかし，この実験の示す最も重要なことは，"みんながそういうのなら，きっとぼくが間違っている，と思いました"という感想に示されるように，暗示によって疑問の余地なく「さくら」の判断に従ったわけでもなく，また，「さくら」の圧力に屈して間違いであることを承知で「さくら」に同調したわけでもない人々が存在したことである。

(3) 社会的真実性の世界

　われわれ自身にそれと気づかせることは少ないとしても，日々の生活の場面で他者の判断と無関係に確信を抱かせることのできる判断基準が存在する事態は実は少ないのではないであろうか。物理量のように客観的な基準が存在しているように見える場合でも，その物理量を表わす言葉の意味が他者と共有されてはじめて意味のある判断として受けとめられる。

　アッシュの実験の例では"同じ長さ"という言葉の意味について，少なくと

も共通の理解があって初めて他者と共有される判断課題になり得るのである。⁽²⁾

> (2) アッシュは「さくら」が一致して誤りの判断を答える臨界試行と、「さくら」に作為的回答を要請しない試行(「さくら」自身の判断に回答を委ね、結果的にはほとんどの「さくら」が物理的に同じ長さに見える線分を選ぶ)の比率を12試行対2試行、12試行対6試行(図序-2に結果を示した実験)、12試行対12試行、26試行対6試行という4つの場合を設定して、ただ1名だけ存在している真の実験参加者が誤りの回答をする比率をたしかめている。
> 　その結果は、真の実験参加者の誤りの反応の生起率は、「さくら」が一致して誤りの判断を行なう臨界試行の比率の多い順に53.0%、36.8%、38.6%、26.2%となったことを報告している(Asch, 1956)。
> 　「さくら」が真の実験参加者にも理解可能な基準で回答する試行の比率が少なくなるにしたがって、真の実験参加者は、「さくら」の判断との相違が偶発的なものではなく、"同じ長さ"という判断基準の意味が自己の常識とは異なると考えざるを得なくなるとみればこの結果は理解しやすい。ただし、詳細な資料は示されていないが、アッシュによるとこの4つの条件で誤りの反応をした者の比率には統計的には有意な差は見出されていない。この結果の意味を過大に評価することは避けるべきかもしれない。

　われわれは自己を一つの主観として経験しているが、一般には他者も単なる対象ではなく、他者自身も主観をもつ存在であることを知っている。複数の主観が存在するにもかかわらず"われわれ"という言葉で表現されるように、異なる主観に共通する意味の世界、すなわち間主観的世界に"われわれ"はかかわっている。アリストテレスは、個々別個のものと思われている異なる人々の主観に共通する意味の世界が成立することによって、この社会がはじめて存立することを指摘していると言えよう。

　フッサールの"自然は一つの間主観的な現実である、すなわち私および私とたまたま一緒にいる人々に対してだけではなく、われわれおよびわれわれと交渉をもち、諸現象や人間についてわれわれと理解しあえるすべての人にとっての現実なのである。——事物とは一定の規則に規整されて互いに関連しあう多様な諸現出の統一体としての実在である。そしてこの統一は間主観的な統一である"(Husserl, 1952, 訳書100頁)という意味の「間主観性」を意味する。

　これを、廣松(1972, 1982)に従って、われわれの社会は、個々の人がまず独立に存在し、相互に関係し合うことから成立しているのではなく、関係その

序　章　社会的動物としての人

ものによって個々の人が相互に他を区別することのできる存在として現われる，と言うこともできる。

　それぞれの主観に共通する意味の世界の成立が社会生活の重要な要件となる例に，近代社会における通貨の価値の共有を挙げることができる。リエターの次の解説は近代社会における通貨の意味を説明したものである。

　　仮にあなたの友人が親切にもこう言ってきたとする。"20ドル紙幣か，20ドルの支払いを約束した紙のどちらかを君にあげよう"。
　　さて，あなたはどちらを選ぶだろう。もちろん，その友人は信頼できる人間だ。しかし，仮にあなたが"支払いを約束した紙"をもらいスーパーにもって行って20ドル分のホースを買おうとしても，レジ係は受け取らないだろう。そして仮に，全く偶然にもレジ係があなたの友人を知っていたとしても，やはりその紙切れではスーパーが納入業者に支払いをすることができないというだろう。
　　当然，あなたは20ドル紙幣をもらう方が良い。20ドル紙幣なら誰もが20ドルの価値として受け取ることは，これまでの人生で知っているからだ。ここが重要なのだ。あなたは，20ドル紙幣そのものに「価値」があるわけではないことを知っている。あなたは，**誰もがその紙を価値があるものとして受け入れる**ことを知っているのだ。**あなたが自分の手元にある紙幣に価値がないと考えようと，"自分以外のだれもがそのお金に価値があると信じている"ことを信じている限り，そのお金を使うことができる。つまり，"相手が信じていることを信じること"**がここではカギなのだ
　　(Lietaer, 1999，訳書53頁～。訳書の「　」を"　"に，傍点は太字に変更)。

　通貨については，いわゆる西郷札の命運を見るとこの指摘が現実味をもってくる。

　　明治10 (1877) 年8月24日付けの『大坂日報』紙はいわゆる西郷札について「賊は贋紙幣凡そ廿四萬圓余製造したるよしなるが，その内十四萬圓を流通し，残り十萬圓はもはや遣う能わず，……」と報じた。
　　(中山編，1982。(　) 内は引用者の補足)

　西南戦争の際に薩摩軍によって通貨として発行された西郷札についての報道である。しかし，この使用は，主として薩摩軍の移駐地において強制通用のか

たちをとって行なわれ，西郷隆盛への信望によってわずかに流通したが，薩摩軍が鹿児島から引き揚げてからは信用が全く失墜した。西南戦争後，西郷札に対する損害補償の申請が地元からなされたが，賊軍発行の理由により政府は補償しなかった（作道，1985）と言われる。

　人間の死という，生物学的には一定の基準が設定できそうに思われる現象においても，死を周囲の人が認め，社会的に認知されるための手続きが必要である。それは，人の生と死がわれわれにとってどのような意味においてであれ，いかに大きな衝撃や影響をもつものかを示すものであろう。

　他の人々との関係の中にわれわれは生き，そして死ぬ存在であることを意味する。

　　　"俺，その時思ったね。俺死んだらとに角普通に普通にするのが，一番他人が納得することだってな。俺，別に宗教なんてねえけどよ，お寺とか葬儀場でしきたり通りにするのが一番よ。死ぬってことはよう，自分の問題じゃねえのよ。残された人間にまかせるべきよ"
　　　"そうかもしれないなあ"（略）
　　　"法事って馬鹿みてえだけどよ，そん時位集まってよ，死んだやつのこと思い出してえよな。俺思うんだけどさあ，死ぬってのは生きている人間があいつ死んだんだってことをだんだんに了解することなんだよな"
　　　（佐野，2000。「　」を"　"に変更，後半のみ引用）

　ターナー（Turner, V. W., 1969）は状態の変化にともなってそこで行なわれる儀礼を通過儀礼と呼び，通過儀礼には，その主体があらためて安定した状態に入るまでにこれまでの状態から分離（separation）し，分離の後にあらためて安定した状態に入るまでの中間的で状態のあいまいな境界（margin），その後のあらたな安定にいたる集成（aggregation）という三段階が区分されるという。

　死は，ターナーの言う状態の変化を顕著に示す典型であろう。生から死への変化とはわれわれの"文化的な空間におけるいつもの状態や位置の座標からその人物が飛び出したり，こぼれ落ちる"（Turner, V. W., 1969，訳書95頁）こと

である。

　ここでいう文化的空間とは社会的な約束を基礎としたわれわれの生活の空間と言い換えることができる。その境界を越えたことを人々が理解し，承認するための手続きとして通過儀礼が必要なのである。

　脳死による臓器移植に関係して，人の死を死と認めることは生物学的，医学的問題のみでなく，残された人々が死と認めるかどうかの視点からの検討が必要であるという主張（例えば，池田清彦，2000）の根拠の一つはここにある。

　本書では，人々に共有された理解を社会的真実性（social reality）と表現しておきたい。社会的真実性という枠組の働きは，観察される事実に基礎を置く実証の重要性の大きい自然（科学的）研究においても見出すことができる。

　松本（1990）は，松森胤保という，明治初年の出羽における博物学者が明治10年代半ばに描きあげた『両羽博物図譜』という出羽地方の動植物の正確な写生図の集成の中に架空の生き物といわれる人魚のミイラの，詳細で，寸法まで記入した写生図があるのを見つけ，"ほんとうに人魚を見たのであろうか"と問いかける。

　ここで松本は，次のような松森の『求理私言』の記述に注目する。

> 　旧説に有機物上の区別は判然定めがたしとす。如何となれば，人獣の間に猿あり。**人魚の間に人魚有り**。人鳥の間に鸚鵡あり。獣鳥の間に蝙蝠あり。獣植の間に土生羊（松本注　モグラのことか）あり。鳥魚の間に飛魚あり。虫植の間に植虫（松本注　珊瑚のたぐい。それに夏虫冬草などか）ありと云う如し。其極を推すに終に分堺の明瞭ならざるもの有。
> （松本，1990，14頁以下。ルビは松本による。松本の傍点は太字に変更）

　松本は，ここから"万物はその形態上の境界が分明でない。この考えからすると人と獣のあいだにはどちらに属するともわからない猿があり，――人と魚の間に『人魚』があっても，少しもおかしくないのである"（松本，1990，14頁以下）という。

　事物の外見の類似が重要視される本草学と，すでに導入されていた進化論を

背景とする西洋近代の博物学をあわせると，人魚は存在して当然，となるという自然観に基づく図譜である，と松本は指摘している。松森はたしかに人魚のミイラを"見た"のである。

近代西洋思想にも通じ，菌類の研究など生物学にも通じていた民族学者でもある南方熊楠（1867-1941）も「人魚」の存在をあからさまには否定してはいなかった（松本，1990）といわれる。

松本の本来の趣旨は，事実の認識における仮説の果たす役割を指摘することにある。黎明期の博物学とは言え，図譜を必要とするという認識をもつ程の実証性を重んずる自然研究においても，専門家に共有される自然観という仮説が，事実の認識を規定していることの指摘である。

その背景に，仮説を真とする専門家の間の社会的真実性が存在すると考えることができる。

この問題は，科学的認識における仮説，すなわちパラダイムの役割あるいは観察における理論の役割という問題でもある。実証科学においては事実の観察，実験が重要な位置を与えられている。しかし，どのような事実を観察するかは仮説に規定されることを指摘したものである。

その仮説がいわゆる通常科学となりその時代の科学者の共通の認識として承認されるとき，その共通の認識こそ，ここでいう社会的真実性としての意味をもつものと言える。[3]

(3) 以上のような視点から科学理論の展開の過程における理論，仮説の意義を指摘したクーン（Kuhn, 1970）は，その科学論の根拠の一つに心理学者であるブルーナーとポストマン（Bruner & Postman, 1949）の認知におけるパラダイム（枠組・仮説）の働きについての実験的研究を引用している。
　しかし，心理学者が心理学理論の内容に触れての反省的省察に心理学者自身の見出した認知の機制の問題を結びつけた例はないように思われる。

善悪や正邪の判断が，他者からの影響に対する同調として成立しているかに見える場合があることは否定できない。しかし，そこで影響される者も，他者に対しては影響する存在であり得る。その2つの過程は実際には別々に生じる

のではなく，その過程を区別することは記述のための便宜にすぎない。

なぜなら，もともとその個人の行動自身が何らかの社会的な約束事の上に成立しているからである。後にさまざまなかたちで述べるように，影響力を行使しているかに見える者も自己の行為が他者にどのように受け取られるか，他者はどのように反応するかを予想しつつ行動している場合が少なくない。判断の基準は自他の関係に基づいた社会的なものとして成立している。これは，自他の一方が他方に影響し，また他方が一方に影響するという過程の繰り返しというよりも，自他の関係そのものに基づいてその基準は成立していると見るべきであろう。

判断の基準が自他の関係に基づく社会的なものとして成立するところに，われわれの社会が多くの人々を含みつつ，ある何らかの秩序をもったシステムとして成り立つ理由があると思われる。間主観性がどの程度まで，またどの範囲で成立するかは多様な様相，水準があり得る。また，それが相互の関係を継続する上で有効かどうかにはさまざまな水準がある。

しかし，独立的な存在であるはずの個人が特定の条件下で独立的ではなくなるという理解は，人の社会性の理解としては皮相的であると言わざるをえない。

アッシュの実験は，単に多数者の影響という問題ではなく，"同じ長さ"と表現される現象が何を意味するかが個としての独自の判断としてではなく，社会的に成立しているために"同じ長さ"という言葉の共通の理解が否定されたと認識せざるを得ないとき，他者の行動が新たに共有されるべき規範として受容されることを示したものとして大きな意味をもっていると考えられる。

新たに受容されるべき行動の規範は，多数者のみが提供するとはいえないことにも留意する必要がある。少数者の判断が多数者に共有されるようになることも観察されている（例えば，Moscovici, Lage & Naffrechoux, 1969）。

フェスティンガー（Festinger, 1950）は"人々の意見や態度，信念にはそれが拠って立つ根拠が必要である"（Festinger, 1950, 引用は1953, p. 191より）とした上で，その根拠を，あるものの表面がこわれやすいかどうかなどのようにハンマーで叩いてみることで確かめられる物理的真実性（physical reality）に求

めることができる場合から、選挙の結果が異なっていたとすると、世の中は今よりはるかにましになっていたにちがいないと判断する場合のように、ある範囲の人々が自分と同じ意見をもち、同じことを感じているかの社会的真実性によって自己の見解、判断の妥当性を検証しなければならない場合が区別されるという。

しかし、フェスティンガーの言う物理的真実性に基づいて意見、判断、信念などが裏づけされることはまずあり得ないであろう。"同じ長さ"という一見物理的な基準で測ることで容易に合意できそうに見える場合であっても、「長さ」の概念についての共通の理解があることによって初めて他者と判断が共有されたと感じられるのである。"こわれやすい"という判断自体もハンマーで叩くことを基準とするか、指先でさわることで傷つけられるかで判断するか、絶対的な基準があるわけではない。

われわれは物理的に実在する世界とのかかわりにおいて生きているのであり、物理的世界についての情報を得ることは重要な意義をもっている。しかし、例えば、「長さ」という概念が色や重さあるいはそれが置かれた位置、配置にかかわりのない性質であることが社会的な約束として共有されていることの理解の有無が重要なのであり、その上で、例えば物差しを用いるなどの物理的手段に基づいて「長さ」を知ることができたと確信するのである。

長さは実際に比較すべきものを並べてみれば他者の意見と照合するまでもなく明らかである。フェスティンガーの言う物理的実在性とはこれを意味しているのであろう。しかし、その前提として長さの概念が共有されていることが必要である。

物理的世界が「ことば」で表現できる世界としてわれわれの前に現われる場合には、その言葉の意味は基本的に社会的真実性に基づいて成立していると考えられる。どのような行動について正邪や善悪の基準が共有されるかはその基準の成立の背景にある諸条件に関係している。正邪善悪を判断する共有された基準を社会的規範と呼ぶ。

さらに、ターナーらの、社会的規範は、それを共有する人々が、他の、それ

を共有しない人々に対してどのような関係にあるべきかをも規定しているという指摘（Turner, J. C., et al., 1994）は，社会的規範の働きをとらえる重要な視点であると思われる。

　社会的規範は，ある場合には違背すれば何らかの罰を受け，また遵守することによって罰を回避できる場合もあれば，これに合致した行動をとることによって報酬を得ることもある。また，社会的規範は場合によってはある種の超越者との約束として成立しているように見えることもある。その場合でも，それは他者と共有されてはじめて社会的規範になる。[4]

(4) 他者と意味を共有するということはどのようなことを言うのであろうか。そのためには何をもって共有と言えるのか，と同時に，共有が成立する過程を明らかにしなければならない。
　池田謙一（2000）は，共有の生成には，説得や同調，同質の集団を自ら選択すること，共有の幻想を創造するという3つの過程があることを指摘している。
　本書ではその過程を詳細に論じることは目的ではない。しかし，池田の指摘する諸過程のもつ意義を理解するための心理・社会的過程を検討しようとしている。

　換言すれば，他者との関係を基礎としてわれわれの行動を秩序立てる行動の基準が社会的規範である（Sherif & Sherif, 1956, p. 240）。規範の成立が人間関係の成立を意味し，規範を共有する人々と共有するとは見えない人々との間に関係の様態の相違が生じる。

　社会的規範は，習慣，価値観，伝統などとして顕在化する場合もある（Sherif, 1936, Pp. 21〜）。また，一旦成立した後には，われわれが現実を認識する判断の枠組として作用すること（例えば，Sherif, 1936）もここまで述べたことから理解できることである。

　本書は，人間の集まりに見出されるある種の秩序から見えてくる人と人の関係，人と社会との関係を考えること，さらに人と社会の関係を単に社会から影響を受ける存在としての人としてではなく，社会を形成する存在としての人という側面をもあわせて考えることによって，社会的動物としての人とは何か，人と社会の関係についてどのような理解が可能であるのかへの回答を探ることを目的としている。

第1章　道具としての他者と目的としての他者
―――人間関係・組織過程の二重構造

第1節　工場における人間関係と矯正施設における人間関係
　　　―――事例を読む

(1)　ホーソン工場にみられる人間関係

　工場の照明は作業能率を左右するだろうか。このような問題への答えを求めて1924年に開始されたアメリカ，シカゴのウエスタン・エレクトリック社のホーソン工場（Hawthorne Works）における研究は，1927年からハーヴァードのレスリスバーガーらの参加を得て，組織の人間的要素の研究へと視点を転換していった。

　ホーソン研究として知られるこの研究に対する今日の最も一般的な教科書的評価は，労働者を機械と見なして，機械の性能維持のための生物学的身体機能のみに注目して，責任感，自尊心，社会への貢献といった人間的欲求を考慮しない"機械的人間観に基づく産業心理学的仮説"の修正を迫る成果（例えば，Brown, 1954）ということではないであろうか。

　ホーソン研究の全体像を見て評価することはここでの目的ではない。レスリスバーガーとディクソン（Roethlisberger & Dickson, 1939）に基づき，およそ半年にわたって続けられることになる実験的に編成された14名の作業員からなるバンク（配電器）捲取（観察）室の人間模様に目を向けることが目的である。[5]

　　(5)　ホーソン研究とは，1924年に開始されたアメリカ科学アカデミー（National Academy of Sciences）の国家科学委員会（National Research Council）が主導し，工学系の技術者が中心となって行なわれた照明実験，1927年以降にハーヴァード大学のレスリスバーガーらが中心となって実験的に就業時間や休憩時間を変更し，あるいはランチを支給するなどの条件を導入

第1章　道具としての他者と目的としての他者

してそれらが仕事の能率と関係するか否かを明らかにしようとしたリレー（継電器）組立作業実験室の研究，それに続く面接調査，1931年に開始され1932年に幕をとじた本書で紹介するバンク捲取観察室での観察研究等の総称として用いられる場合が多い。

　照明実験の結論は，ウエスタン・エレクトリック社の人事担当者の報告書では，照明は作業能率を左右する要因としてはほとんど影響をもたないこと，労働者の行動には多様な要因が複合的に作用しているため通常の職場の研究では個々の変数の効果を分離することは困難であること，そのために実験的に研究する必要があるということである（Pennock, 1930）。

　その結果，休憩時間などを実験的に変化させるリレー組立作業実験室の研究が実施されることになる。

　リレー組立作業実験の結果から，作業条件よりも仕事への動機づけ，職場の行動規範など社会心理的要因の重視という方向に関心が向かう。

　しかし，リレー組立実験の結果をレスリスバーガーらの報告書（Roethlisberger & Dickson, 1939）に基づいて詳細に検討した狩野（1970）は，労働時間の短縮や休憩時間の挿入，ランチの支給が単位時間当たりの生産量の増大に関係していると認められること，労働時間短縮の効果の確認のために労働時間を延長した場合，この研究の指導的立場にいたメイヨーが述べている（Mayo, 1933, 訳書66頁以下；Mayo, 1939, p. xii）ように，週当たりの総生産量はたしかに増大しているものの，単位時間当たりの生産量は明白に減少していることを明らかにして，"無休憩，時間延長という過重な条件で"作業者の仕事への意欲を刺激する社会心理的要因によって"生産はますます上昇したというような伝説"が"実験的事実"として記述されるに至ったと指摘している（狩野，1970，7頁）。

　同じ資料について統計的手法によって再解析を試みた結果も，労働時間の短縮，休憩時間の導入などは単位時間当たりの作業能率に影響をもつことを明らかにしている（Franke & Kaul, 1978；Franke, 1979）。

　バンク捲取室には通常は14名の作業員と研究のための観察者がいる。その他には，材料と製品の搬入・搬出を担当する運搬係や，第一線の監督者その他の管理者もときおり入室してくる。

　しかし，さしあたりは，実際に作業に従事する14名の行動を観察することでここの目的は足りる。図1-1はこの職場の写真を，図1-2はWで示される捲線係と呼ばれる作業者の担当作業台を示したものである。捲線係の作業の内容は，バンクと呼ばれる厚さ約2.5～3センチ，長さ10センチほどの部品を作業台上のピンに固定して端子をワイヤで連結していくことである。

　捲線係は1人がそれぞれ作業台の矢印の示すA，B 2ヶ所で交互に捲線作業を行なう。一方の作業台，例えばAで1単位の製品の捲線が終わるとBに移動する。それにともない，捲線作業の終わったA，Bのいずれかにハンダ

19

図 1-1　バンク捲取室の全景写真
(Roethlisberger & Dickson, 1939)

付け係が移動してワイヤをハンダ付けする。ハンダ付け作業が終わると，検査係が電流を通じて作動することを確かめ，不良品があればそれを排除する。検査係の検査を通過してはじめてその製品は完成品とされる。

　図1-3に14名の間の作業の流れを実線で，作業上の指示等からみた関係を点線で示す。Wで示される捲線係がワイヤを捲いたものをSで示されるハンダ付け係がハンダ付けを行ない，Iで示される検査係が電流を通じて欠陥がないかどうかを検査する。図の実線はどの捲線係の作業をどのハンダ付け係がハンダ付けを行なうか，どのハンダ付け係からどの検査係に製品が送られるかを，点線は検査の結果に基づく指示の流れを示したものである。

　1単位の製品の組み立てに要する捲線係の作業時間と，ハンダ付け係，検査係の作業に要する時間が異なるために，3名の捲線係に1名のハンダ付け係が配置され，9名の捲線係が組み立ててハンダ付けが終わった製品を2名の検査係がW_1～W_9までを等分に分担して製品の検査を行なう。したがって，W_5の

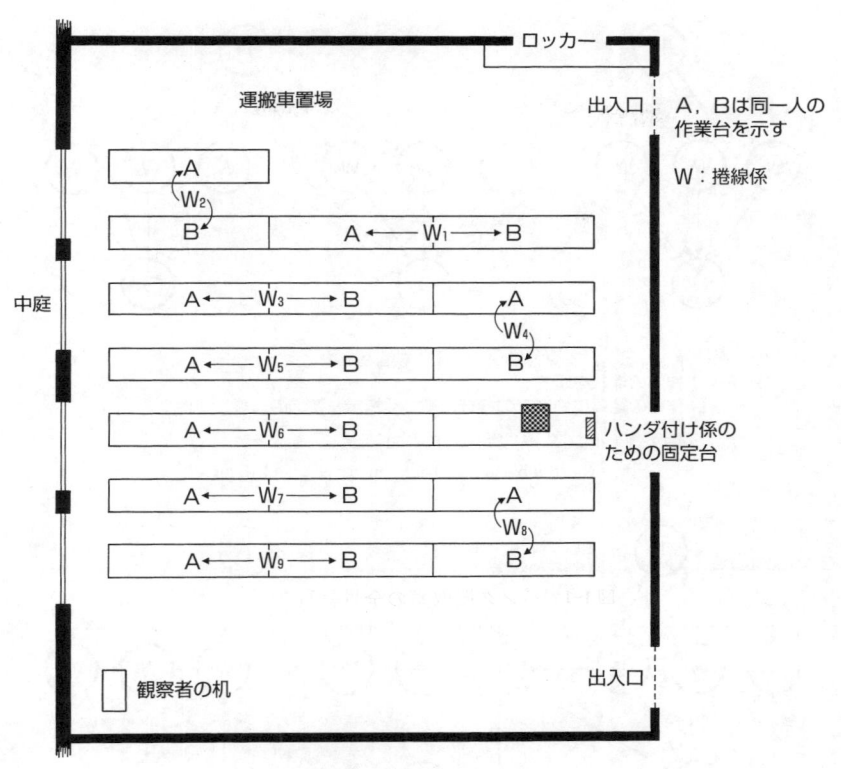

第1章　道具としての他者と目的としての他者

図 1-2　捲線係の作業場配置図
(Roethlisberger & Dickson, 1939)

捲線係が組み立てて S_2 がハンダ付けした製品は，2人の検査係が分担して検査を行なう。

　バンク捲取室の作業は，ワイヤを捲きつけること，ハンダ付けを行なうこと，電流を通じて捲線とハンダ付けがきちんと行なわれているかどうかを検査する，という分業によって遂行されていることになる。

　いずれの作業も，格別に高度の技術を必要とするものではない。単純な作業の繰り返しで熟練を必要としない。そのため，材料の搬入が遅れて作業の待ち時間が生じたときに材料を融通し合う場合を除いて，14名の人々が互いに作業上の助言を求めたり，協力，助力し合う必要はなく，規則によって作業の助力，

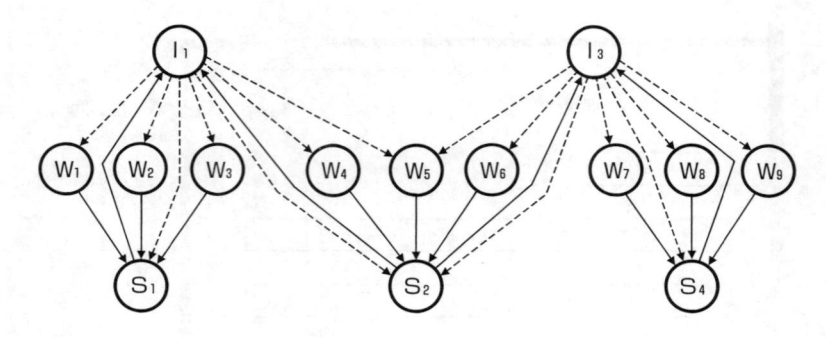

W：捲線係　　S：ハンダ付け係　　I：検査係
―――▶：作業の流れを示す。
------▶：作業の結果についての検査に基づく指示，要請の流れ。

図1-3　バンク捲取室の作業の流れ
（Roethlisberger & Dickson, 1939 より永田が作成）

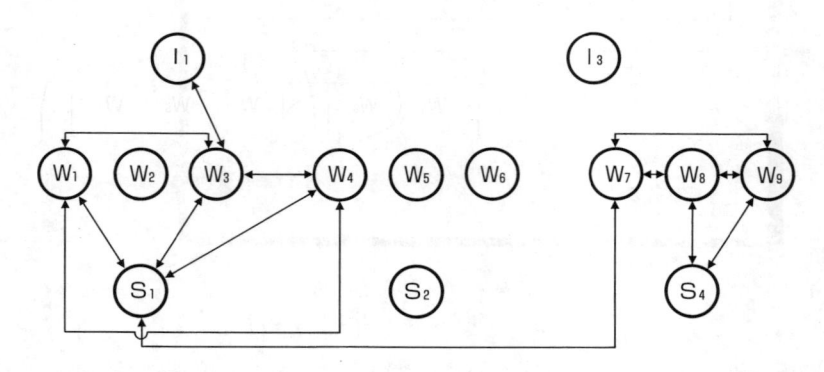

W：捲線係　　S：ハンダ付け係　　I：検査係

図1-4　バンク捲取室で観察された友人関係
（Roethlisberger & Dickson, 1939）

援助は禁止されている。しかし，研究グループが観察した限りでは，作業上の援助，協力と見える行為，さらに捲線係とハンダ付け係が互いの作業を交換するなどの行為も行なわれている。

図1-4は，観察者の記録に基づいて，誰と誰が友人としての関係にあるかを示したものである。友人関係とは観察者の判断によるものである。レスリスバーガーらの資料には誰が誰の作業の援助，助力をしているか（図1-5）の

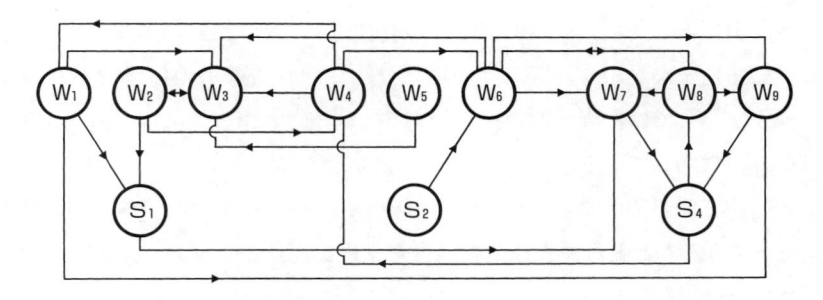

矢印の先は援助を受ける者を示す。
W：捲線係　　S：ハンダ付け係　　I：検査係

図1-5　バンク捲取室で観察された作業上の援助，助力の関係
　　　　（Roethlisberger & Dickson, 1939）

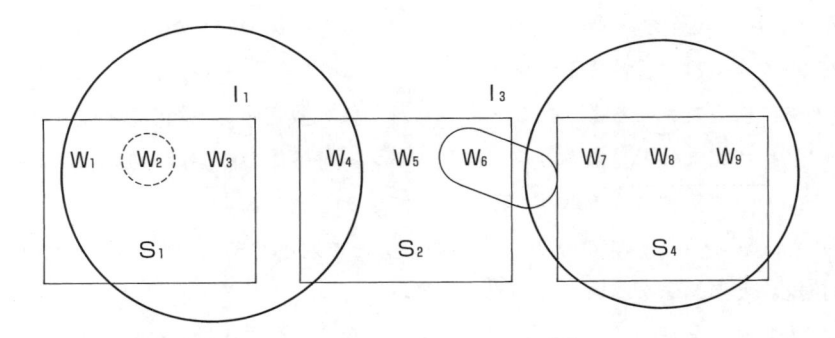

W：捲線係　　S：ハンダ付け係　　I：検査係
実線の囲み：親密な仲間関係を示す。
点線の囲み：実線で囲まれた親密な関係から疎外された者を示す。
W_6はW_7～W_9とS_4の仲間関係に半ば参加しているが，やや周辺的な位置にいることを示す。

図1-6　バンク捲取室の観察から推定された自然発生的な親密な人間関係
　　　　（Roethlisberger & Dickson, 1939）

他に，誰が誰と作業を交換することがあるか，さらに職場の窓の開閉を巡るトラブルが誰と誰の間に生じているか，少額の賭け金をかけて行なわれる他愛ないゲームの仲間なども示されている。

　それらを総合してこの14名の間の自然発生的な仲間集団（clique）をレスリスバーガーらに基づいて示したのが図1-6である。

まず，全体として検査係の担当区分が捲線係とハンダ付け係のまとまりに影響している様子が見える。W_1からW_4までとS_1は検査係I_1の担当であり，W_6からW_9とS_4までは検査係I_3の担当である。観察された友人とみられる関係は，ほぼこれに対応している。

　2人の検査係が関係するW_5とその捲線のハンダ付けを行なうS_2は，検査係I_1に関係する人々とも，検査係I_3の検査を受ける人々のいずれとも友人，助力の関係では強い結びつきをもっていない。

　S_2によってハンダ付けが行なわれるW_4，W_5，W_6は，担当の検査係の区分に対応してW_4は，W_1からW_3のまとまりに入っている。W_6は友人関係としては孤立しているが，助力の関係では担当ハンダ付け係が同じであるW_4，W_5とよりも担当検査係が同じW_7，W_8，W_9との関係のほうが密である。

　仕事の交換は，捲線係とハンダ付け係の間においてのみ観察され，検査係が他の係に検査をさせるようなことは見られない。検査係が欠陥がないと判断してはじめて完成品と見なされ，捲線係，ハンダ付け係の作業量に加算される。検査係のもつ特別の位置がここに反映していると見られる。

　また，W_4，W_5，W_6のまとまりが弱いことに対応するように，S_2は担当する捲線係との関係も弱いことが読み取れる。

　作業の流れとしては，直接の協同関係にはなく，単に平行的に作業を行なっている関係にすぎない捲線係同士より捲線係とハンダ付け係と，それを担当する検査係の関係は直接的である。捲線係とハンダ付け係の関係はとにかく，これらの人々と検査係との間には図1-4に示されているように友人としての強い結びつきがあるとは言えない。これはなぜであろうか。

　また，比較的単純な定型的な作業の職場であり，基本的に作業の方法や技術について助言や助力の必要はない。それにもかかわらず作業上の助力，援助が行なわれることがあるのはなぜであろうか。

　この職場の賃金支払いの制度は，集団出来高制である。これは，規定以上の出来高を上げると，職場を単位として能率給的加算が生じる仕組みである。まず個々の作業者の日頃の作業量を基準とした熟練度に対応する個々の基準作業

量と基本給が設定されている。この基準作業量を基礎とした職場単位の基本作業量が設定されている。これを超過して生産すると，熟練度を基礎とした基本給に比例した加算給が個々の作業員に加算支給される。

　したがって，賃金は個々の作業者の熟練度と職場全体の能率のよさの2つの条件によって変動する。

　日頃の個々の作業量は，その作業者の基本給の水準と加算給の配分比に影響する。したがって，作業能率は，手取りの賃金の額を左右することになる。

　以上の賃金制度からは，作業の援助は，能率給である加算給を増加させるためではないように思われる。そのためであれば，誰が能率をあげるかではなく職場全体の生産量さえ増加すればよいからである。加算給は基準量を超えた人にだけ給付されるものではなく全体に配分されるのである。したがって，加算給の増加を図るには自分の作業量を増加させればよく，それは，自分の基本賃金の引き上げにもつながる。

　一つの可能性は，作業上の援助，助力は，他の作業員の基本賃金の算定に影響する作業水準の保持あるいは維持のための援助であるということである。

　作業上の援助の授受関係も友人関係もある程度多いW_4の面接記録はそれを示唆している。

　　面接者："ご自分の分担の仕事だけをしているわけではないようですね。"
　　W_4：　"いや，そんなことはないよ。大抵は自分の仕事をしているよ。ただ，仕事が遅れている奴がいると誰かが助けに行って手伝うんだ。"
　　面接者："遅れていればそれが誰であろうと手伝うのですか。"
　　W_4：　"そんなことはないさ。その必要のない奴もいるよ。怠けて遅れている連中などは誰も助けにいかないが，まともにやっている奴は助けてもらえるよ。ときどきそんなことがあって，1日中よくやっているのについていないときは手伝ってもらえるのさ。"
　（Roethlisberger & Dickson, 1939, Pp. 505〜）

　この職場では作業上の助力が相当頻繁に行なわれており，その援助，助力関係は友人関係と思われる関係と相当程度に重なっている。図1-6は，レスリ

スパーガーらがそれらを総合して作成したものである。

　まず，バンク捲取室の人々の自然発生的な交友関係を中心とした人間関係は決定的であるとは言えないとしても，ほぼ担当検査係に対応する作業の流れにそって形成されていることが推定できる。しかし，それにもかかわらず担当検査係との友人と言える関係は見えにくい。

　また，困難な仕事はないにもかかわらず作業上の助力が相当程度行なわれ，これは友人関係と相当部分が重なっている。

　援助，助力が友人の基本賃金の水準の維持のためであるとすれば，自己の基本給に関係する作業を中断してでもそれを行なうことにどのような意味があるのであろうか。

　これらの意味するところを検討する前に，一見異質と見えるもう一つの事例を見ておきたい。

(2)　矯正施設における人間関係

　ニューヨーク州児童・少年裁判所から送致された12歳以上16歳以下の，主として性的な非行で補導された女子青少年を常時400名あまり収容している州立の矯正施設が舞台である。

　ここには通常の知能水準をもち，一般的な学習や職業教育が可能と見なされる者のみが収容されている。少女たちは，24時間外部の世界からは隔離され，施設内で学校教育に相当する授業と職業教育を受けている。

　彼女らは，1棟におよそ20名から30名程度が居住する構内に散在する居住棟で生活する。居住棟では全員が個室を与えられている。

　ジェニングスは，ここで1937年の末と1938年の9月の2回にわたっていわゆるソシオメトリック・テストを行なった（Jennings, 1943, 1950）。

　ソシオメトリック・テストとはモレノ（Moreno, 1934）の創案による自発的な人間関係の形成のためのウォーミングアップの手法の一つである。実生活の中での活動にかかわりのあるさまざまな状況（基準）を設定してその条件に合致する他者の選択あるいは排斥を求めるものである。

ソシオメトリック・テストは，モレノの，自発的な人間関係を通じて人は創造性を発揮できること，その創造性こそ，今日の社会制度や文明を創造した原動力であるにもかかわらず，人はその創造の結果である制度に依存し，創造する自発性を失ったとする自発性―創造性の原理（The doctorine of spontaneity and creativity : Moreno, 1953, Pp. 39～）に基づく創造性回復のウォーミングアップの1手法とされ，モレノ（Moreno, 1934）にはじまり，後にさらに整理された（Moreno, 1953）。

 ソシオメトリック・テストの一般的な方法は，例えば，学校などを例にとれば，"同じクラスで勉強したい人"などと対象者集団に現実に存在する具体的な活動の場面を設定し，多くは，選択，排斥の範囲を，例えば"同じ学年で"などと限定し，選択または排斥（"一緒にしたくない人"など）したい者の氏名の記述を求める。

 ジェニングスはこのモレノの方法を，モレノの本来の目的というよりも人間関係の構造の分析を目的として用いたのである。

 ここでは，上記矯正施設における調査資料を，ジェニングスが新たな構想のもとで再分析した結果（Jennings, 1950）に基づいて検討する。[6]

> (6) ジェニングスは，1937年，1938年と2回ソシオメトリック・テストを行なっている。2回の結果は，ここでの検討目的からみるとほぼ同じである。
> 　ジェニングスは，2回のテストの結果を比較する目的で，2回とも回答した133名の結果を主な資料として考察している。ここでは2回のテストの比較は主題ではないが，最も詳細な分析のあるこの133名の資料に基づいて，その第1回目の結果を材料として考察している。
> 　また，この施設には白人も非白人も収容されており，病気で入院中のものや離れた農場で生活するものも含まれている。しかし，ジェニングスによれば結果に多様な要因の影響が混入するのを避けるために白人で通常の居住棟にいる入所者の回答のみを抽出して考察の対象としたとされている。
> 　なお，数値を挙げる場合，中央値で示された結果のみを引用したのは筆者の経験から見るとソシオメトリック・テストの選択，排斥数はポアソン分布に近い場合が多いためである。

 ジェニングスが行なったソシオメトリック・テストの選択と排斥の基準は"共に（同じ居住棟に）住みたい"，"共に（職業訓練等の）課業に従事したい"，"共に（自由時間の）レクリエーションまたは余暇を過ごしたい"である。この

施設に収容されている者の中から「選択」（共に住みたい，共に課業に従事したい，共に余暇を過ごしたい）と，それぞれの場面について行動を共にしたくない者を指名する「排斥」を求めている。記述する人数には制限はない。

　自由時間とはこの施設内で文字通り自由に行動することが許されている時間であり，独りで過ごすこともできる。

　図1-7に"共に住みたい"，"共に課業に従事したい，"共に余暇を過ごしたい"の選択およびそれぞれの基準での排斥数，相互選択，相互排斥数の中央値を示した。相互選択，相互排斥とは同じ2人が互いに相手を選択し，あるいは排斥し合う関係である。

　選択数にくらべて排斥数が少ないのは一見当然のことである。しかし，われわれの人間関係を考える上では平凡であっても重要なことである。単に排斥を表明することを避けようとしている可能性もある。しかし，その可能性をも含めて，他者との間に排斥的な関係をもつことをなるべく回避しようとする傾向

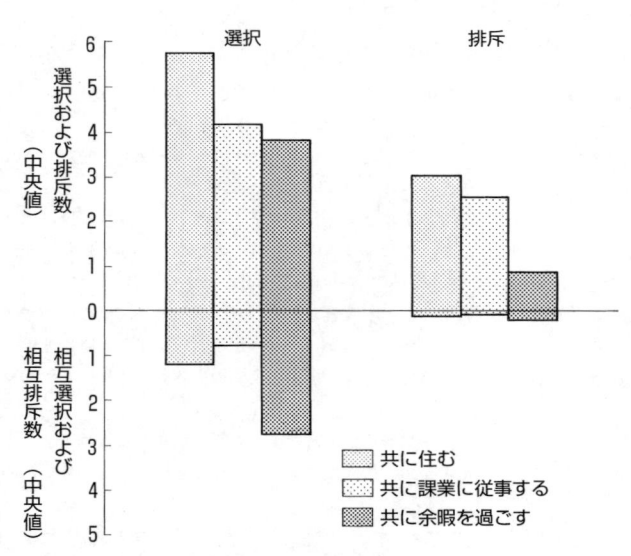

図1-7　10代の非行少女の矯正施設内でのソシオメトリック・テストから見た人間関係
（Jennings, 1950より永田が作図）

第1章　道具としての他者と目的としての他者

をここに見ることができるからである。

　また，"共に住む"，"共に課業に従事する"関係では選択数，排斥数が多いにもかかわらず相互選択および相互排斥の関係が少ないことがわかる。相互選択，相互排斥の比率を図示してみると図1-8のようになる。

　一つの相互選択（相互排斥）関係は2人が互いに相手を選択（排斥）していることを意味する。したがって選択数を2と数え，全選択（排斥）数に対する相互選択関係にある選択（排斥）数の割合を計算したものが相互選択率と相互排斥率である。例えば，"共に住みたい"では総選択数832のうち234選択すなわち28.1％が相互選択関係にあることを意味する。これは相互選択関係にあるペアーが117組あることを示す。

　選択，排斥の基準が異なると相互選択率，相互排斥率が顕著に異なる。"共

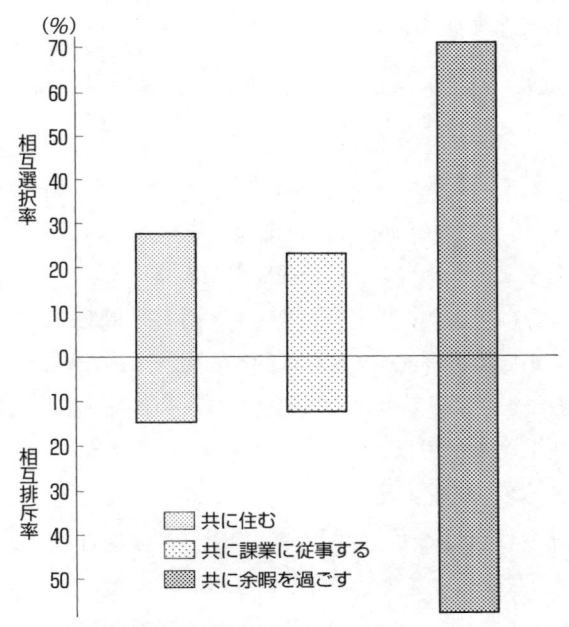

図1-8　10代の非行少女の矯正施設内でのソシオメトリック・テストに見られる相互選択，相互排斥の関係
（Jennings, 1950 より永田が作図）

に住みたい（たくない）"，"共に課業に従事したい（したくない）"関係では"共に余暇を過ごしたい（過ごしたくない）"に比べると相互選択と相互排斥の比率が顕著に少ないことが示されている。

　さらに，3つの選択基準によって同じ相手が選択されたか，異なる相手が選ばれているかを見ると，"共に余暇を過ごしたい"相手の多くは，他の2つの基準では選択されていない場合が多い。

　"共に余暇を過ごしたい"相手の総選択数は543（回答者数133）で，そのうち28%（152選択）が"共に住みたい"相手と同一人を"共に余暇を過ごしたい"相手として選択している。また，8%（44選択）が"共に課業に従事したい"相手と同一の相手を選択している。

　"共に余暇を過ごしたい"の基準のみでの選択の事例は"共に余暇を過ごしたい"相手の全選択数の64%（347例）である。[7]

　　(7)　"共に住みたい"と"共に課業に従事したい"の2つの基準による選択と排斥の重なりについては詳細は明らかにされていない。

　個室を与えられて同じ棟に居住する相手や課業を一緒に行なう相手として好ましい（好ましくない）者の範囲は，自由な余暇を共に過ごす仲間としての好ましさや好ましくなさに比べると広い範囲に及んでいる。

　しかし，同じ棟に居住する相手や課業を共に行なう相手との関係は，余暇を共に過ごしたいかどうかの選択や排斥に比べると一方的な場合が多い。

　同じ棟に住むことや課業を共にする場合には一方が好ましい（好ましくない）と考えているとしても他方はとくに好ましい（好ましくない）と考えているとは限らないことが多いことになる。

　一方，自由な余暇を共にする仲間の選択（排斥）の場合には，選択（および排斥）する相手の数は他の基準の場合とくらべると少ない。しかし，ここでは一方的な片想い的な関係は少なく，選択にしても排斥にしても相互的である。

　ジェニングスは，余暇という義務や拘束をもたらす協同を必要としない状況と日常的な何らかの協同を必要とする場面での好ましさや好ましくないという

関係は重なり合うことも少ないと同時に，選択や排斥の双方向性，相互性が高いという点で異質な関係であると考える。

ジェニングスによれば，余暇は基本的にはなにをしなければならないという状況ではない。これに対して，日々の生活，課業を共にする関係は，協同関係に基づく何らかの義務と拘束をともなうのが普通であるところに重要な意味があるとされる。

(3) 工場と矯正施設に共通にみられる人間関係の次元

ここで，暫定的にホーマンズ（Homans, 1951, p. 85）に従い，相互作用関係にある一群の人々を集団と呼ぶことにする。工場および矯正施設という常識的には著しく異なるように思われる集団の資料から——資料収集の方法にも相違があるにもかかわらず——人間関係の近似した現象を読み取ることができる。

集団は，外の環境の諸条件に適合するように人々の関係を組み立てようとする側面と，人々の関係それ自身を目的として組み立てられる側面という2つの側面の複合したものとして人間関係を構造化しているということである。

前者は，人々が互いの関係の外にある環境に対処するために形成する関係のシステムである。ホーマンズはこれに相当する関係のシステムを外系（external system）と呼ぶ。"集団はその環境で集団それ自身が存続できるように行動しなければならない——その行動は環境によって規定されているという意味で外部の条件に対応した外系と呼ぶ——。行動の諸要素——ホーマンズ独特のとらえ方としては，感情，活動，相互作用の3要素が挙げられる——が互いに相互規定的なものであるという意味で系（システム）と呼ばれる"(Homans, 1951, p. 90，一部意訳して引用，また——内は引用者の注記)。

ここでいう，活動とは仕事であり，環境に働きかける行為である。相互作用とは人と人の関係の過程である。

これは，人々の相互作用そのものから生じ環境との関係ではなく集団の中の人間関係という内部的状況への対処に関係するシステム——ホーマンズは内系（internal system）と呼ぶ（Homans, 1951, p. 108）——と区別される。

外系と内系というのは人間関係を構成する原型としての要素をいうのであり，この2つの関係がときに交錯し，ときに総合あるいは統合されて，われわれの目に見える関係として現われるものである。したがって，具体的な人間関係を指して，外系としての関係と内系としての関係を区分することはできない。

　しかし，強いて言えば，ホーマンズも指摘しているようにバンク捲取室の人々の検査係を核としているかに見える関係は，仕事という環境に対処するために相互の関係を組み立てる必要を反映した外系に由来すると推定される。

　しかし，内系はもとより，外系も必ずしも制度に規定されて形成されると考える必要はない。自然発生的なものであれ，仕事を遂行するための関係として形成される関係の側面が外系である。

　非行少女の矯正施設における外系を構成させる条件は，共に居住することから生じる，通常は仕事とは言わないような協同性を要請する課題を処理すること，文字通りの課業を行なう過程で生じる仕事である。

　本書では，人々の協同的活動を形成させる直接の環境条件を課題と呼ぶ。"課題というのは，常識的な意味であり，個人あるいは集団がなんらかの結果をもたらすようなさまざまな働きかけを行なう問題，仕事あるいは刺激を意味する。そこでもたらされる結果は，数学の答えであったり，教師を喜ばせたり（怒らせたり）することであり，収入を増加させたり，絵画を鑑賞して美的な満足を味わったり，社会的不安を解消したり道徳的な優越感を味わうことであるかもしれない"（Thibaut & Kelly, 1959, p. 150）。

　協同的な活動に参加することで獲得することを期待するもの，あるいは期待される環境との関係の変化（環境に働きかけることによって環境条件を変化させる，文字通り移動するなど）は人によってさまざまに異なる可能性がある。その目的に到達するための通路がここで課題と呼ぶものである。

　目的は異なるかもしれないがそれにいたる課題が共通であり，個々の単独の努力で通路を通過するよりも協同的な努力が有効であると認識される場合に，人々には協同の関係が要請される可能性がある。この要請に応える必要から生じる人間関係の側面が外系である。

さらに，人々は，課題に対応するのみでなく，課題に共に対処しようとする人々との関係それ自体にも対応する必要がある。

バンク捲取室の，友人関係としてとらえられる，W_1，W_3，W_4，S_1やW_7，W_8，W_9，S_4のまとまりは，作業の流れを基本として，その枠の中で，しかし作業上の必然の結果とは言えないものとして形成されたものと考えることができる。

W_4，W_5，W_6，S_2の関係のまとまりの悪さは，担当検査係の相違による分断という問題が影響している可能性があるが，外系としては，本来ならS_2との関係がさらに密になる可能性があるにもかかわらず，内系としての緊密な関係を形成させない条件が存在した可能性がある。

検査係とハンダ付け係および捲線係の間の友人関係の形成されにくさも，バンク捲取室の作業の流れの上の役割の関係を反映したものであろう。しかし，役割の相違がなぜこのような自然発生的な構造の形成の契機と関係するのであろうか。

作業上の援助は，単純作業ということから見れば作業という外部の課題に直接応えるための行為とは言えないように見える。これは面接の記録から作業者間の基準賃金を水準化する意味をもつのではないかと推定されることはすでに述べた。図1-6に示された親密な関係というのは，この作業上の援助も含め，ダンス・パーティに誘い合わせたり，カード・ゲームをする仲間，さらに観察者の目に友人関係と見える関係の重なりに対応させてレスリスバーガーらが構成したものである。

ゲームの仲間，友人関係，パーティへの誘いなどと格別に仕事上の必要に基づくとは思われない作業の援助の関係が対応していることを見ると，作業の援助が，感情的，情動的な親密さに関係する行為であることが推定できる。これらは直接仕事と結びつくものではない。しかし，これらが仕事の流れとは無関係に形成されたとは思われない。

一方，矯正施設において"同じ居住棟で生活する"という関係は，課題の協同的遂行という集合的な活動に関係し，そのための義務を共有する公的な関係

を反映したものであると言える。

　ジェニングスの表現を用いれば非個性的（impersonalized）な協同関係という側面をもっている。このような表現を用いるとすると，バンク捲取室の中の9名の捲線係とハンダ付け係，検査係の関係は，作業の流れという非個性的関係を多少とも反映したものであると考えられる。

　一方，"余暇を過ごす"関係は，公的に規定される義務あるいは行為の分担にかかわるものではない。それぞれがどのように責任を果たすかが問われる関係ではない。制度的に規定されることのない欲求や願望に基づいて自己自身を反映させることのできる個性的な関係である（Jennings, 1950, p. 274）。これはバンク捲取室での友人関係に相当するように思われる。

　実際にはバンク捲取室にくらべると"同じ居住棟で生活する"関係はやや複雑な内容をもっているように思われる。生活の場面としては快適な条件を維持するという点で協同性を必要とする。生活環境への適応という課題をもつ。しかし，とくに個室をもち休息の時間も含むという点では必ずしも義務，責任を負うだけの関係ではない。やや複合的な内容をもつように思われる。

　ジェニングスは"課業を共にする"関係をソシオグループ（sociogroup），"余暇を共に過ごす"関係をサイキグループ（psychegroup）と呼ぶ。ソシオグループとサイキグループの区別は関係の質の相違としてとらえられる。この2つの関係は同一の集合体の異なる構造的側面をとらえたものである。この2つの構造は重なり合う場合もあるが，重なりにくいことをジェニングスの資料は示している。バンク捲取室の観察結果も公式に定められた作業上の関係と非公式の作業の援助関係という2つの構造が重なる部分と重ならないところがあることを示唆している。

　工場と矯正施設の青少年の関係は常識的にはきわめて異質であろうと想像される。しかし，バンク捲取室で見出された，ホーマンズの言う外系とジェニングスの言うソシオグループは，職場の職務や仕事，施設にあっては日々の生活の中の協同行為を要請される営み，すなわち，一般には仕事として具体化される外部環境への対処の働きとして要請される当面の課題に対応する人間関係の

構造として理解することができる。

　バンク捲取室では、検査係は職制に従って製品の出来、不出来を判定する。検査係I_1は捲線係にとけこもうとし、W_3とは友人としてのつき合いが観察されたが、W_3に対するI_1の態度はかなり威圧的であったとされる。検査係I_3は、自分が検査係であることを常に態度で示そうとしていたとされる。

　図1-6からも2人とも作業の援助や友人としての関係でも他の人々とは相対的に距離のある位置にいることが理解できる。それは、不良品を指摘するなどの事実上の上位の位置にあることと関係するのであろう。

　しかし、レスリスバーガーらは、I_3も、検査係という職務についていないとすれば決して近寄りにくい人物ではないはずであると記している（Roethlisberger & Dickson, 1939, Pp. 486～）。

　検査係と捲線係の間のいささかの距離は、外系としての役割関係を反映したものであろう。課題への対応とは環境と望ましい関係を実現させる過程であるとも言える。他者との関係という点から見ると、それは何らかの課題の解決や目標の達成、価値の実現のための手段、あるいは自他のおかれた環境そのものの再構成の手段を提供し合うものとして自他の関係を位置づけさせることになろう。

　ここでは人々の関係は環境に働きかけて環境との関係を望ましい状態に調整する手段として位置づけられる。そのためには、他者との協同が必要と認知されるか、少なくとも他者の妨害を排除するためにかかわりをもたなければならないことが相互に理解されている必要がある。

　これを前提として、そこでの人々の関係は、それぞれが分担する役割という形で組織される。このような状況で重要な意味をもつことは、期待されるところに添ってその役割をどこまで実行できるかという働き・性能、動機づけなど役割遂行のための資源と総称されるものである。

　それは全体的な人格性の表現とは異なる。全体的な人格性はここでは重要な意味を与えられない。その意味でこの関係は道具的・手段的関係と呼ぶことができる。

外系，ソシオグループとはこのような側面から形成される人々の関係を抽出したものである。これらはその関係の働き，機能としては道具的・手段的関係として表現されるのが適当であろう。

　内系，サイキグループは，人々の関係そのもの，関係のあり方そのものが意味をもつ。これは何かを達成するための手段ではない。人々の関係は，それぞれが協同目的に対して果たす役割によってではなく，ジェニングスの言葉を借りれば全体的な人格性を基礎として成立する。これは関係そのものが目的であるという意味で自己完結的関係と呼ぶことができる。[8]

(8) 道具的・手段的（instrumental）関係，自己完結的（consummatory）関係という言葉は本書の著者の造語ではなく，むしろ一般的な日常的な概念としてここでの用法と同じ意味で多くの研究者も用いている。
　　また，道具的・手段的を用具的と表現する場合もある（例えば，Verba, 1961の青井訳編 [1963] など）。

　本書では，以下，その機能を表現するものとして，道具的・手段的関係，自己完結的関係という言葉を用いる。

第2節　人間関係，集団・組織過程の基本的次元

(1) 現象としての人間関係，集団・組織過程の2つの側面
　　──道具的・手段的関係と自己完結的関係の特徴

　工場と矯正施設という一見状況にも大きな相違があり，資料収集の方法も観察と調査という異質と見える研究から，集合体には外系またはソシオグループ，内系あるいはサイキグループと呼ばれる二重の構造が見出せること，それらの構造のもつ心理的働きと推定されるものを根拠としてわれわれはこれを道具的・手段的関係と自己完結的関係と呼ぶことがふさわしいことを述べてきた。

　このような枠組によって人間関係や組織過程を記述し理解しようとする試み

は決して新しいものではない。包括的な検討を行なった例としては，リーダーシップを集団の現象，集団の働きと見なしてリーダーシップの機能を道具的・手段的（用具的）な働きと自己完結的（情緒的）な働きの2つの側面からとらえて集団行動の機制を論じたバーバ（Verba, 1961）などを挙げることができる。

　リーダーシップを集団の現象，機能と見るというのは，研究史的には初期の研究が，リーダーシップをある種の人々に固有に備わる特性と見なそうとしていたことと区別する意味である。

　また，コリンズとゲツコウは，集団の処理すべき問題として，外部刺激としての課題と，集団を構成する人々の関係すなわち対人関係の問題の2つがあるとして，この2つの問題に対処する過程として集団の諸現象をとらえようとしている（Collins & Guetzkow, 1964）。

　ここで道具的・手段的関係および自己完結的関係という側面に着目する理由は，人間関係やこれを集合体のレベルとしてとらえた集団・組織体の動的過程の基本的な機制を理解する枠組として有効であると考えられるからである。

　重要なことは，道具的・手段的関係と自己完結的関係は人間関係の2つの側面を指すのであり，人間関係がこの2種類のいずれかに分類されるのではないことである。

　相互作用関係にある人々や集合体としてのまとまりをもつ人々の関係に，道具的・手段的関係と自己完結的関係という必ずしも一致するとはいえない心理的に異なる働きと，関係の構造が見出されること，この2つの人と人の関係の働きと構造がどのように異なるか，可能な限り単純化して事実を観察したい。

　ゲームの場面を設定する。射的を行なう。2人1組で予備的な練習を行なう。練習の後に，一緒に練習を行なった相手について，2人の射的の成績の合計によって他のチームと成績を競うためのチームを編成する場合の仲間としての好ましさの評定を求める。

　2人はほぼ初対面と思われる者同士で，偶然に一緒に練習を行なっている。練習を開始すると，2人のそれぞれの射的の腕前が明らかになる。また，その成績がすでに射撃を終えた他の競技者の平均的な点数に比べてどの水準にある

かも明らかにされる。同じ練習グループの2人が共に平均的水準以上で，しかも互いに優劣が付けにくい優れた腕前の場合もある。一方が平均的水準以上であるが，他方は平均を下回る場合もある。2人とも平均以下であるが，2人の間の優劣が付けにくい場合もある。

以上は，中学1年生を実験参加者とした出井（1966）の実験の状況である。実験の目的は，実験参加者にとってそれぞれの相貌，外貌以外には自他の特徴を判断する唯一に近い手掛かりとして提供される射的の成績の優劣，2人の成績が類似したものか，異なるか（非類似）の条件によってゲームのパートナーとしての道具的・手段的側面から見た相手の好ましさ，および相手との関係そのものである自己完結的側面から見た相手の好ましさの評価がどのように成立するかを明らかにすることである。

好ましさの評価は，2人が個人別に所定の回数の射的を行なった後に，相手について"一緒にコンビになりたい"，"的あてゲームをするときは，いつもあの人と一緒にやりたい"などゲームのパートナーとしての魅力を測る質問と，"仲良しになりたい"，"何かおもしろいことがあれば，あの人を誘いたい"，"あの人とは気が合いそうだ"など出井の表現によれば"相手に対する一般的，情緒的な魅力"を測定する質問への回答を求めて得られた。

ここでは"的あてゲームを一緒にやりたい"などは道具的・手段的関係から見た好ましさを表わし，"仲良しになりたい"などは自己完結的関係から見た評価を表わすと見なしてよいであろう。[9]

(9) この実験は，これまで格別の付き合いがないことが確認された生徒で1つのチームが編成されている。

　射撃（射的）の成績の類似性あるいは非類似性の要因の効果をなるべく純粋に検討できるように既成の関係の影響を排除しようとしたためである。

　実験は"カンのよさの研究"と説明し，射的の試行の際には射手自身には的のどこに当たったか判断がつきにくい状況を設定し，成績は実験者があらかじめ作成したスケジュールに従って実験参加者に知らされる。

　すなわち，2人の成績の優劣，平均と比較したそれぞれの成績は，実際の射的の結果が本人に確認できない工夫をしておいてあらかじめ設定された条件に従って実験参加者2人にフィードバックされる。

実験の結果は，道具的・手段的関係としてのゲームのパートナーとしては，評価者自身の射的の成績が優れているか一般より劣るかにかかわりなく，成績の良い相手を好ましいと評価し，自己完結的な関係から見た評価は自他の射的の技量の上下にかかわりなく自分とよく似た成績の相手を好ましいとすることを示している。

　出井の実験は中学生を実験参加者としたものである。

　大学生を実験参加者とした場合も基本的にはこれと一致する結果が得られている。絵画の評価をめぐる意見交換と創造力を必要とする協同作業という2つの状況を設定して意見交換の相手としての好ましさの評価に，意見の類似性あるいは異質性がどのような効果をもつか，また協同作業のパートナーとしての好ましさについて，作業能力が高い相手と自己と同等な人と自己にくらべて能力の低い相手のそれぞれについてどのように評価するかを実験的に明らかにしようとした太田（1974）の結果も出井（1966）の結果と一致する。[10]

(10)　太田（1974）は，大学生4人を1組として，論理的には正答があり得ない絵画に対する感想，評価に関する意見の類似性，非類似性と，創造的能力評価のテスト作成のための用途テストをヒントに本人には成果が判然としない作業を用いている。

　　用途テストとは具体的には，"新聞紙の意表をつくと同時に実際的な用途を数多く提案してください"などありふれた品物の本来の用途以外の用途を考えることを求める課題である。創造性の個人別得点を知らせ，創造性の程度の類似性，非類似性を操作する。

　　絵画については後に協同で論評を作成すること，用途の創案もあとで協同で作業を行なうことを予告，絵画5点に対する個人の意見の記述あるいは用途テスト5題を個人作業として実施する。

　　それぞれにおいて，すべての実験参加者の絵画への意見を，また用途テストでは作業成績を全員に知らせる。2種の課題は異なる実験参加者が行なう。

　　絵画への論評においては実験参加者から見ると，類似した意見の人と意見の異なる（非類似）人が実験に参加していると見えるように操作される。

　　あらかじめ実験参加者の同じ絵画に対する評価，意見を調査しておいて，それと類似した意見，著しく異なる意見を実験者が作成しておく。これを同じ作業に従事している別の実験参加者の意見として手書きのメッセージによって提示する。

　　用途テストの成績はあらかじめ予定された実験計画にしたがって実験参加者にフィードバックされる。

　　成績は点数で知らされるが，点数から見ると，実験参加者は，高，中，低の3つに区分されることが示される。実験参加者本人には，自分の得点はこの中位の位置にあることが知らされ

る。

　結果は，2種の課題のいずれにおいても，作業終了後に，"この人と組めば独創的な仕事ができそうである"など仕事のパートナーとしての魅力，すなわち道具的・手段的関係としての魅力と，"この人とは気が合いそうである"など自己完結的関係から見た魅力を測定して検討される。

　これらの実験や調査では，自己完結的関係の測定に"気が合う"という表現の項目が用いられている。ベールスの研究などのように"好き"（like）という表現に相当する日本語としては日常的には"気が合う"という表現が適当であると思われる。

　また，「好感をもつ（好感を覚える）」などの項目でもよいかもしれない。両者を併用するとこの2項目の得点の相関は高い．（太田，1974）。

　絵画への意見の類似性，非類似性という要因は絵画の評価を論じる（見解を統一することは求められていない）仕事のパートナーとしての魅力には明確な差異を生じさせていない。しかし"気が合いそうだ"などの情緒的な魅力，すなわち自己完結的な側面では意見の類似した相手に対して強い魅力を感じることが示されている。

　創造性テストによる能力の類似性の効果について見ると，仕事のパートナーすなわち道具的・手段的関係としては類似しているかいないかではなく，能力の高い相手を好ましいと評価しているが，自己完結的な関係としては能力の類似した者をより好ましいと評価することが示され，出井（1966）の結果と一致する。

　出井と太田の結果を模式的に要約したものが表1-1である。

　これらの実験における"仕事のパートナー"としての選択は，その状況の課題から見て必要な能力をもつ相手を高く評価していること，選択の基準が道具的・手段的な有効性に置かれていることが理解できる。これらの関係を道具的・手段的関係と呼ぶのはこのような結果に基づいている。

　ただし，この実験の結果は，実験参加者が協同作業において好成績を挙げることを望んでいること，すなわち課題を遂行することへの動機づけの強さは実験操作としては明示されていないが，重要な変数として，結果を規定している可能性が後の考察で明らかになるはずである。

　この状況の課題が，極力仕事をさぼる，実験者に抵抗するというものであれ

第1章 道具としての他者と目的としての他者

表1-1 能力の類似性，非類似性と"仕事のパートナーとしての好ましさ"の評価および"気の合う仲間"と見なすかどうかの関係
(出井，太田の実験結果の模式的要約)

		条　　件		
		相手の能力		
	評価者の能力	高	中	低
"仕事のパートナーとしての好ましさ"	高	○	×	×
	中	○	×	×
	低	○	×	×
"気の合う仲間としての好ましさ"	高	○	×	×
	中	×	○	×
	低	×	×	○

評価者と相手の能力がともに「高」,「中」,「低」であることは相互に能力の水準が同程度であるとのフィードバックを受けていることを示す。
○はパートナーとして"好ましい"あるいは"気が合う"と評価していることを示す。×は"好ましくない"あるいは"気が合うとは思わない"と回答していることを示す。
なお，出井の実験には能力の中間的位置の者は設定されていない。

ば，成績を向上させる力は道具的・手段的な有効性を失うはずである。
　"気が合う"という言葉で代表される関係は能力においても意見においても類似した2者間に顕著に形成されることがわかる。しかし，これが関係そのものを自己目的としたものであると判断するには材料不足であろう。ここでは，とりあえずこれを自己完結的関係と呼ぶことにして，少なくともこれは道具的・手段的関係とは異なる原理に基づいた関係であることを確認しておきたい。
　ここで，やや変数操作の純化の水準は低くなるが，先に挙げたバーバの考察の基礎の一つでもあるベールスの研究を検討しておく必要がある。
　ベールス（Bales, 1958）は次のような問題を提起する。"普通に理解されている集団は，最上位のリーダーから最下位までの地位序列をもつ何人かの従属者からなるということであろう。リーダーはその集団の中で最も好意をもたれ，最も積極的に活動に参加し，集団がいかなる課題に従事しているとしても最も

41

すぐれた課題遂行者であると見られる。——大抵の集団はこの単純な構造をもつとする期待は『単一―地位序列』仮説とでも呼ぶことができよう"(Bales, 1965, p. 324, 一部言葉を補って引用)とし, この種の仮説が一般性をもたないことを実験によって示した (Bales, 1958, 1965)。

　ベールスの考察の背景には, 対面的関係にあって, ある状況(事態―本書の言葉としては課題)を共有する人々の相互作用は道具的な性格をもつこと, またその集合体への同一化あるいは情動的な連帯性は, 集合体の道具としての効用の最大化を可能にする意味では道具的価値をもつと考えられるとともに, それ自身が目標としての価値をもつという仮説的構想がある (Bales, 1950)。

　ベールスが"すぐれた課題遂行"という基準で構成員の序列を見出そうとしているのは集合体の道具的な性格の顕在化の指標の意味をもつ。一方, リーダーシップの取得の序列を"好意"という基準においても論じているのはこれが連帯性の表出の指標とされるからである。

　ベールスの構想の論理構造は, 後に触れるように本書の仮説的模型とやや異なる。しかし, 現象としては前者はわれわれの言う道具的・手段的な関係の顕在化であり, 後者は自己完結的関係の表現型であると見ることができる。

　図1-9は, ベールスの実験結果 (Bales, 1958, 1965) の1例である。横軸に5人の実験参加者を言動の多い順にならべ, 縦軸にそれぞれの順位のものに対する事後の5人の構成員の自己評価を含む相互評価を示したものである。

　課題の解決への貢献についての相互評価と, 好意の評価の順位が一致しないこと, 貢献度を最も高く評価されている構成員が必ずしも"好意"の対象としては最も高い評価を受けているわけではない, というベールスの仮説を支持する結果が読み取れる。

　ベールスはスレーター (Slater, 1955) を引用して"アイディアの提供者"として高い評価を受けている者 (最も"好感"をもたれた構成員とは異なる場合が多い) の言動には課題解決のための活動方針の提案や意見の提示などの占める割合が高いこと, それに対して最も"好感"をもたれた者 ("アイディア"の提供者としては最も高い評価を得ているとは限らない) は合意を示したり, 人々の

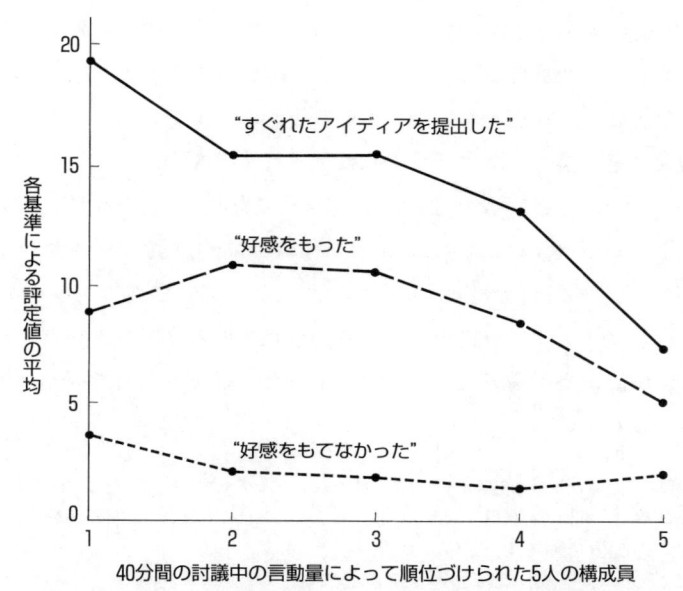

図1-9 5人の人々が実験室内での討議によって結論を得た後の"すぐれたアイディアを提出した","好感をもった","好感をもてなかった"についての相互の評定の結果
(Bales, 1958)

間の意見の対立などに基づく緊張を解きほぐすような言動や連帯感を高める意味をもつと思われる言動が多いことを指摘している。

　ここで，ベールスは，活発な言動と課題遂行の力量を高く評価される一方で，好感の程度ではやや低い評価を与えられる「課題遂行の専門家（task specialist）」と，好感度は高いが言動量は必ずしも多くなく，課題遂行の力ではやや低い評価を受けることの多い「社会関係の専門家（social specialist）」と呼ばれる質の異なる2種類のリーダーシップが複合して存在する可能性を指摘する。

　「課題遂行の専門家」とは集合体の道具的・手段的な働きを実現させ，他方「社会関係の専門家」とは集合体内部の人間関係の自己完結的関係を強める働きをするものと理解できるであろう。

　図1-9に示されたベールスの結果は，複数の実験集団の結果と同一の実験

集団の繰り返しの結果を含めて平均したものである。その点にはやや問題があるとしても，ここで興味あることは，"すぐれたアイディアを提出した"という面からの評価と"好感をもった"という評価の関係である。

平均的な評定結果としては"すぐれたアイディアを提出した"の評定と"好感をもった"の評定は一致しないというだけでなく，"すぐれたアイディアを提出した"という評定においては5名のほぼ中間的位置に評価されるものが"好感をもった"の評定で最も高い評価を得ていることである。

"すぐれたアイディアを提出した"という点で他の構成員たちと相対的に最も近似した位置にある構成員が"好感をもった"という項目で高く評価される可能性を示唆している。[11]

[11] 図1-9のベールスの実験結果では，"すぐれたアイディアを提出した"，"好感をもった"等の評定得点（縦軸上の位置）同士を直接比較することはできない。測定尺度が異なるためにその間の得点差は意味をもたないからである。
ここではグラフの形の比較が意味をもっている。

(2) 人間関係，集団・組織過程の道具的・手段的関係と自己完結的関係の間の現象的関係

4人でゲームを行なう。得点は個人別に計算される。しかし，ゲームの報酬は全体に対して与えられる。1人1人は自分の得点とそれが4人の中の最高点であったり最低の得点であったりすることを知らされる。さて，この実験に参加した人々は，4人に対して与えられる報酬を4人の間でどのように分配するのが理にかない，また正しいと考えるであろうか。奥田（1985）の実験である。

実験の結果は，個人別の得点で高点を獲得したことによって全体への貢献度の高い実験参加者は，報酬は得点にかかわりなく平等に分配することを提案する者が多く，低い得点しか獲得できなかった全体への貢献度の低い実験参加者は，個人別の得点の多少，すなわち全体への貢献の割合に応じた分配を提案する者が多いことを示している。

その提案は，仕事を共に行なった人々からどのように評価されるのであろう

第1章　道具としての他者と目的としての他者

か。図1-10は，個人の得点には関係なく4人に等しく分配するという平等分配（equality）と，それぞれが獲得した得点に比例させて，高貢献者には多く低貢献者には少ない公平分配（equity）をするという意見に対して，高貢献者と低貢献者がその提案を"公正"であるとする程度とその意見の提唱者への"好感度"，"好ましさ"を測定した結果である。縦軸上の数値が大きいほど"公正さ"あるいは"好ましさ"を高く評価していることを示す。

奥田の実験で"好意"と言うのは，後にも触れるバーン（Byrne, 1971）のいわゆる対人判断尺度の一部を邦訳した"好感をもつ（like）"，"実験に参加する仲間としての好ましさ"に関する評定からなるものである。

この実験の結果は，すでに述べたように貢献度の高い者は平等分配を提案し，貢献度の低い者は貢献度に比例した公平分配を提案する傾向があることを示す。

また，貢献度の高い者は平等分配を"公正"な意見と見なし，貢献度の低い者は公平分配を"公正"な意見としている。

しかし，貢献度の高い者は，貢献度に比例して報酬を分配する公平分配を主

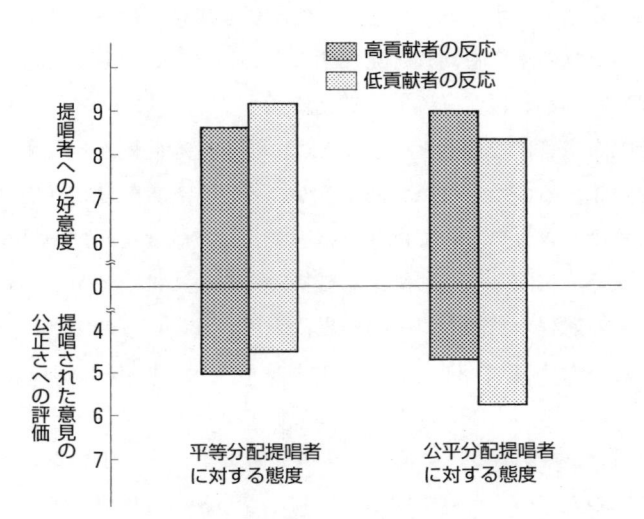

図1-10　報酬の「公平」分配と「平等」分配を主張する者に対する高貢献者と低貢献者の好意の程度
（奥田，1985より永田［1987］が作図）

張した者に好感情をもち，貢献度の低い者は貢献度の相違にかかわりなく平等に報酬を分配することを主張した者に好意をもつことを示している。

貢献の程度が高い者は，それに相当するだけの報酬を要求したい。しかし，それをあからさまに要求することは利己的であるとか，自己中心的であるなどの非難を受ける危険がある。報酬を平等に分配することを提案することで利他的な姿勢を示すほうが批判を受ける危険が少ないかもしれない。貢献度の低い構成員は同じ仲間として努力した以上は平等に分配されてしかるべきであるが，貢献度の高い構成員の努力を評価して見せなければ，只乗りをたくらむとみられるかもしれない。主観的心情としてはこのような気持ちが想像できそうである。

しかし，主観的な思惑はどうであれ，次の機制がそこに働いていると考えられないであろうか。

まず，当面の課題であるゲームに勝ち，報酬を手に入れることに関しては貢献の大きさを無視することはできない。一方，構成員の間の情緒的な関係すなわち"好意"として表現される自己完結的関係を維持，形成する上では構成員間の課題への貢献の程度を同列と見なすことが望ましい。もともと貢献度が同列にある者にわれわれは"好感"を覚える。

報酬の分配を平等に行なうということは，貢献度を同列と見なすという約束事の成立を意味するのではないであろうか。もともと貢献度の評価は単に仕事の量のみで評価しきれるものではないと考えれば貢献度を同列と見なすことは不可能ではない。集団としての結束を維持するためにはそれが好ましい。

この相反する過程の葛藤が以上の結果に表現されているのではないか。これは，前項で述べた出井 (1966)，太田 (1974)，ベールス (Bales, 1958, 1965) などの結果の示すところと整合性をもった解釈であろう。

ここで，再びウエスタン・エレクトリック社のホーソン工場を訪れてみる。バンク捲取室の人々の賃金は集団出来高制と言われる方法で決定されていたことはすでに述べた。職場を一つの単位とする出来高が会社側が定めた基準作業量を超えた場合，超過分に応じて職場の構成員全員に賃金の上積みがある。職

場全体が単位となるにもかかわらず，他の作業者の作業を援助することでその作業者の作業量を多くみせることにはどのような意味があるのであろうか。ここで面接記録から一部を抜書きしてみる。

以下の記録の W_2 などとあるのは図1-2，1-3，1-4等にある捲線係を示す。

W_2： （自分がこの職場では最もよく働いていると言ったあとで）"連中（同僚のこと）は俺が働きすぎるのを嫌がるが，とにかく俺は働くのさ。"（略）

W_2： "俺は今，1日に7,000，いや7,040くらいの量をこなしているよ。だから，ほかの連中は気に入らないのよ。連中は俺にもっと減らして欲しいんだ。6,600くらいにして欲しいだろうが，言うことをきく理由はないさ。"

W_3： "誰だっていつも基準量の作業ができるわけはないさ。まあ，中にはそういうのもいるがね。

人員整理がはじまったので1日に7,300もやるのがいないわけじゃないが。死んじまうよ。いいことは何もおこらないし，それどころか俺たち他の人間にとっては迷惑なだけで，全く馬鹿げたことさ。"

面接者： "もっと働こうとは思わないのですか。皆さんがもっと働けばそれだけお金になるのではないですか。"

W_4： "とんでもない。みんなそんなことは言わないよ。監督連中はいいこと言って，俺たちが仕事をすればするほど金になると言うが，俺たちはそうはいかないと見てるよ。やればやるほど基準作業量が上げられ，結局同じ賃金で仕事だけが多くなるのさ。わかりきったことさ。"

W_8： "ちょっと前に来た奴で，もうみんなの平均を超えたのがいるよ。すぐに7,000から8,000にいくと思うよ。"

面接者： "その人はそこまでやると思いますか。"

W_8： "やると思うね。中にはやるのもいるよ。それより遅い連中はよく思わないけどね。"

（Roethlisberger & Dickson, 1939, p. 417から一部を引用。Wは捲線係を指す。添字で示す個々の作業員に関する個別的な情報は第1章の図1-2，1-4，1-5を参照。カッコ内は引用者の補足説明）

バンク捲取室の人々の行動には，無闇に作業量を上げることによる基準作業量の引き上げ，それにともなう作業員の削減などという労働強化への危惧など多くの要因が作用していたことは確かであろう。

　しかし，この会社では集団出来高制という作業への誘因が設定されており，作業実績の多い作業員は職場の他の人々の賃金の向上に貢献していた。もちろん出来高の実績の多い作業員の基本給は高額に設定されていたが，他の作業員の賃金の割増しに貢献する可能性が高いことはたしかであった。しかし，作業量が極度に多い作業員の評価はよくなかったのである。

　毎日の作業量を見かけ上ほぼ一定水準に維持しようとしたためではないかとレスリスバーガーらは推測する。一定水準の作業量をこなしておくことは，個々の作業者の基準賃金を左右する条件であることを考慮すると，レスリスバーガーらの推測は合理的な根拠がありそうである。

　観察者の記録によれば，一般に多くの作業員は午前中は仕事に精を出し，ほぼ一定量がその日のうちに仕上がる可能性が見えてきたところで作業の手を休めているように見えたといわれる。つまり意図的に作業水準の調整を行なっていたと見られる。

　しかし，この調整の意図が，自己の作業量を一定にして基準賃金の変動を避けるということであれば他の作業者の作業を援助する必要はない。人員削減による解雇をおそれているのであれば，自己の作業量を確保して優れた作業員であることを示すことが望ましいのではないであろうか。

　作業員に自覚的に理解されていたかどうかは別として，作業量の均等化への圧力がみられると考えることはできないであろうか。

　表1-2は，レスリスバーガーとディクソンをもとにバンク捲取室の捲線係の実験期間中の時間当たりの平均作業量を計算したものである。少数例であることを考慮する必要はあるが，作業量が突出して多い捲線係と作業量の少ない捲線係の間には友人関係の広がりに差異が見られる。

　先に，たまたまその日の調子によって能率が上がらない場合に作業の援助が行なわれることを面接記録に見た。しかし，実際にはこの職場の人々はただ作

表 1-2 バンク捲取室の作業員の作業量と「友人」関係
(Roethlisberger & Dickson, 1939, Table XXX p. 434 より永田が作成)

捲線係	時間当たり作業量	友人関係の数
W_1	724	1
W_2	860	0
W_3	823	2
W_4	757	3
W_5	804	0
W_6	822	0
W_7	651	3
W_8	710	3
W_9	416	3
作業量上位者の平均[1]	827.3	0.50
作業量下位者の平均[1]	651.6	2.60

注1：少数例のため上位，下位を折半することの合理性がないと思われるが便宜的に作業量が800を超える者を上位者とし，それ以下の者を下位者とした。

業量を上昇させることを高く評価しているわけではないことがこの表から示唆される。

突出して多すぎるのも"友人"としての関係を維持する相手としては好ましくないのである。

> "この職場［バンク捲取室］の人々にはそれぞれの作業者がどのように振舞うべきかについてある種のはっきりした考え方があることが明らかであった。(1)仕事をし過ぎてはいけない。そんな奴は，抜け駆けをたくらんでいる奴だ。(2)仕事をさぼり過ぎてもいけない。そういうのはこすっからい奴だ……。"
> (Roethlisberger & Dickson, 1939, p. 522より，［ ］内は引用者の注記)

作業量において対等な立場に立つことによって保障される情緒的に仲間として受容されることを損なうことをコストと見なし，集団出来高制という直接的

な賃金収入と結びつく生産への誘因が存在したにもかかわらず極度の高能率への動機づけが抑制されていたというわれわれの解釈の一つの支えになる資料であると思われる。

　これを，単に面白くもない仕事を熱心に行なう同僚への軽蔑といった感情で説明することはわれわれの社会関係の仕組みを理解する重要な手掛かりを見逃すことになる。

　バーバ（Verba, 1961）は，先行するいくつかの研究の結果を引用しつつ"……リーダーが集団の用具的および情緒的な仕事の両方の領域で活動的でなければならぬということだけでなく，これらの2つの仕事が密接に関連しあっているということにも［困難の］原因がある。集団が一方の領域でどのように機能するかは，他方の領域での機能に影響をあたえるであろう。もし，集団の成員がリーダーとの間に満足すべき情緒的な関係をもっているなら，かれらは用具的な指示をずっと受けいれやすいであろうし，他方，集団のリーダーシップに対する構成員の満足度が低い場合には，成員は集団から抜け，集団のリーダーを拒否し，あるいはリーダーの用具的な指示を拒否するかもしれない"（訳書143頁，［　］は引用者の補足）と指摘している。

　ここに述べられている2つの過程の関係についての理解は，先のベールスの仮説とほぼ同じ発想に基づいているように見える。バーバで「用具的（insturmental）」と訳されているのは，われわれのいう道具的・手段的関係であるが，これとバーバのいう情緒的関係すなわちわれわれのいう自己完結的関係は，単に相互補完的な機能を果たし，自己完結的関係は道具的・手段的関係を実現させるための潤滑油としての働きを果たすものと考えることはできないというのがわれわれの提案である。

　自己完結的関係が構成員間の見解や能力の類似性，対等性の確認という過程をともなうとすれば，それは，道具的・手段的関係をどのように構成するかに密接にかかわってくるはずである。レスリスバーガーらの観察はそれを示唆している。[12]

第1章　道具としての他者と目的としての他者

(12)　これまで述べてきた道具的・手段的関係あるいはその機能と，自己完結的関係とその機能の区分に一見類似しているように見えるが全く異なると思われる考え方がある。

その一つは，他者との関係あるいは集団・組織体が解決を期待されている課題あるいは目標と，そこに関係する人々の個々の課題あるいは目標の一致あるいは齟齬に着目するという枠組である。

バーナード（Barnard, 1938）にその基本的な原型を見ることができるように思われる。協同体の非個人的な目標の達成に関する協同の効率（effectiveness）とそこに関係する人々あるいは構成員の個人的動機の満足に関する能率（efficiency）の区別である。

このような考え方に基づくと，集合体としての目標と個人的な目標の一致の程度が高いほど協同の過程での不満やあつれきは生じにくいと予想されている。しかし，ベールス自身が「課題遂行の専門家」のほかに「社会関係の専門家」の機能を必要と認めた理由は，課題の遂行の過程で生じる緊張の解消の機能の必要を認めたためである。その場合の緊張の発生の過程についてはベールスでは十分な説明があるとは思われないが，ここに集合体の活動目標を設定していくための活動の方向を定める過程で，個々の構成員の欲求，期待する目標と集合体の活動に齟齬が生じることが仮定されている。

詳細は後に述べるが，著者は，関係の道具的・手段的機能の実現の過程が，たとえその実現が個々の構成員の一つの価値，目標の実現に資する方向性をもつものであるとしても自己完結的関係の形成を妨げるという意味で人間関係，集団・組織の諸過程に作用すると考える。

本書で問題にしようとしていることは，集合体に達成を期待される目標や課題と，構成員が期待する目標や課題の一致，不一致にかかわりなく，人間関係，集団・組織過程に成立する道具的・手段的関係と自己完結的関係の間に発生する矛盾である。

現実の社会集団においては，構成員が期待する目標の達成と集団・組織体に期待される目標とは必ずしも一致するとは言えない。その意味でバーナードの問題提起そのものは重要な意味をもつことを否定するものではない。

第二に一応言及しておく必要があるように思われる一見近似した構想は，クラークらによる交換関係（exchange relationship）と共同関係（communal relationship）の区分である（Clark & Mills, 1979, 1993 ; Clark, et al., 1986）。

クラークらのこの2つの関係の区別は，交換関係が例えば値札をはったままの品物の提供を意味するのに対して，共同関係は意図的に値札をはずして贈り物としてその品物を提供するという例示によって示される（Clark & Mills, 1993）。

交換関係とは等価の金銭あるいは金銭に代わるものとの交換を意味し，共同関係は金銭に置き換え得るような代償を期待しない相手の福利（welfare）への関心に基づく関係であるとされる。

当初，クラークらは共同関係は相互性をもつことを仮定し，実験的操作としては未婚者同士の関係と，既婚者と未婚者の関係など，社会的位置において対等か否かという関係として操作を行なっていた。

しかし，後に，親と子の関係を典型とする一方向的なサービスの提供を含むとした（Clark & Mills, 1993）。

しかし，本書でいう道具的・手段的関係も自己完結的関係も基本的には相互の関係であり，

51

一方向的なサービスの提供という関係のとらえ方には違和感がある。もともと，人と人の関係を交換という概念でとらえることの利点は，具体的な内容をもつ利得に対して服従，賞賛を行なうことも交換と見なすことで権力関係，支配と服従の関係の発生も含めた広い範囲の人と人の関係を定式化できる（Homans, 1961）ということにある。
　実際には交換による利得，コストなどの定量化が困難であるために予測よりも結果の解釈に役立つ理論モデルであると考えられるが，ベイトソン（Batson, 1993）も指摘するように，金銭またはそれに換算される性質の交換かどうかの区別をすることによる利点は見出しにくい。

第2章　人間関係，集団・組織体の成り立ち
―― 原型としての成立過程と現象型

第1節　人間関係，集団・組織体における道具的・手段的関係の成立過程

(1) 協同の体制すなわち集団・組織体の成立過程

　広義には物理的な人の集合体を集団と呼ぶ。第1章では暫定的にホーマンズ（Homans, 1951）に従って相互作用関係にある人々を集団とした。厳密には，物理的に接触する人と人の行動は多少なりとも相互に影響し合う。その意味では物理的な集合を集団と呼ぶことが可能である。

　しかし，相互作用関係というホーマンズの集団の定義はあまりにも広すぎる。ここで，これに付け加えて，何らかの課題を共有して，すなわち何かを達成する，あるいは何らかの価値の実現に関係して協同的な相互作用が営まれる集合体という限定を設けたい。課題とは個々それぞれが実現を目指す多様な価値に到達するために通過すべき通路を意味することはすでに述べた。課題とは目標に到達するための通路としての障害あるいは仕事を指す。

　集団と組織体を一体のものとして扱うのは，集団の機能と構造的定義は組織体と同じであると考えられるからである。

　相互作用過程をともなうことなく価値観を共有し，心理的な所属感をもつ認知的な同一視が成立することを心理的な集団の成立の最少限の基本的な条件とする考え方がある（Tajfel, 1970 ; Turner, et al., 1987）。

　認知的な同一視の対象となる社会集団あるいは認知的に一定の輪郭線をもつ人々の社会的なまとまり，あるいは集合的カテゴリーに自己を位置づけ，そこに所属感をもつことは第5章で述べる同一性に関係する問題として心理的には

重要な意義をもつことは言うまでもない。

　しかし，集団あるいは組織体の定義としては必要十分とは言い難い。もちろん必要十分か否かは何を論じようとするかに基づいて決まることである。ここでのわれわれの定義が集団・組織体を理解する上で意味をもつのは，その内部の構造，すなわち構成員間の関係と全体としての集団の働き，機能とをあわせて考察し，さらに構成員個々の内的心的過程との関連を考察するという目的から見てのものである。

　次の観察例はここでの問題を具体的に示している。

　3人の初対面の子どもたちに教室に集まってもらい，オモチャのタマの出るピストル，標的などの射的道具を目の前において，後刻皆で射的遊びをすると予告した上で，実験者である大人は，その場でしばらくの間自分の仕事をするふりをして子どもたちを待たせておく。

　　実験者からの説明が終わると大抵の子どもたちは沈黙のままもじもじしているが，中には実験者の机の上の射的玩具を見て"それで遊ぶの？　早く遊ばせてよ"などと言う者もいる。

　　やがて子どもたち同士の会話が始まる。

　　教室の後ろの壁に張られている子どもたちの図画，習字などについての話題がきっかけとなることが多い。実験者が相手になってくれないことがわかると，子どもたちは教室内のさまざまなものを利用し，てんでに遊びはじめる。誰かが机の上に伏して水泳の真似事をする。椅子を集めて汽車ゴッコをしたりする。

　　勝手に遊ぶのであるが，2人が一緒に行動することはあるが，3人がまとまることや全くてんでばらばらなこともなく，子どもたちのまとまりは流動的である。

　　しかし，子どもたちはそれらの遊びにさほど熱中しているわけではない。"つまらないな"とか射的玩具を指して"早くあれで遊びたいな"，などの声があがり，実験者に"早くこれで遊ばせてよ！"と哀願したりする。実験者はこれにも応じない。

　　"君もたのめよ！"といった呼びかけが生じ，ここで3人が協同して実験者に射的をはじめるように迫ってくる。この段階で実験者が3人の中の1人を叱ると，叱られた者だけでなく，他の2人も表情を変える。

　　頃合いを見ていた実験者は，子どもたちの要求に応え射的玩具を箱ごと与え

"それではこれで遊んでごらん"という。

射的の的が置かれ準備がととのうと、銃の奪い合いが生じる。"僕が先だよ！すぐ代わってやるから"。

"僕が上手だから先だ"など場合によってはケンカになる。そのうちに先に銃をとった者からはじめるか、ジャンケンなどで射手の順番が決められる。

次の問題は射手をどのようにして交代するかである。初めに銃を手にした者はできるだけ長く続けたい。2番目の順番の者は早く交代させようとする。

どこかで両者の合意が生じて交代すると、第2順位の者から第3順位への交代もほぼそれに見合う時期、条件の下で行なわれるようになる。規則の発生と見られる。

この過程で、交替などの規則を破る者が現われると他の2人はこれに制裁を与え、反抗し、弾劾する。

また銃に弾込めをしたり、撃ち方を教えたり、命令し、世話をやく者が現われ他の2人は大抵はその指示に服する。

しばらくすると"ああ！　もういやになった"等の言葉が聞かれ、射撃も乱暴になり、ときには銃を投げつけたりするようになる。交替の規則が拘束力を失い消滅する。射的をやりたい者が勝手に行なうという状態になり、他の子どもが順番を指示しても服従しない。

子どもたちは全く思い思いの事をしはじめる。

（上武、1939a の観察記録を永田が要約）

上武の観察から、待ちくたびれた子どもたちの間に、射的遊びを開始するために協力して実験者に迫るという協同性の発生が読み取れる。他者への働きかけは、たとえ程度の相違はあるとしても、その相手が行為者の期待する反応を行なうという予期、予測をともなうのが普通である。他の子どもたちも射的遊びをしたいという共通した意思をもっているという判断、自分と同様に早く遊具を貸してほしいという要求をもつことへの期待があると見ることができる。

序章で述べた間主観性——ここでは実験者に働きかけて早く遊びをはじめようと要求することがこの状況に適合したものであるという理解が共通にあることへの期待——が何ほどかは成立していると考えざるを得ない。それゆえにこそ、1人が実験者に叱られると他の子どもも自分が叱られたようにシュンとな

るのである。

　さらに，少なくとも射的遊びの開始という目的の達成には，協同的活動が有効であるという理解も共有されていたと考えてよいであろう。

　一般に，課題への対応が相互依存的な努力に依存するという相互理解が成立していると感じられないかぎり，自発的な協同関係の形成への働きかけは生じにくい。多くの場合，われわれは他者の反応をある程度予測しつつ働きかけ，他者の行動の意図を推測しつつ他者の働きかけに反応しているからである。

　上武の観察例は，課題に対応するという要求に基づいて人々の努力の協応が成立すること，それは程度の差はあるとしても，人々の行動を統制する働きとして出現することを示している。

　ここでは，1人が射的の遊具を手に入れるという課題を解決することが同時に他の人も課題の解決に成功することを意味するものと期待されている。

　しかし，1つしかないピストルを誰が使用するかが具体的な問題になると，1人が目的を達成すると他者の目的達成が妨害されることが明らかになる。相互妨害的な目標の構造という意味でこのような事態を競争と呼ぶことがある（Deutsch, 1953）。

　そこでは，それぞれが課題を達成するためには互いの行動を統制する必要が生じる。ここの課題は，1つしか存在しないピストルをそれぞれが使用したいという問題をどのように解決するかということである。

　この過程をなるべく単純化して観察する工夫をすることができる。

　図2-1のaとbを「ぬり絵」の下絵としてそれぞれ3，4人の子どもたちに示し，何種かのクレヨンを渡し，皆で好きな色を塗るよう求める。図形aを塗るように求めると，ほとんど初対面に近い子どもたちの間でも，他者への指示，禁止，服従あるいは指示への反抗などの言動が比較的多く生じることが観察される。他方，図形bを塗るように求められた場合には，その種の言動はそれほど頻繁には観察されない。互いの行為を統制しようとする意図やそれへの反発や受容と見られる言動よりも，作品への関心を中立的に表現するような言動が比較的多く観察される（小林，1960）。

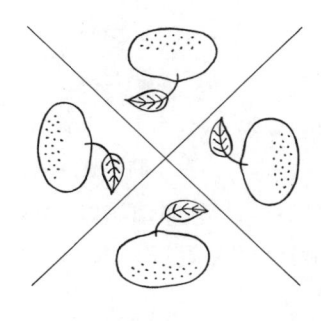

図 2-1 協同的活動を誘発しやすい「ぬり絵 a 」と
協同活動を誘発しにくい「ぬり絵 b 」
（小林，1960より一部を引用）

　実は，さらに年長者，例えば大学生を実験参加者として同じような，しかし大学生にふさわしい課題を用意しても，小林によって観察された現象が生じるとは限らない。実験という状況であることも含めて，あえて他者と対立して，相互の行動の調整を行なう必要を認めるほどの強い参加への動機づけは容易には生じにくいからであると考えられる。率先して課題にとりかかる少数の者に仕事を任せてしまうなどの行動が発生し，あえて緊張を生む協同関係それ自体を形成しようとしない場合がある。

　また，参加への強い動機づけが生じる場合であっても，課題の意味を再構成することによって対立や統制力の発現が回避される場合がある。例えば，仕上がりの善し悪しではなく，参加することに意味があるなどの合意を形成する場合である。この問題は，後に改めて検討される。

　また，小林の実験の場合に観察された統制的行動は，必ずしもぬり絵を非のうちどころなく仕上げようとするためのものと見る必要もない。子どもたちがそれぞれ，一体となるように見える部分を脈絡なく彩色しようとして生じるそれぞれの主張のぶつかり合いの結果であるかもしれない。

　相互妨害的な行動を統制しようとすることに基づく協同的行動の成立もあり得るのである。

　個々の関係者の行動が，関係者全体の課題の遂行に反映しやすい場合——す

なわち相互依存性が高い場合——には相互の行動を統制しようとする「方向づけ」のための言動が顕著に発生する（永田，1965c）。これは，相互の行動を一定の方向に向かわせるように規制するルールの発生を意味する。

1944年，太平洋戦争時，従軍記者としてビルマ（現在のミャンマー）のインパール作戦に参加した丸山は，作戦の失敗にともなって敗走する日本軍に追従して，戦線から後退しようとする。以下はその際の体験である。

> 日本軍が撤退し，英印軍が現れるまでには，日本軍の陣地があったところや，日本軍の撤退路一帯には一瞬，真空状態ができる。（略）
> ただし真空状態は無人地帯を意味しない。総退場となると，いちはやく司令部とともに戦闘部隊（正規軍）は下がるが，そのあとには落伍者（前線からの脱落者），軽症患者（自分で歩いて下がれるもの）がゾロゾロとつづき，さらにそのあとに重症患者（自分で歩けないもの）が残されているものである。（略）それがここにいう真空状態である。（略）／古い秩序の失われた状態をいう。古い秩序とは上下の命令，服従関係によって成立する組織であり，階級，肩章，地位が権威を象徴し，数（多数）や力（軍事力・経済力・腕力）が発言力をもつ社会を意味する。（略）
> 退却行は，どこでも悲惨をきわめる。とくに河をはさんだ場合がはなはだしい。（略）
> ここでは河に綱を張り，それを伝わって渡るようなことはできない。流れが深く，速いからである。そこで太い鉄索を一本張り，これから綱を引いて船の軸先にしばりつけ，櫓で漕いで渡るのである。（略）河岸のひしめきは激しくなった。（略）最初の船に乗ろうというのである。いままで死んだようにジットしていた兵隊のどこに，これほどの激しい気魄と気力が残っていたのか。"おれが先だ"，（略）"おれは一週間も待っているんだ"，"軍司令部の金櫃（軍資金を入れた鉄製の箱）が先だ"と主張して殺気立った。（略）
> 「軍司令部」と聞くと，一時は泣く子も黙るほどに（略）権威があった。（略）いまや，（略）引き下がるものはいない。（略）／われもわれもと先を争った。しかし，これでは時間がたち，連合軍戦闘機の「出勤時」が迫ってくる。船は一隻。だれもが焦った。焦りのなかで渡河点の秩序を立て直さなければならないことにようやく気づいたようで，期せずして"順番を決めろ"という声があちらこちらから起こった。

第2章　人間関係，集団・組織体の成り立ち

（丸山，1984，137頁以下から一部を省略して引用）

　協同行動の必要性は，構成員間の関係の組織化への力を生じさせる。協同行動はそれを必要と認知される課題の存在が要件となる。いうまでもないことであるが，課題解決のために協同の体制が必要であるとの認識が生じない場合には，個々に課題に取り組むか，闘争と混乱が生じるはずである。

(2)　協同関係における各構成員の保持する資源とリーダーシップの成立

　人々の関係が協同的なものへと組織化されるためには課題とその遂行，解決に必要とされる資源についての共通の理解と，さらにどの構成員がそれらの資源をどの程度保有しているかについて共通の理解が成立する必要がある。

　太平洋戦争の中頃，ビルマ戦線に最下級の兵士として送られた会田雄次の体験は人々の関係の構造化と環境条件とのかかわりを生き生きと描き出している。

　補給も跡絶え，一切の重火器を失い，全滅覚悟の寸前に敗戦となり，会田は，辛くも生きながらえた。

　ラングーンに送られ，およそ2年，イギリス軍の敗戦捕虜として強制労働に服する。以下はその間の体験の抜粋である。

> 　旧日本軍隊内での「価値」には二つのものがあった。正式なものと，正式でないもの（略）つまり一つは階級であり，もう一つは（略）精神的にだけだが特殊に尊敬をうけている特技者である。（略）銃剣術とか射撃とかの名手は特別の存在であった。（略）／いよいよ戦場に出るようになると事情は少し変わり，戦闘ごとに抜群の働きをするものが中隊の誇りになるのである。／私たちの中隊は（略）終戦前後では中隊の戦闘可能要員は十数名に（略）減ってしまった。（略）正規の攻撃をうけたら瞬時に全滅してしまうだろう。
> （略）
> 　こういう状態のとき何よりの核心となったのは，中隊長でもなく小隊長でもなく，水田伍長であった。ほとんど全員がマラリヤが慢性化し，自棄的になっている。その一人一人を励まし叱咤して役目を果たさせなければならない。（略）／しかし，私はかれらの投げ合うはげしい言葉のなかのどこかに，みんなを結び合わせている絆のようなものを感じた。それは私がこれまでずっと配属されていた

（略）部隊にはなかったものである。（略）このような連帯感が生まれたのは，（略）わずかに生き残った仲間をもう失いたくないという感情から生まれたものだと私は考えた。しかし，それだけではなかった。（略）何か一つぴんと筋の通ったところがあるのが不思議だった。その筋を通す役割を果たしているのが水田班長なのであった。雨季ではあるが，いつ敵が攻撃してくるかわからない。（略）歩哨の役目はきわめて重大だった。けれども疲れきった兵隊は（略）任務を怠りがちで，ともすれば身体の故障を申し立てる。それに対して水田班長は何も文句は言わず，自分が代理に立った。（略）水田班長は料理をつくるのが好きで（略），あるとき汁粉をつくろうと思いついた。彼ともう一人，元気よく働く代りに口もやかましい井出上等兵が手伝った。近くの畠から砂糖きびを抜いてきてそれを木槌でたたいて汁を出し，布でこす。（略）二人で丸半日がかりの仕事であった。"汁粉ができたぞ"と叫ぶと病人まで出てきて，飯盒二杯分ぐらいの汁粉はあっという間に空になった。誰も礼を言わず，あと始末もせずに引き上げてしまったので，井出上等兵が怒って怒鳴った。"畜生，寝てさらしてばかりいて。一言お礼ぐらい言ったらどうだ""水田班長，こんな奴らになんかやらないで，協力したものだけで食ったらよかったのに"／"怒るなよ"水田班長は，おだやかに，それがくせのようなくしゃくしゃ笑いを見せた。／"おれたちだけで食ったら腹は満足するが，気持ちがわるいやろ。みんなに分けたら足らんけど，まあすまない気がせんやろ。お前も平気で怒れるやろ，（略）それが心の満腹だというのやとわしは聞いたことがある。みんなうまそうに食いよった。それでよいのや"。（略）［敗戦後］捕虜生活が続いて（略）この水田班長の存在はだんだんその比重を失っていった。彼の行動に変化があったわけではない。いつでも班長は誠実にその務めを実行していた。（略）／雨季を前に収容小屋の床づくりをはじめた。英軍と交渉して多少の材料はもらえたが，床張りの板などはどこからか工面しなければならない。（略）厳重な監視がある筈なのに，畳二畳分もあろうかという大きいのを持ち帰ったのもいた。（略）こんなことのやれない人間はみじめである。人の厄介にならねばならない無用者である。（略）／その反対に，しだいに発言権を持ってくるのは，何よりも泥棒がうまく，要領がよく，そしてかなりゴテることのできる心臓と，論理はどうでもよいが「名文句」の入ったとうとうたる弁舌の持ち主である。（略）／私たち捕虜生活のリーダーはどこにいたか。（略）イギリス兵にとり入ろうとするものはないでもなかったが，すぐ私たちに見破られ軽蔑された。だからそういう人物が指導者となることは遂になかったのである。（略）捕虜生活でのもっとも重い役割を果たすものが力を持ってきた。

(略）まず，井野班長である。（略）井野班長が戦闘では無能だったということはない。ただ，勇敢無比な兵士というような伝説は付随していなかった。（略）／どこからかドラム罐を持ち帰り，ベニヤ板で流し台をつくり，風呂場を建てたのも井野班長である。（略）水汲みや風呂たきはいつの間にか井野班長の手足のような兵隊が二，三人できていて，それがやる。「××さん，風呂がわいた。入りませんか」。井野班長は中隊の誰かや大隊の誰かに声をかける。そつがなく，そして割合に公平である。（略）班長は，みなが反撥するようになって窮地に立った士官にも声をかけ，最後まで礼節を守ったし，声をかけてやらない人間はなかった。

（会田，1962，ただし引用は1980年版186頁以下より。［　］は省略したために理解しにくくなった文脈を引用者が補った部分）

　戦闘には直面していない内地での軍隊生活，敗戦を予期せざるを得ない戦争末期。敗戦直後の戦地の仮設捕虜収容所の生活，多少の日常性を回復して，したたかなやりくりが可能になった市街地の捕虜収容所での生活，兵士たちの置かれた状況は変化する。

　換言すれば兵士たちの置かれた外的条件の変化を背景とした欲求や関心の変化に応じて課題は変化する。それに応じて集団の組織的体制の崩壊と新たな課題の成立に対応して影響力，指導性の担い手が交替し，人々の関係の再構造化，再体制化が生じるさまが自らの体験として語られている。

　ここで問題とすることは，相互依存性が成立した場合の主導的位置が基本的には関係する人々の保持する資源に基づいているということである。

　最も単純化した状況でこれを観察してみる。小学生を実験参加者として，3人を1チームとして課題の解決を求める。課題に関して優れた解決技量をもつ者が1名とやや低い技量の者2名で構成したチームを構成する。

　3名は親しくもなく，反発しあう関係にもない者からなるが同一の学級の生徒であることも考慮し，日常生活では経験することのないと思われる課題を設定している。

　そのために個々の技量（資源）の相互評価自体を実験的に操作する必要がある。また，それによって資源の差異という変数の効果を純化したかたちで検出

できるはずである。

　個々の技量（資源）の差は，協同作業の前に行なう個人別の試行の結果を公表することによって3名の実験参加者の周知するところである。そこで，誰がどのようなリーダーシップを発揮するかを3人の課題解決過程でのやりとりによって観察してみる。[13]

　　(13) 小学校5年生。格別親しいとも不和ともいえない同じ学級の3人を1組として実験集団を編成する。
　　　　集団としての作業に入る前に，3人は互いに個々の作業成績がわかる状況で，後に協同作業を行なう作業と同種の作業を個別に行なう。
　　　　作業は，色紙のカードと形容詞を1つずつ書いたカードを照合し，それぞれの色の感じを最も適切に表現していると思う形容詞を選び出すことである。
　　　　形容詞のカードは色紙の数よりも多く，当然不要なカードが生じる。
　　　　個々の児童の成績評価は，色彩感覚の評価という説明のもとで，個別に5種類の色について用意された形容詞を記したカード群の中から最も色の感じを表わしている形容詞を選ぶ作業を行なった結果に対して採点され，1色について形容詞が決定される毎に採点結果が公表される。
　　　　また，3人の色彩感覚の自己評価，他者評価を見る目的で，その都度，次の試行（色と形容詞の対の選択）の自他の点数の予測が求められる。
　　　　個別作業は，3名の実験課題に関する資源の大小関係を実験条件として導入するためのものである。
　　　　この事前の操作で，3名のうちの1名が平均以上の実力をもち他の2名は平均以下の力であるように採点される条件，3名とも平均以下で3名の成績には差がない場合，3名とも平均以上で3名間には差がない場合という3条件が設定されている。平均点は，あらかじめ提示される。どの実験参加者がどの成績に割り当てられるかは無作為に決められている。
　　　　本文の事例は，事前の個人別の試行で3名のうちの1名が平均以上の実力をもち他の2名は平均以下の力であるように採点された条件での，3人が協同して作業を行なう状況での3名のやりとりをそのまま筆記したものである。
　　　　3人が1つのチームとして行なうよう要請される作業の課題は2種類ある。色カードは7種（枚）である。形容詞は，事前の調査から，例えば，うす水色に対して"浅い"などその色カードによくあてはまると見る児童が多い形容詞のカードが用意されている場合と，多数者が一致して当てはまると判断する可能性のある形容詞が含まれていない場合である。形容詞のカードは各作業条件とも10枚用意されている。
　　　　このような現実には正解があり得ない作業を用意したのは，実験条件を設定するために日常生活での児童の自己評価や学級内の児童への評価が反映しにくい作業が望ましいこと，また実験終了後にこのような作業には正解がなく，どのような答えが望ましいかも決められないことを納得してもらい，評価が現実に意味をもつものではないことを理解してもらうための工夫である。

第 2 章　人間関係，集団・組織体の成り立ち

　1番から7番までの番号のつけられた色紙カードにその色の感じを表現する適当な形容詞を，用意された10個の形容詞から選択することが課題である。
　太字は課題解決に直接関係する資源を相対的に多く保持している構成員の発言を示す。番号は色紙を，「　」はそれと対を構成すべく与えられた形容詞を指す。→印は，誰から誰への話しかけかを示す。誰にということもなく，全員に話しかけていると思われる場合は話しかけられる相手を？で示した。

　　I
　　X→？：　"一番最初は，ちょっと「上品」や，これ"
　　Z→X：　"5番やろ「上品」なのは"
　　X→Z：　**"5番も「上品」やね"**
　　X→Z：　**"いや，5番「上品」やないぜ"**
　　Y→X：　"5番「上品」やないぜ"
　　Y→Z：　"まず1番からやろ"
　　X→Y：　**"ちょっと「おそい」ね，これ。「おそい」ぜ"**
　　Y→Z：　"1番け？（1番のことか？）"
　　X→Y：　**"うん"**
　　Z→X：　"茶色が「おそい」みたいな感じや"
　　Y→？：　"1番「つまらない」は？"
　　X→Y：　**"そやね。「つまらない」がええわ"**
　　Z→X：　"「つまらない」がええわ"
　　Y→？：　"2番や"
　　X→Y：　**"ちょっとまってくれや"**
　　Y→X：　"「上品」か"
　　X→Y：　**"2番ね。ちょっと「上品」じゃないよ"**
　　Z→X：　"「うまい」は？"
　　Y→？：　"「うまい」や"
　　X→Y：　**"「うまい」け？（「うまい」か？）"**
　　Y→X：　"「うまい」でええやろ？"
　　X→Y：　**"「うまい」かねえ。ちょっと「つまらない」よ"**
　　Y→X：　"「つまらない」は1番で使うたやろ"
　　X→Y：　**"「おそい」みたいね，ちょっと"**

Z→X： "「おそい」にしよか？"
Y→X： "「おそい」にしよか？"
Z→X： "「おそい」は茶色ちがうけ？（茶色ちがうか？）"
Y→X： "そや「おそい」は茶色やろ"
X→Y： **"「おそい」は茶色いこか"**
Y→X： "「おそい」は茶色するけ？（茶色にするか？）"
X→Y，Z→Y： "うん"
Y→？： "6番やね"，"2番や"，"「上品」やぜ"
X→Y： "そしたらね，2番ちょっと"
Y→X： "「上品」やぜ"
X→Y： **"いや，「上品」ではないな"**
Z→X： "「上品」ではないわ"
X→？： "「よい」でもないな"
Z→？： "「みじかい」は？"
Y→Z： "「近い」け？（近いか？）"
X→？： "「近い」ね，これ""ちょっと「近い」みたいに感じてきたよ""「近い」にしょ（しよう）"

II
C→？： "ぼくは，はじめの「肌色」は「みじかい」と思うわ？""どうや"
B→？： "ちょっと，「おかしい」は？"
C→？： "「上品」かな"
B→A： "「上品」やないけ？（ないか？）"
C→B： "どっちや思う？"
B→C： "「上品な」や"
A→？： **"「上品な」しよか"**
C→？： "「上品な」か？"
C→？： "次2番"
B→C： "「かしこい」は？"
C→B： "なんで「かしこい」？"
B→C： "「みじかい」かな"
C→？： "ぼくも「かしこい」と思うわ"
C→A： "どうや○○（Aの氏名）"

C→？：　"どうする"
A→C：　**"同じでええわ"（同意するの意味）**
C→？：　"3番""交通の色考えたらどうや""赤，青，黄があるやろ。青やったら「正しい」やろ"
B→C：　"「正しい」な"
A→C：　**"「正しい」ね"**
B→？：　"4番は？"
B→C：　"「近い」でどうや。「近い」か"
C→B：　"ぼくは「つまらない」と思うわ"
C→B：　"××（Bの氏名）はどうや"
B→C：　"つまらないでええわ"
A→C：　**"同じや"（同意するの意味）**
C→？：　"「つまらない」ね"
C→？：　"次！"
B→C：　"朱色やね"
C→B：　"「よい」は？"
B→C：　"え？"
C→B：　"「よい」"
B→C：　"「よい」か？　ぼくは「みじかい」"
B→？：　"やっぱり「よい」かな？"
B→C：　"ぼくはやっぱり「よい」にするわ"
A→C：　**"ぼくかて「よい」にするわ"**
C→？：　"6番！"
A→C：　**"「近い」は？"**
C→B：　"「近い」け（「近い」か）"
A→C：　**"「とんがった」は"**
C→B：　"ぼくも「とんがった」と思うわ。××（Bの氏名）君は"
B→C：　"ぼくも「とんがった」と思うわ"

（永田［1969］の原資料の一部。実験参加者の課題解決過程での会話を録音と筆記によって再現したもの。（　）内は，意味の通じにくい表現を永田が補足したもの）

Ⅰの事例では，事前の試行で1人だけすぐれた成績を与えられていたのはXである。YもZも単にXの発言に無条件に従っているわけではない。Xも他の

2人の意見を考慮に入れているように見える。しかし，結果的にはXの積極的な発言によって決定し，Xが主導的な役割を果たしていることが読み取れる。

事例IIでは，課題解決の流れの主導権は構成員Cのもとにあるように見える。しかし，A自身は受身的であるがAの同意の発言が全体の決定の決め手として引き出される。

IIの事例では，事前の個人試行で平均以上の優れた成績を獲得するように操作されたのはAである。他の2名は平均以下の得点しか獲得できないように条件が設定され，すべての構成員はその成績を知らされている。

しかし，Aはその事前の個人試行の際の個人試行での次試行の3名の相互の成績予測にあたって，最後まで他の2人よりも自己の成績のみが高いはずであるとは答えていない。他の2人は，事前の個人別試行が進行するとともに次第にAの成績が高いことを期待するようになる。

Aは，他の構成員からはすぐれた課題解決の資源を保持していると見られている。しかし，A自身は，少なくとも質問紙への回答では自己の資源が優位であるとは答えていない。

IIの事例は，CがAの資源を有効に使用する演出者の役回りをしていること，資源をもつ構成員の資源を有効に利用するための活動も協同の過程では必要な資源になり得ることを示唆している。

協同的な活動が生じる過程は，課題に対処するためにはどのような資源が有効であるか，どのような資源をもつ者が相互依存的な関係にある人々の活動を「方向づけ」ていくことが望ましいかを判断することによって人々の活動の組織化への力が生じることから始まる。

実験研究は，変数を純化するためである以上，必然的に限定された課題の遂行の過程を観察することになる。その結果は，課題に直接関係すると見える資源の保持が基礎的な条件の一つとなることを示している（上武，1941；中村陽吉，1952）。しかし，資源の保持がそのまま単純に主導権の掌握に結びつくとは限らず，先の事例IIにもあるように資源の保持を背景とした本人の自信が重要な要件になることも明らか（上武，1942）である。

すなわち，資源には，知識，技能，判断力，課題に対応しようとする動機づけなどが含まれる。また，必ずしも課題解決に直接関係する力量だけでなく，必要な諸資源を活用する方法，あるいはシステムを構成する力量も資源と考えられる。

今日のわれわれの社会では，金銭は知識や技能，人材や物的素材をも入手する原資となる。すなわち，金銭も重要な資源の一つである。

また，情報は資源としての意味をもつ場合が多い。そのために情報を集約し総合しやすい情報のネットワーク上の中心的位置を占める構成員が他の構成員からは影響力をもつリーダー的位置にあると見なされやすい（Bavelas, 1953）。

換言すれば，権限の相違による階層構造をもつ関係において，中間的階層にある構成員を飛び越えて情報が伝達されるような事態が生じると，飛び越された中間層は影響力を失う危険にさらされる。係長が課長をとばして部長と直接重要な情報を交換することは，課長の影響力を実態としては削ぐ可能性を生む。

人々の活動が組織される過程は，どのような資源を保持するものが相互依存的活動を「方向づけ」ていく役割を担うことが望ましいかが明瞭になる過程である。これは，どのような行為が望ましいかの行動基準が相互依存関係にある人々に共有される過程であるとも言える。

このような共有される行動の基準をわれわれはシェリフら（Sherif, 1936；Sherif & Sherif, 1956；Cialdini & Trost, 1998）にならって規範と呼ぶことは序章で述べた。

これまでに述べた相互依存的協同関係としての集団の発生的条件を考慮すれば，規範とはその状況で集団にとって重要な意味をもつ行為を実現させるための規制の基準であることがわかる。

集団規範の形成は，どのような行為が望ましいかの判断基準の成立を意味すると同時に，その望ましい行為を喚起し実現させることのできる構成員が誰であるかを明らかにしていく過程でもある。

望ましい行為を喚起し実現させる力は協同関係におけるその構成員の存在の重要性と，それにともなう影響力の大きさに反映される。これが人々の関係の

体制化，組織化の過程である。

すなわち，関係する人々の間に影響力からみた序列すなわち地位の相違を顕在化させる過程にほかならない。具体的には重要な資源を相対的に豊かに保持している者が重要な地位を占めるようになること，換言すれば，その地位にふさわしい役割を果たすことが期待されるようになることを意味する。人々の関係の体制化とは，地位と役割のシステムの形成を意味する。

他の条件が同じであれば課題に対応する十分な資源をもたないと見なされる構成員の地位——影響力——は相対的に低下していく（永田，1980）。

人々の間の影響の過程をとくに地位との関係でとりあげた実験的な方法に基づく研究のほとんどは，序章で紹介したアッシュの実験のように，集団としてのシステムの発生過程を考慮することなく行動の標準を示して規範への同調や逸脱行動を観察しようとしている。

しかし，人々がそれぞれ果たすべき役割と，役割に基づく影響力の序列である地位のシステムと規範の成立とは，密接に関係していると考えなければならないのである（永田，1980）。

規範の成立の過程は，同時に役割を分担する者としない者の区別が明瞭になる過程でもある。すなわち，役割の分担という意味で全体のシステムを構成する部分と，役割を与えられないことによって構成員とは見なされない者の区別が明らかになる過程でもある。換言すれば規範への同調は，当該集団の構成員であることを明示する意味がある。

集合体の組織化の過程は，課題に対応する関係のシステム化の過程にほかならない。集合体内の人々の関係の道具的・手段的側面は，その意味で集合体と環境との関係を適合的に構成する開かれたシステムとしての人間関係の機能の顕在化である。単に統制し支配する，影響を及ぼしあるいは権力を行使する，誰がどのような権限をもつか，それぞれの構成員がどのような位置に置かれているかという現象として理解するだけではなく，発生の過程を考察することによってこのような関係の働き，機能を明確にすることができる。

開かれたシステムというとらえ方が重要であるのは，すでに見たように，人

間関係の外にある環境の諸条件すなわち課題が人と人の関係の形態を規定するからである。しかし，一方では課題は与えられる自明のもの，必然のものではなく，第4章，第5章で示すように環境にどのような意味を見出すかという人の側の能動的な働きかけによって見出されていくと考える必要がある（上武，1939b，関連する文献展望としては永田，1973b）。

発生的には人々の協同の過程で生じる影響力の序列は，原則としてそこで必要とされる資源を保持する程度に対応して形成されることが予測されることは述べた。

しかし，現実には序列を予測することはそれほど容易ではない。その理由は，すでに述べたように，第一に，必要とされる資源は多様な内容をもつこと，第二に，集団と環境の関係，すなわち課題が変化すること，第三には，資源には動機づけや多くの構成員自身には自覚的にはとらえていないかもしれない隠された課題への洞察なども含まれるからである。

また，相互依存性が高く，個々の行動の連携が不可欠の課題の場合でも，個々の人々の行動が定型化され，構成員がそこから逸脱する可能性が少なくなると，指示，要求など，課題に対応した影響力あるいはリーダーシップの表現と見える言動は相対的に少なくなる（Hamblin, 1958）。

われわれは必ずしも外部の状況によって一方的に相互の関係を規制されるわけではないことは，ホーソン工場のバンク捲取室でも観察した通りである。課題を改編し，あるいは新たに設定していく機制を理解するためには集合した人々の欲求や価値観などさまざまな要因を考慮する必要がある。

しかし，人々の関係そのものを組み立てていく必要から外的環境にどのような課題を見出そうとするかが規定されることも考慮されなければならない。

また，課題を協同的に解決していく必要に直面している集合体が，集合体としての体裁を維持しようとするときに不可避に働く力として考慮されなければならない人間関係そのものにかかわる力がある。自己完結的関係である。

第2節　自己完結的関係の成立過程

(1)　自己完結的関係とは何か
——好意あるいは魅力についての類似性要因説の理論的検討

これまでは，素朴な直観に基づく"友人"としての関係，本人の報告をもとにした"余暇をともに過ごす"仲間，"気が合う"，"好感をもつ"などの言葉で表現される関係を自己完結的関係の表われとしてきた。

また，とりあえずは，人間関係それ自体を自己目的的に構成し，維持しようとする心理的な力として概念化してきた。ここでその内容を検討する。

そのための一つの手掛かりとしてまずニューカムの仮説を検討する。ニューカム（Newcomb, 1953, 1959, 1960）は，その人自身のもつ報酬価という意味での他者の価値を魅力という言葉で表わす。ここで言う報酬価には道具性は含まれていない。

価値あることを手に入れるのに役立つようなその人の勢力（power），支配力などは道具的な価値でありその人の魅力とは呼ばない。

ニューカムの言う道具性とは，その人との関係を道具として利用し，関係それ自体ではなく，関係が結果として報酬を獲得する手段となることを意味するもので，本書では道具的・手段的関係と表現してきたものである。

ニューカムは，日常的な意味での"好き"と表現される人と人の関係の様態（dispositon）のなかの，報酬と連合した態度（reward-associated attitude）を正の魅力，罰と連合した態度（punishment-associated attitude）を負の魅力と呼ぶことを提案する。態度とはその対象についての心理的過程のすべての体制を示す意味で用いられている。

ある人が他の人に正の魅力を感ずる（前者が後者に好意的な態度をもつ）というのは，自己にとって報酬となる特性をその相手に認知的に帰属させることを意味する。魅力とは相手に正または負の報酬価を帰属させることによって特徴

づけられる態度である（Newcomb, 1960）。

　しかし，この魅力の定義は，それぞれの魅力の発生の機制を考えるためにはいささか広すぎる。そこでニューカムはこのように定義した後に，魅力をその成立の基盤に基づいて次の三種に区別する。

　すなわち，第一は，自己の好む「内在的な属性」が対象となる人物に備わっていると見なす場合である。"快活である"とか"感じのよい声をしている"といった場合であり，ニューカムによれば心理的には"香りのよいオレンジが好き"ということと異ならない。ニューカムはこれを賛美（admiration）と名づける。たしかに容姿などは魅力を感じさせる一因である（例えば，Walster, et al., 1966）。

　第二に，ニューカムは，相手が自分に対して正の魅力を感じていると見なし得る場合を挙げる。自分自身が他者から魅力的であると見なされることが報酬になるという仮定である。この魅力は必然的に相互的である。

　ニューカムはこれを交互性（reciprocation）と名づける。交互性と賛美とは，少なくとも相互的であることを必然とするかしないかで根本的に異なる。すべての事象に"こころ"を認めるアニミズムの世界は別として，いくらオレンジが好きな人でもオレンジも自分に好意をもつとは考えない。しかし，一般に，人は自分に好意を抱く他者に好感をもつ傾向があることが仮定される。

　第三に，ニューカムは，2者（あるいはさらに多くの人々の）に関係する態度の対象となるものに対する相手の態度が自己の態度と類似していると見なし得る場合を挙げる。魅力のこの種の基盤は知覚された支持（perceived support）と名づけられる。相手を自己の態度を支持するものと認知するという意味である。

　図2-2は認知の主体をA，関係する他者をB，A，Bの関係に介在する事象・対象をXとして，ニューカムの枠組でとりあげられる人Aの現象的空間を示したものである。人Aの現象的空間とは，人Aの認知した，自分自身（A）と他者B，自己（A）と他者Bの関係に介在する事象Xの関係という意味である。

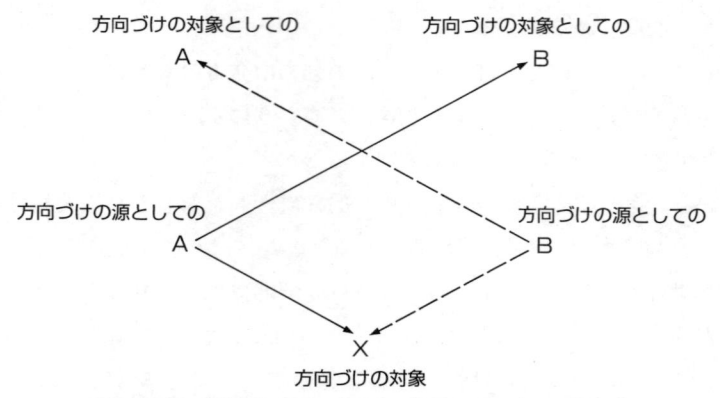

```
             方向づけの対象としての              方向づけの対象としての
                  A ←------------------------→ B
                     \                      /
                      \                    /
                       \                  /
                        \                /
             方向づけの源としての            方向づけの源としての
                  A                          B
                     \                      /
                      \                    /
                        ↘                ↙
                              X
                         方向づけの対象
```

実線はA自身の「方向づけ」を示し，点線はAの認知した他者Bの「方向づけ」を表す。

図2-2 人Aの，他者BおよびAとBがともに方向づけられているとAが認知した対象・事象Xとに同時に方向づけられている現象的なシステム
（Newcomb, 1960）

知覚された支持が魅力と結びつく理由は何であろうか。ここでニューカムは，人は，自己，他者，両者の関係に介在する事象・対象という3つの要素の関係について，第一は態度の対象・事象について正確な評価を得るという実在一指向的（reality-oriented）な力と，他者との関係に介在する事象・対象に対する他者の適応様式に適応する自閉的な力（autistic forces）という2種類の力の作用を仮定する。

実在一指向的な力とは文字通りに対象に対する正確な評価を得ようとする傾向を意味する。対象との関係，対象への働きかけにおいて誤った期待や評価をもち，期待が裏切られる危険を避け，適切に対応させようとする力である。適切な対応は正の報酬の獲得を意味すると考えられている。

自閉的な力は，他者の適応様式に適応しようとする力に関係するとされる（Newcomb, 1960, 訳書131頁）。このニューカムの表現はややわかりにくい。ニューカムは，これを別の論文では他者の行動の予測しやすさと表現する（Newcomb, 1953）。

自他が共通に関係する対象に対して自他の態度が類似していることは，他者

がどのような行動をするかを自己のものさしで予測しやすいことを意味しているからである。同時に，これは自分自身の態度が他者から支持されていることも意味する。社会的真実性の保証にほかならない。

他者の対象に対する適応の様式に自己も適応していると表現することもできると同時に，自己の対象に対する適応の様式が他者から支持されることによって社会的真実性が保証されていると言うこともできる。後者の視点から見たときに自閉的という言葉の意味が明瞭になろう。自己の現象的世界が安定したものとしてとらえられ得ることを意味するのである。

実在―指向的な力と自閉的な力は，ニューカムによれば，それぞれ独立に概念化されるべきものである。われわれは，実際には社会的真実性に依存して現実の世界とのかかわりをもたざるを得ない。しかし，例えば，熱湯に手を入れることが危険という意味で，実在する世界としての外界とのかかわりを無視することもできない。

実在―指向的な力と自閉的な力とは，社会的な真実性を求めるという点では一見すると同じ結果をもたらす場合が多い。しかし，これらが別個のものとして概念化される必要があるというニューカムの指摘は，われわれが単に自己の理解する意味の世界だけに生きているわけではないという指摘と考えるのが妥当であろう。ニューカム自身，実在―指向的な力による主体と他者および両者に関係する事象との認知された関係（主体にとっての現象的世界）を個人のシステム（individual system）と呼び，これに対して実在―指向的な力に基づく事実の世界における主体，他者，事象の関係を集合的システム（collective system）と呼び，主体と他者および事象のかかわりの蓄積の結果として，この2つのシステムは対応したものに収斂していくことを仮定している（Newcomb, 1960, 1961）。

序章で紹介したアッシュの線分の長さに関する判断実験場面は，実験参加者にとっては"同じ長さ"という実際には社会的真実性を基礎としてわれわれの実在の世界に現われる事実と，自分自身の判断のよりどころとなる物理的実在の世界を理解する枠組としてきた社会的真実性との対応関係がこれまでに経験

したことと異なり，社会的真実性の与え手であるはずの多数者の適応様式と矛盾する状況が生じたことを意味している。

　基本的に自己と他者との間に介在する共通の対象への自他の態度の類似性が認知されるとき，この自己，他者，両者の関係に介在する対象・事象という自他を含む本人自身が理解する現象的世界は均衡のとれた安定した状態にあるとともに，この現象的世界は事実の世界である集合的システムと対応していくことをニューカムは仮定している。

　ニューカムの魅力の概念の重要なところは，賛美と言われる場合を除き，関係を示す概念であるということである。類似性が重要な意味をもつ理由は，社会的真実性の拠り所となることである。しかし，これは単に自己の行動への社会的支持にかかわるだけではない。これはすでに述べたように，自他の関係における他者の行動の予測可能性が高いことも意味する。行動傾向，態度，価値観の類似性が高いことは，自らを基準として他者の行動を予測した場合に予測が著しくはずれる危険が少ない，とニューカムは指摘する。

　ここでニューカムを離れて，事象あるいは対象Xを認知の主体であるAに置き換えるとどうなるであろうか。この置き換えはAがA，B関係において自分自身を客体として対象化したと考えることを意味する。対象化した自己をA′とする。交互性とはA→A′，B→A′が一致している関係である（図2-3）。もちろんニューカムは対象化された自己までも含めてその仮説を構成しているわけではない。しかし，図2-3から，見る主体としての自己が対象化される自己に好意を抱いているとすれば，交互性と知覚された支持とは同一の現象を指していると考えることができる。見られる自己A′に好意を抱く他者Bと見られる自己A′に好意をもつ自己Aは，A′に対して類似した態度をもつと認知されるはずである。ニューカムの仮説の論理には，われわれは，自己自身を肯定的に評価しているという暗黙の前提が存在すると言える。[14]

(14)　主体であるAが対象化した自己に好意をもつかどうかという問題は，"好意"をどのような水準でとらえるかということでやや現象上は異なる見解が成立するであろう。
　　　ここでは自己の存在を基本的に肯定するという意味であり，通常の意味での高い評価を言う

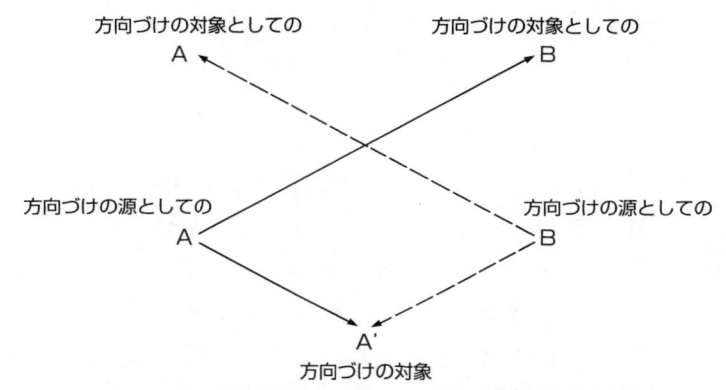

第 2 章 人間関係，集団・組織体の成り立ち

```
方向づけの対象としての            方向づけの対象としての
      A ←- - - - - - - - - - - - → B
         ＼                 ／
          ＼             ／
           ＼         ／
            ＼     ／
             ＼ ／
              ／＼
            ／    ＼
          ／        ＼
        ／            ＼
方向づけの源としての              方向づけの源としての
      A                              B
         ＼                         ／
           ＼                     ／
             ＼                 ／
               ＼             ／
                 ↓         ↙
                    A'
                方向づけの対象
```

実線はA自身の「方向づけ」を示し，点線はAの認知した他者Bの
「方向づけ」を表す。

図 2-3　人 A の，対象化された自己 A′および B がともに方向づけられていると A が認知した対象・事象 A′とに同時に方向づけられている現象的なシステム

のではない。われわれは，ときに自己に対する嫌悪感をもち，自信を失うことは珍しいことではない。

一般に認知の整合性を仮定する諸理論の論理をそのまま延長すると，これらの理論の基礎には，根底においては自己の存在を肯定的にとらえようとする傾向をもつとの帰結を得ることになる。

強度の喫煙者ほど"タバコが肺ガンの原因になる"という説が正しいと考えない人が多いという現象を，フェスティンガーは"一つの［認知］要素の逆の面が他の［認知］要素から帰結されるならば，これらの二つの要素は不協和な関係にある"（Festinger, 1957，訳書13頁。［　］は引用者の補足）とした上で，"不協和の存在は，心理的に不快であるから，これを低減し協和を獲得することを試みるように，人を動機づけるであろう"（訳書 3 頁から一部訳語を変更して引用）とする認知的不協和理論によって説明する。

すなわち，フェスティンガーは"喫煙が肺がんの原因になりやすいという知識と，喫煙をつづけることが不協和であることは，確信を持って断言できよう"とする（Festinger, 1957，訳書146頁）。

しかし，これを断言するためには誰もが肺がんになりたくないことを前提としなければならない。すなわち，自己の存在を脅かす可能性を肯定的には受容しようとしないことを前提としない限りこの断言は論理的ではないといえよう。ここで言う認知とは知識と言い換えてもよい。

このような論理構造は認知的不協和理論に限らず，認知構造の均衡化への傾向を仮定する諸理論の決して明示されることのない基本的な仮説として前提とされているように思われる。

すなわち，認知者自身は自己について"肯定的に評価されるべき存在である"と位置づけている，という前提をおいて，初めて認知の構造化を均衡という原理によってとらえようとする

75

理論の論理の整合性が認められる（永田，1983）。
　一般にわれわれが自己を肯定的に評価しようとする傾向をもつことを仮定する考え方は蘭（1990）などにも見られる。しかし，肯定的というのは高い評価という意味ではとらえることはできない。

　フェスティンガー（Festinger, 1954）の社会的比較過程の理論も，結論的には類似した意見や能力をもつ者は互いに魅力を感じると仮定する。能力は事実上は自他の意見として把握されるものであるという意味で同列に扱われる。

　フェスティンガーの仮説は，われわれは自己の意見や能力を評価しようとする基本的な動因をもつとして，評価は意見や能力の類似した他者との比較によって可能になること，すなわち類似した意見や能力をもつ他者は評価への動因の低減に役立つという意味で報酬となることから，その他者は魅力ある存在としてとらえられることを仮定する。

　自らの意見や能力を評価するために意見や能力の類似した他者を必要とするという論理は，一見，パラドックスのように見える。しかし，大学生は幼稚園児と競走して自分の走力の高低を評価しようとは思わないであろう。能力の評価は，比較することに意味がある他者と比較することによって可能になることが理解できる。

　たしかに，意見は行動の方向づけの役割をもつ態度の具体的表現であり，能力の判断すなわち意見として述べられる能力は多くの選択肢の中から可能な行動を選択する手掛かりを提供するという意味で，やはり行動の方向づけを規定する基本的条件であろう。そこで選択すべき行動を決定する手掛かりとなるものは，自己と近似した意見や能力をもつ他者の行動であろう。フェスティンガーのように唐突に自己評価への動因を仮定する必要はないように思われる。

　フェスティンガーの仮説では，比較されるべき他者の意見は自己の意見（や能力についての意見）の評価の妥当性の社会的真実性の拠り所であるとされ，意見の評価の妥当性の物理的真実性を容易に得られないことの代替物として社会的真実性への依存が仮定される。社会的真実性は物理的真実性の便宜的な代替物に過ぎない。フェスティンガーの理論が，物理的環境と人間的要素を含む

社会的環境の基本的な相違を考慮する必要を認めていないことを示しているように思われる。(15)これに対してニューカムの関心の基本は，他者との関係を自己，他者，両者が関係する事象あるいは対象という要素として，これらの関係のいずれかの要素の変動は，全体の関係を変化させるという意味でシステムとしてとらえつつ，他方では実在の世界との関係への考察をも含むことにある。

(15) フェスティンガー（Festinger, 1954）の社会的比較過程の理論も，結論的には類似した意見や能力をもつ者は互いに魅力を感じると仮定する。意見は行動の方向づけの役割をもつ態度の具体的表現であり，能力は行動の選択肢を規定するという意味でやはり行動の方向づけを規定する基本的条件である。
　フェスティンガーの仮説は，われわれは自己の意見や能力を評価しようとする基本的な動因をもつとして，評価の拠り所として行動の方向づけの妥当性を社会的真実性，すなわち類似した意見や能力をもつ他者に求めることを仮定する。

　ニューカムの態度の概念は，その対象についての心理的過程のすべての体制を示す意味で用いられている。態度はかかわりをもつ他者，自他に共通の対象，相手の適応様式に適応するというすべての適応様式に関係する。これらを包括する概念として"方向づけ（orientation）"という概念を用いる。

　ニューカムの態度の概念と方向づけという概念は基本的には同じ意味である。

　この意味での態度，方向づけは，主体の能力とも密接にかかわりをもつ。フェスティンガーの仮説に関連して述べたように，能力についての認知は外界への適応様式を決定する重要な条件になるからである。

　ここで言う能力とは知識，技術，体力，動機づけなど資源を意味する。筆者の考察に引きつけて換言すると，類似した資源を保持する者は環境の課題性について類似した理解をもつ可能性が高いと言えよう。

　ニューカムの仮説を筆者の理解と筆者の論理を交えつつ示した。

　ニューカム自身がその仮説の実証的根拠としていることは，個々の具体的事象，例えば，大統領選挙における候補者への支持の態度の一致といったことであり（Newcomb, 1953），大統領選挙に関心をもつかどうか，大統領選挙をどれほど重要な事項と見なしているかということの一致ではない。

ニューカムはその仮説検証の資料として，大統領候補として誰を支持するかについて，親密な関係の友人は自己と類似した見解をもつと予想し，さほどの知己とは言えない人々の見解は自己と異なるであろうと推定しがちであること（Newcomb, 1953）を示した。

また，寮生活をともにする大学生が，入寮の初期から相互の好感情が人生観も類似していると認知することと関係すること，しかしそれが相手の人生観との実際の類似性と対応するのは入寮後十数週を経た後であることなどもその根拠とされている（Newcomb, 1960, 1961）。

さらに，ニューカムら（Newcomb, et al., 1967）は遡及的回想による資料に基づくものではあるが，支持政党の一致と配偶関係の成立に関係があること，同時に配偶関係形成時にその一致が見られない場合，配偶関係形成後に何れかの政党支持が変化して，配偶者間に一致が見られるようになる傾向があることを示した。

ニューカムの仮説のやや説明不足と思われるところは，知覚された支持の前提として，何がその状況において態度の対象となる事象であるのかの判断の一致が必要であるという問題が正面から検討されていないように見えることである。

しかし，ニューカムが態度という概念を用いずに"方向づけ"という言葉を用いた理由は，何がそこで関心をもたれるべき事象であるかの基本的な「方向性（directedness）」をも含めている（Newcomb, 1961, p. 5）ためである。態度の類似性は，関係する人々にとってその状況において着目すべき事象は何かという状況の認識をも共有させる可能性は高いはずであることを含意させていたはずである。

前章で紹介した出井（1966），太田（1974）の実験において，意見のみでなく他者との能力の類似性の高さが"気が合う"，"好感を覚える"などの態度を形成させていることは，現象としては社会的真実性への支持があるとしても，さらにその根底には射的ゲームそのもの，絵画の評価，用途テストそのものにどのように対応するかという，その状況の課題性をどのようにとらえるかについ

て相互に了解可能な態度を形成しやすいことがあると言えるのではないであろうか。

能力が顕著に異なることは，その状況の課題性についての理解に相違を生じさせると考えられるからである。例えば，不得手であることを自覚している者にとってはその課題はあえて課題として設定する必要がなければ回避しようとするが，格別不得手とは思わない者にとってはあえて回避すべき課題とは見えないのではないであろうか。

"方向づけ"の共有（co-orientation）を単に意見の類似性という現象としてのみとらえるのは理論的には皮相的にすぎるように思われる。

日米の大企業の調査から取締役会を構成する役員の年齢，出身大学などの社会的，制度的な特徴の近似性が高い企業では，取締役の転職，外部への移動が少ないこと，その理由をこれらの一見形式的な特徴から見たそれぞれの出自の共通性が，相互のコミュニケーションの容易さをもたらすことに求めようとする仮説（Jackson, et al., 1991；Wiersema & Bantel, 1992；Wiersema & Bird, 1993）は，以上から考えるときわめて説得的な考察であるように思われる。

しかし，何が課題となるかを見極めるという意味での"方向づけ"をも含めて，企業組織の道具的・手段的機能の実現という観点から見る場合にはこれとは異なる論点が生じる。それはニューカムの言葉を用いれば実在—志向的な力の機能に関係する。これは項を改めて検討される。

ここで，類似性と魅力が関係するという仮説と対比され，ときには反証として紹介されることもあるウインチらの研究（例えば，Winch, et al., 1954, 1955）に触れておく必要があろう。

これらは，配偶関係を当事者の意志（愛情）で決定する傾向が強いとされるアメリカの白人の中産階級（父親の職業による分類）の16歳から26歳のクリスチャンか無宗教の大学生既婚者に面接調査を行ない，マレーらの目録（Murray, 1938）をもとに，配偶関係にある2人の基本的な欲求（need）から見た特性には相補性が見られることを示唆したものである。

欲求の相補性とは，例えば，支配欲求の強い者に対して屈従的であろうとす

る欲求をもつ者の関係のように，それぞれが欲求の充足を求めた場合，それが競合し，拮抗することなく，補完的な関係にあって，一方の欲求の充足が他方の欲求の充足をもたらすと予想される関係を言う。

ウインチらの研究の結果には必ずしも相補的とは見えない場合もあるが，常識的な意味で相補い合う関係と見られる場合もあることを示している。

しかし，ウインチらの結果は，配偶関係が道具的・手段的関係としての性質をもつことを示す可能性もある。

シェーバーとバーメスター（Shaver & Buhrmester, 1983）も，夫婦を単位とする家族生活には，道具的な働きが必要とされ，その点で恋愛関係とは異質であることを仮定している。その仮定の背景となる詳細な考察はないが，家族という社会的な単位であることに基づいて配偶者のそれぞれに義務が生じ，それぞれの道具的な働きが期待されると考えれば，自然な発想といえよう。

社会的に認知される配偶関係においては，外部に対して独立した社会的単位として行動することが期待され，さまざまな課題が発生するはずである。

相補性とは道具的・手段的関係にかかわる現象であるとも考えられる。あるいは欲求という特性とニューカムのいう態度とは，人間関係に及ぼす意味が異なる可能性もある。欲求から見た特性が相補的であることと両者の関係を成立させている状況の課題性について共通の理解が成立すること，あるいは共通の課題に対して類似した"方向づけ"を形成することとは必ずしも矛盾するとは言えないであろう。

ウインチ自身も，アメリカでは人種，宗教，社会経済的位置，教育水準などで類似した位置にある者が配偶関係をもちやすいことを前提とした上で欲求の相補性を検討しているのである。

他者の魅力を規定する要因は何かという問題をとりあげる場合，重要なことはそこでどのような意味での魅力を問題にしているのかを明確にすることである。

多くの研究は，その意味では関係を成立させている文脈を必ずしも明確にしていない。フェスティンガーは，意見や能力の類似した他者に対して強い魅力

を覚えることを仮定した上で，例外的な現象として能力の高い他者が魅力をもつ場合があることを指摘する（Festinger, 1954）。

これは，道具的・手段的関係と自己完結的関係を区別しないことから生じる矛盾した資料的事実を説明するための後づけ的な仮説であろう。ニューカムが，その魅力の概念を整理する際に，手段としての価値に基づく好ましさを除外したのは重要な論点の一つであると思われる。

(2) 魅力に関係する類似性とは何を意味するか

すでに述べたように，態度，価値観あるいは意見，さらに能力の類似する他者が魅力ある存在としてとらえられるという仮説を吟味しようとすると，どのような関係においてどのような意味で，何に関する類似性が人々にとってどのような働きをもつかを見極めるための資料がきわめて少ないことに気づく。

現象的な態度の類似性として把握したのみでは，ここでいう魅力ある関係の形成の基本的な機制をとらえることは難しいように思われる。

魅力と類似性の関係をとりあげた研究の基本的な方法的枠組の一つは，日常の生活において好意を持つ他者，好意を持たない他者を指名することを求め，何らかの事象に対するその他者の態度の推定を求めて，本人の態度との類似性，近似性を比較することである。先に挙げたニューカムの諸研究もそれである。

その他に，実験参加者の価値観，生活感情，社会問題への態度と近似したものから相違するものまでの人物像を人為的に構成して提示し，その人物に対する好意・魅力をニューカムらと同様に，"好意を覚えるか"などの質問で測定して，態度等の類似性が魅力の高さと関係することを示した研究も少なくない（Byrne & Nelson, 1965 ; Byrne, 1969, 1971 ; 藤森，1980 ; 亀田，1983 ; 村田，1984）。

こうした研究の結果は，大筋において，態度の類似性とその他者のもつ魅力と連関していることを示している。

しかし，詳細に見ると，類似性と魅力の関係をどのように理論化するかはそれほど自明とは言えない。

ローゼンバウム（Rosenbaum, 1986）は，人物写真のみの提示，同じ写真に

その写真の人物と実験参加者との態度の類似性を示す情報を付加して提示した場合，写真にその人物は実験参加者とは相違した態度をもっているという情報を付加した場合の3つの条件で写真の人物の魅力の評価を求めた。その結果は，態度の相違が明示された場合のみ，写真のみを提示した場合および写真に態度の類似性を示す情報をあわせて提示した場合にくらべて非好意的な態度が表明されることを示した。そこから類似性ではなく非類似性が非好意的態度を形成させると主張する。

また，類似性も非類似性もともに好意的あるいは非好意的態度の形成に関係するが，類似性と非類似性の効果は単純に逆方向にあるのではないことを示す実験結果もある（Hoyle, 1993 ; Singh & Tan, 1992 ; Singh & Ho, 2000 ; Smeaton et al., 1989 ; Tan & Singh, 1995など）。

これらの実験にはそれぞれの結果の相違を説明する要因を浮き彫りにするだけの十分な配慮が組み込まれていないように思われる。

例えば，関係する人々を相互に位置づける状況，すなわちどのような必然性に基づいて対象とされる他者との関係を形成するにいたったのかが実験条件として明確に設定されていない。この点は，第4章で論じられるところと関係する。

また，この種の研究では，例えば，そこでとりあげられている態度の対象となる事象が，本人にとってどの程度の重要性をもつかなどの要因の働きに関しても必ずしも一致した事実が見出されているとは言えない（Byrne, 1969 ; 藤森, 1980 ; Newcomb, 1956 ; 奥田, 1993）。

また，類似性の認知を現象的な認知判断の問題としてとらえると，類似性の判断は，その判断の文脈を構成する背景刺激の範囲と，類似性の判断の対象となる態度や意見，能力の分布によって変化することが考えられる（Helson, 1947, 1948）。

このような見地から自他の類似性の認知の成立条件をも加味して魅力と類似性の関係をとりあげた研究もある（Mascaro & Graves, 1973 ; 田島, 2000）。

たしかに，われわれは，自他の類似性についても，他者のもつ魅力について

も相対的な位置を測定する以外には方法をもたないのであり，方法と理論の対応関係を重視するとすれば，実際には，類似性とは関係する多くの他者の中での相対的位置であり，魅力も相対的な関係であるというべきかもしれない。

　しかし，人と人の相互作用過程はそれぞれの状況における課題を巡って生じるのであり，そこで問題になることは，相互にどのようにして課題の共有を認めるのかという，"方向づけ"そのものの相互の理解がそれぞれの関係への関与の仕方を規定していくことであると考えられる。

　相対的な背景刺激の中での類似性は，相互の理解，了解の成立を相対的に容易にする条件にはなり得ても，他者との類似，非類似の判断そのものが固定的なものとしてとらえられるとは考えにくい。ある視点から見たときには著しく相違する"方向づけ"をもつかに見える他者も，別の視点から見ると"方向づけ"に類似性が認め得るかもしれないのである。

　後に示すバドミントンをする少年たちの例は，"方向づけ"を当事者が自らの能動的な行為（発想の転換）によって転換させることを通じて自他の類似性を構成することが可能であることを示す例であろう。

　また，すでに述べたように，いわゆる類似性が単に態度や意見のみでなく能力の類似性の高さをも含むことに注目したい。これは，異なる人々が状況を共有するときの状況への対応の方法に自ずと近似したところが生じるというだけでなく，その共有される状況への対等な関与を可能にさせることにも留意する必要があるように思われるからである。

　関与の際の対等性，対等であることに基づいて，状況の理解や意味づけが共有されやすいと言ってもよい。

　ニューカムが他者の行動の予測可能性という表現で述べた方向づけ，態度の類似性のもつ意義とはこれにほかならないように思われる。社会的真実性の保証ということも，共通に直面している状況の意味を近似したものとしてとらえることを意味していると思われる。

　中学生が家庭内のできごと，友人とのいさかいなどについて相談相手とする教師は，学校生活に関する諸問題について生徒が自分自身の意見と類似した意

見をもっていると考える教師である（安西，1986）。自分自身の相談事が自分の問題意識と共通する枠組で理解されていると期待できるか，あるいは相談の過程で共通する枠組の形成が可能になるとの期待がもてることによって相談相手に選ばれるのであろう。

　　2人の少年が庭でバドミントンをしていた。（略）
　　1人の少年は12歳で，他は10歳であった。彼らはもう数セット遊んでいた。若い方がずっと弱くて，すべてのゲームで打ち負かされていた。／私は彼らの会話をいくらかきいていた。負けた方――それをBとよぼう――はますます運が悪かった。（略）AはしばしばBがバアド［羽根］を返せない程のたくみなサアブをした。（略）遂にBはラケットを投げ出し，木の幹に座りこんで，"ぼくはもうやりたくないよ"といった。Aはもっと続けるようにとすすめた。Bはなにも答えない。（略）2人ともたのしそうではなかった。
（略）
　　"残念だね，どうしてやらないんだ"と年上の少年ははげしい怒った声でいった。"なぜゲームをやめるのだい。こんな馬鹿げたやめ方をしていいと思っているのか"。彼は続けたかったのである。だがBの拒否がそれを不可能にした。（略）
　　［しばらくして後に］こんどは前とはちがった調子で，"残念だね"といった。明らかに根本的な変化が起こっていたのであった。（略）Aは今では，Bがあまり愉快でないことを気の毒に思っていることは明白である。彼は，Bの心のなかでなにが起こっているか，状況が相棒にとってどんなふうに映っているかを悟った。（略）
　　おそらくその悲しそうな静かなBの眼差しが助けとなったのであろう。年下の少年がなぜ悲しんでいるか，なぜ自分の立場を保持する望みを失って生贄のように感じているのかというわけをAは悟ったのである。（略）Aは自分の遊び方，敏捷なサアブがBにとって卑劣なトリックのように思われたこと，Bが公平に取扱われていないと感じたこと，Aの行為が彼にとって友好的でなかったことを感じた。そしてAはひょっとしたらBの方が正しいのではないかと感じた。
　　"ねえ，こんな遊び方は意味がないよ"と彼は突然いった。（略）／彼の顔つきは明るくなった。そしてこういった。"いい考えが浮んだ。こんなふうにして遊ぼう。そうだ，私たちの間でバアドがどのくらいの間続けてやりとりできるか，そして何回くらい落とさないでやりとりできるか数えてみよう"。（略）

Bもうれしそうに同意してこういった。"それはいい考えだ。はじめよう"。
（Wertheimer, 1945, 訳書167頁以下より一部を省略し，当用漢字に変更して引用）

　少年Aが一方的な優勢を楽しんでいたゲームを少年Bが拒否した結果，Bを説得しなければならなくなるまではAはBの心情を理解する必要は感じなかったのであろう。自分にとって愉快そのものであったゲームに対してBがそれとは異なる気持ちを抱いているかもしれないこと，Bがどのような気持ちでいるかなどということは想像する必要もないことであった。
　Bがゲームを楽しんでいないことに気づかされたときAがその理由を理解できなかったのはそのためであろう。しかし，Bの拒絶にあってAはBの気持ちを考えざるを得なくなる。
　なぜ，Aは，自分を拒否するBとの遊びをやめて他にバドミントンを楽しむ相手を求めようとしないのであろうか。他に相手がいないかもしれないといったことはこの場合意味のない想像である。なぜ関係の改善を望んだのかは後に考察される。
　ここの問題は，Aの提案は，AとBのバドミントンに関係する技量，慣れ，体力などの資源の相違に基づくその状況への関与の仕方の差異を顕在化させずにAのバドミントンを楽しみたいという気持ちを満たし，それはあるいはB自身にもあったバドミントンを楽しみたいという気持ちにも適ったものであったのではないかということである。
　次は1970年代くらいまでは車の通りの少ない街路では容易に目撃できた光景である。

　　　小学校の高学年の子どもから，5，6歳の幼児までが一緒にゴムひも跳びをしている場面を観察してみよう。2人の子どもが1本のゴムひもの両端をもち，残りの子どもたちは順番にそのひもを跳びこす遊びである。
　　　皆がうまく跳び終わると次にひもの高さを高くして，また皆が順に跳ぶ。途中で誰かが失敗するとその子が今度はひもを持つ役になる。
　　　さて年齢のちがう（したがって，跳ぶ力にも差がある）子どもたちが一緒に遊ぶ場合どのようなことがおこるであろうか。誰が一番跳ぶ力があるかを競うこと

が目的なら，たとえば，少しでもゴムに体がふれれば失敗とみなすというように，一定のルールを設けて順番に跳んでみればよい。しかし，もしそうしたルールでおこなえば，5，6歳の幼児はまずまちがいなくいつもひもを持つ役である。

　現実に，このような年齢の幅のある子どもたちが一緒にこうした遊びをしている場面で見られることは，年齢に応じてルールをかえ，ハンディキャップをつけることである。幼児は，ゴムひもを手でつかんで地面にいったん押さえつけて跳んでもよいとか，小学校2年生の子どもは腰から上にゴムひもがあげられたときはひもに体がふれてもよいが，6年生の子どもはひもが体にさわれば失敗とみなすなどきわめて複雑なルールが設けられる。しかも，こうしたルールのちがいにもかかわらず，それぞれのきめられたルール内で跳びこすことができればその子どもは別のルールのもとで跳んだ子どもと同じようにうまくやったとみなされて称賛される。

（永田，1977，134頁以下より一部を改変して引用）

　この事例でも実際には幼児や2年生，6年生という年齢や学年で形式的にルールがあるのでなく，それぞれの子どもの跳躍力に見合うルールがきめ細かく決められている。日頃から一緒に遊びなれている子どもたちは，お互いの運動能力をよく承知していてルールの決め方で悶着が起こることはあまりない。

　以上の2つの事例に共通することは，かかわりをもつ子どもたちは，運動能力において対等ではないにもかかわらず相互の関係を組み立てるルールの工夫によって関係を対等化し，しかもその関係においてはそれぞれがそれぞれの資源を十分に活用せざるを得ない状況，すなわち全力を尽くす必要がある条件を用意していると考えられることである。

　バドミントンをする少年Aは技量の劣るBが打ち返しやすいような場所にバアドを送るとともに見当違いのところに打ち返されたバアドを巧妙に拾わなければならない。ゴムひも跳びをする子どもは，それぞれの運動能力を可能な限り駆使する必要がある。それぞれが全力を尽くす必要があるという意味でこれらの遊びに加わる子どもたちは対等である。対等でないことを互いに知ることの結果，そこにあえて対等な関係を構成しようとしていると考えられないであろうか。

バドミントンをする2人の少年たちにも，ゴムひも跳びをする子どもたちのルールにも共通することは，それぞれが自己の最善を尽くす必要があることと，参加する子どもたちのそれぞれがそれぞれに楽しむということであろう。

　これは，おそらく説明を求めても子どもたちは適切に説明できるとは思われない。しかし，これが，彼らが直面する状況についての共有の理解なのではないであろうか。

　永田は，"バドミントンやゴムひも跳びにともなう身体的な活動のもつ魅力だけではなく，それらの活動を通じて仲間との間に相互了解的な関係が生じるところに子どもたちがそれぞれの活動に熱中する理由を求めることができるのではないか"（永田，1977, p. 286）と考察した。

　ここでいう了解とは他の人がどのようなつもりでいるかを知る（Dilthey, 1900）ことである。"外から感覚的に与えられた徴表から私たちが内面的なものを認識する過程を，私たちは，了解（Verstehen）とよぶ"（訳書10頁）。ディルタイは，"人は，互いに了解しあえるものとならねばならない"（訳書81頁），としたうえで，"客観的精神ということで私の了解しているのは，個人間に成り立っている共同性が感覚の世界で客観化された，多様な形態のことである。（略）客観的精神の領域は，生活様式，交際のしかたから，社会が形成してきた目的連関，道徳や法や国家や宗教や芸術や学問や哲学にまで，およんでいる。（略）私たちの自己は，ほんの生まれたての子供のころ以来，その養分をこの客観的精神の世界から得てきている。この世界こそ，そのなかで他の人格およびその生の表示の了解がおこなわれる，媒質でもある"として，"子供は，話せるようになるより前に，もう，共同性の媒質のなかに，どっぷりと浸っている。そして，子供が，身ぶりや顔つき，動きや叫び，言葉や文章を了解するすべを学ぶのも，ただ，それらが，つねに同一のものとして，また，それらによって意味し表現されているものに対して同一の関係をもちつつ，子供を出迎えてくれればこそである。（略）

　ここから，了解の過程にとって，重大な結論が出てくる。個人が把握する生の表示は，原則として，個人にとって，ただたんに個別的な表示であるばかり

でなく，共同性についての知識と，共同性のなかで与えられている，ある内面的なものへの関係とに，いわば，満ちている"（訳書84頁以下）という。

　われわれは条件さえととのえば，あらかじめの態度や能力が同等でないとしても，同等と理解することが可能な状況を構成できることを，バドミントンをする少年たちやゴムひも跳びをする子どもたちの例は示しているように思われる。

　状況に対して同等である関係がなぜ重要であるかは章をあらためて検討する。

　当面予想されることは，同等な立場に立つことによって状況への関与の仕方についての相互の態度を理解することができるということである。同等な立場に立つことによってその状況に対応するそれぞれの姿勢を理解することができる。それ以前に同等な立場に立つことによってその状況そのものの意味の共通の理解が成立する。ここではこれを了解の成立とする。

　態度の類似性は，たしかに類似していない場合に比べると相互理解を容易にする可能性はあろう。しかし，態度や能力，われわれのこれまでの言葉で表現すれば，資源の類似性があらかじめ確保されていることは相互理解のための絶対の条件とは言えないように思われる。単に態度の類似という現象的な単純な構図の中で問題を考えるのでは十分でないように思われる。

第3節　人間関係，集団・組織過程の道具的・手段的関係と自己完結的関係の諸形態

(1)　親子，同輩関係にみられる人間関係の2つの側面

　やや抽象的なかたちで人間関係には道具的・手段的関係と自己完結的関係という2つの側面が区別され得ることを述べてきた。繰り返し述べたように，重要なことは道具的・手段的関係と自己完結的関係は人間関係の2つの側面を指すのであり，人間関係がこの2種類のいずれかに分類されるのではないことである。相互作用関係にある人々や集合体としてのまとまりをもつ人々の関係に，

道具的・手段的関係と自己完結的関係という，必ずしも一致するとはいえない心理的に異なる構造をもつ関係が見出されることを指摘したものである。

前節までに述べたところに従い，人間関係の道具的・手段的関係あるいは働きを課題への対応とし，自己完結的関係あるいはその働きを相互理解，了解関係の形成とした場合，この2つの関係は人間関係の研究史的にも長い歴史をもつ親子関係研究の知見ともよく一致する。

親子関係研究では子どもの社会性，人格形成等に親の養育態度がどのようにかかわるかに関心がもたれたために，その出発点は，子どもと親の関係を相互の働きかけとしてとらえるよりも，親の養育態度の研究として親の子どもに対する行動を観察し，親の自己評価を求め，ときには，子どもに親の行動の評価を求めることが中心となっていた。

サイモンズは"支配─服従（dominance-submission）"および"受容─拒否（acceptance-rejection）"と名づけられる2つの側面から親子関係をとらえようとした（Symonds, 1939）。

"支配─服従"とは"厳格で権威的に子どもの行動を統制しようとし，罰でおどかし，子どもの年齢や発達の程度を無視して厳しい行動の基準を設定してこれに従うこと（略）を要求するのか，子どもに大幅な自由を認め，子どもが親の支配者になることを認める"かなどを意味している（Symonds, 1939, p. 105）。

"受容─拒否"は"子どもの期待や願望に関心をもち，対話を交わし，信頼するか（略）無関心，無視，冷たくあしらう"（Symonds, 1939, p. 60）などの態度を意味する。

サイモンズの設定した次元は仮説的に設定されたものであるが，例えば，シェーファは母親の行動の観察および母親との面接をもとに，子どもの自律性を認め，あるいは行動に制限を加え統制しようとする"自律─統制"（autonomy vs. control）と名づけられる次元と，母の子に対する積極的な肯定的態度，愛情の表出，子どもに対する情動的な強い関与とその対極としての無視，加虐性などとしてとらえられる"愛情─敵意（love vs. hostility）"と名づけられる2

つの次元を見出している（Schaefer, 1959）。

　シェーファは，0歳から3歳の子どもをもつ母親の行動の観察および9歳から14歳の子どもの母親との面接による養育態度の資料をもとにこれらの結論を得た。

　個々の実証的研究では測定の方法，次元の命名の仕方も異なる。そのために結果を比較することは容易ではないが，第三の次元を指摘するものはあるとしても（例えば，Schaefer, 1965），基本的な枠組をサイモンズに求めているものが多く，尺度を構成する項目自体がサイモンズの枠組に基づくこともあってサイモンズと近似した結果を示すものが少なくない。

　日本における古川（1972），稲田（1953），小島（Kojima, 1975），辻岡・山本（1978）らも基本的にはサイモンズの視点を踏襲するものといえよう。

　サイモンズ以来の研究の基本的な問題点は，第一に，これらの研究がほぼ共通に指摘している2つの側面，あるいは次元が独立あるいは直交していることを仮定していることと，第二に，これらの次元の関係の成立の過程に言及していないことである。第一の問題は第3章で検討される。ここでは，前節までの考察をもとに，第二の問題，すなわち，2つの側面の成立の過程を考察しておきたい。

　"自律—統制"とは，親が子どもに自律的な行動を認めるか統制しようとするかの関係を意味する。統制とはその背後に何らかの価値的基準があり，それに適合した行動を求めることを意味すると思われる。価値的基準は親子をとりまく社会的な状況に由来する規範であるかもしれないが，子どもが親の邪魔をしないことである場合もあろう。統制は何らかの意味で親と子の関係を前提として，親子あるいは両者にとってその時点で親が理解する課題の遂行，価値の実現に対応する行動であると考えることができるのではないであろうか。

　少なくとも親から見た望ましい状態を構成するための行動と理解してよいであろう。

　たとえ親の一人合点としても，本来はそこには親，子あるいは両者の互いにそれぞれの行為を妨害しないことも含めて，協同を必要とする課題性が存在す

ることによって成立するものであろう。

　少なくとも，子どもが親の邪魔をしないという意味であっても，親と子が何らかの協同的行動あるいは相互妨害的行動をとらないことを必要とする状況が存在するときに，親の子に対する統制的行動は必然性をもつはずである。必然性とは統制を受ける子どもの側の認識の問題である。

　本章第1節で述べた協同的な相互依存の関係の成立の認識が，そのための基本的条件である。親子関係に，あるいは親が子どもに試みる"統制"の内容が，その意味で必然性をもつかどうかが子どもが親の"統制"を受け入れるための条件になるのではないかと考えられる。

　換言すれば，親子の関係あるいは家族の間に共有されるべき課題の存在が認識されていない場合，すなわち協同生活を営むという認識が成立しない場合には，親子関係における"統制"の機能は必然性を失うはずである。

　"受容―拒否（あるいは無視）"の関係は親と子の関係それ自体の密接さ，情

表 2-1　親子関係の測定のための尺度の例
（稲田，1953より一部を抜粋）

尺度名	項　　　　目
支配―服従	1. 子供に相談せず時間をきめ，それにしたがって家事の手伝や勉強をさせる。 2. 子供が好きなことをし好きな友達と遊ぶことを許す。あの子と遊んではいけないなどいわない。＊ 3. 子供の小遣の使い方をこまかく命令する。（小遣を与えていない場合には別項目） 4. 子供にどんな理由があっても，親の命令にはすぐにしたがわせる。
保護―拒否	1. できるだけ子供の立場に立って子供のしたことを考えてやる。 2. 子供が挨拶したり話しかけたりしたときに返事しなかったり，しらん顔をしていたりする。＊ 3. 子供と一緒に遊んだり，絵を書いたり，勉強したりする。 4. 子供がどこで何をしていたか，どんな希望があるかなど尋ねない。＊

＊これらの項目は，逆転項目で否定の回答の場合に保護的あるいは支配的であるとされる。

緒的な結びつきに関係していることは理解しやすい。

この種の研究の出発点とされるサイモンズの考察を基礎とした，わが国でも初期の研究例である稲田（1953）の親子関係の測定のための質問項目の一部を表2-1に例示する。これは，親の子どもに対する日頃の態度を親に質問するものである。

一方，同輩の関係についても尺度の表面的な意味としては親子関係ときわめて近似した関係の側面を指摘する研究がある。"支配—服従（dominance vs. submission）"と"愛情—敵意（love vs. hostility）"，"統制—無視"と"受容—拒否"と名づけられる2つの次元，関係の側面を抽出している研究である（Foa, 1961；永田，1961）。

表2-2は，中学生に学級内の同性2名を無作為に組み合わせてその相手に対する態度，感情の評定を求めた永田（1961）の評定項目の一部である。"ちがう考えをもっていると何かしら私の意見に従わせたくなる"など相手の行動の統制を意味する項目群からなる次元と，"〜くんが学校を休んだりするとさびしい"，"個人的なことでも話をする"，"あまり気が合わない（逆採点）"など親密な結びつきを示す項目群からなる2次元が区別されることが確認されて

表2-2　同輩間の関係の測定のための項目例
（永田，1961より一部を引用）

次元	尺度名	項目
統制-無視	統制	1. 〜くんが私とちがう考えをもっているときは，何かしら私の意見に従わせたくなる。 2. 私は〜くんにこごとを言うことがある。
受容-拒否	親密	1. 私は〜くんに個人的なことでも話をする。 2. 私は〜くんの気持や考えがよくわかる。 3. 私は〜くんとあまり気が合わない。※
	依存	1. 〜くんはときどき人のいやがることをしたりする。※

※ 逆転項目でこの項目は採点方向が他の項目と反対になる。
　〜のところは関係を測定する具体的な特定の相手の氏名を回答者それぞれに想定してもらう。すべての項目について同一の相手との関係の回答を求める。

いる。

　しかし，以上は，項目の表面的な意味からの解釈であり，項目の示す内容の心理的な意味あるいは働き，機能の同一性の検討が必要である。

　しかし，親子関係あるいは学校における同輩の関係がどのような働きをもっているのか，その関係を成立させる基盤は何かを考えると，親子や学校における同輩の関係一般が，道具的・手段的関係をどの程度必要としているのかについての検討を抜きにしたこれ以上の考察は生産的ではないように思われる。この点は後に触れる。

(2)　リーダーシップあるいは組織過程の次元

　現象やある概念の定義は，その問題に対するわれわれの理解の視点や関心の変化に対応して見直され，修正される。リーダーシップに関する現象は多くの人々の関心を惹く問題であり，長い研究の歴史がある。その研究史を見るとわれわれの関心の持ち方に応じてリーダーシップのとらえ方，定義も変化していることがわかる。

　初期の研究では，実生活の中で卓越したリーダーと見なされる人々の行動のエピソードを収集し，優れたリーダーの行動の特性を明らかにするとともに，どのような特性をもった人が優れたリーダーになり得るかが問題であった。しかし，このような視点から行なわれたさまざまな集合体についての実証研究の結果からは一貫する事実が見出されないため（例えば，Stogdill, 1948），視点の転換が求められることになる。

　リーダーシップは，集団・組織現象ととらえられるべきものである。リーダーシップは単に個人の固有の特性に基づく行動形態ではなく，集合体の協同的，組織的活動としての働きとしてとらえる必要がある。第1節で述べたその発生の過程を見れば個人の固有の特性に基づく行動形態としてとらえるよりも，協同関係の成立に対応して発生する働きと見ることに実りが多いことは明らかであろう。

　オハイオ大学の研究グループは，リーダーシップを，集団の活動を集団が共

有する課題の達成に向かわせようとする行動ととらえ，現実に組織体のさまざまなレベルでリーダーの位置にある構成員の行動を記述することからリーダーシップの具体的表現とされる行動の目録を作成しようとした（Hemphill & Coons, 1957）。

その結果，1,790項目のリーダー行動の記述資料を収集し，"イニシアティブをとること"，"構成員との融和"，"外部への利害の代表性"，"部下の行動の統合"，"自身および部下の行動の組織化"，"構成員および集団全体の行動の統制"，"情報の流れを円滑化するか否かのコミュニケーション"，"構成員の行動への賞罰に関係する承認"，"達成への努力の要請に関する生産性"に関するものが含まれるとされた。

"コミュニケーション"の領域は，上位者へのコミュニケーションと下位者へのそれとに2分されたために実際には10領域に分類される。

この結果はさらに項目を洗練させ，必要不可欠と見られる項目が精選され，領域間の関係の相関分析によって後述する主要な2次元にまとめられる。

オハイオ大学の研究で注目すべきことは，第一に，これらの実際の組織体のリーダーと呼ばれる位置を占める人々の行動の記述をその位置を占める個人の行動ではなくリーダーという位置を占めていることに基づくと見られる行動に限定して記述しようと試みたこと，先に述べたリーダー研究の歴史の流れから見れば，個人による指導性ではなく組織体の働き，機能としてのリーダーシップの内容に着目しようとしたことが挙げられよう。

第二は，収集された項目によるリーダーシップの行為の記述を，リーダーの位置を占める本人自身が自己評定するのか，部下による評定を求めるのかの問題が検討の対象とされていたことである。

これについては，これらの測度の妥当性の検証のために行なわれた本人自身あるいは部下からの概括的な評価との関係から，少なくとも当該のリーダー自身の評定よりも部下からの評定が現実的な意味をもつと考えられた。

しかし，この問題は理論的には本人も含めていずれの立場にある者の評定がそれぞれ何をとらえているかという観点から検討することによって，むしろ多

様な現象が見出されるはずであろう。

同様なことは，すでに述べた親子関係の研究における親からの評価と子どもからの評価の関係についても検討されるべき問題である。

ヘンフィルとコーンの研究を土台として，ハルピンとウイナー（Halpin & Winer, 1957）は短縮版のリーダー行動記述尺度を構成した。アメリカ空軍の爆撃機（B-50）搭乗員52組300名に機長の行動の記述を求め，"乗組員が標準作業マニュアルに忠実に行動することを要求する"，"自分が指揮官であることを明確にする"，"乗組員に自分の新しい考えを提案する"，"乗組員の仕事の割り振りをきめる"などの項目群からなる"体制づくり（initiating structure）"と呼ばれる次元と"乗組員たちへの個人的な気遣いをする"，"乗組員に対等な仲間として接する"，"乗組員たちの言い分に耳を傾けるための時間をつくろうとする"などの項目群からなる"配慮性（consideration）"と名づけられる次元を抽出した。

これらのオハイオ研究と同様に，現実の組織体のいずれかのレベルの管理的職務にある者の行動目録の作成に基づいてハルピンらと基本的には同様なリーダーシップの次元を見出したものに永田（1965a）がある。

これは，オハイオ研究と同様に被管理的立場にある者が管理・監督者の行動を評価する方法による。その結果，オハイオ研究における"体制づくり"と"配慮性"に相当すると見られる2次元の存在を確かめている。

表2-3は永田の項目である。永田は，"体制づくり"に相当する次元を"方向づけ"，"配慮性"に相当する次元を"集団維持"と命名している。これは，仮説的にではあるが，それぞれの次元の果たす集団，組織体における機能，働きを示す意図による。[16]

---

[16] 先に示したベールスの資料（第1章第2節）が示すように，リーダーシップは制度化された組織体の中であっても特定の個人としての管理者が独占的に遂行することは事実上稀であろう。
　その点に着目した永田（1965a）は単位集団内のどの構成員がどの程度，どのようなリーダーシップを分担しているかを明らかにするためにいわゆるゲス・フウ・テスト形式のリーダーシップ測定尺度を提案した。
　これは，項目に相当する行動を職場内の誰が行なっているかの回答を求めるものである。

表 2-3 リーダーシップ測定のための尺度
（永田，1965a）

次元	尺度	項目
方向づけに関する機能	組織的機能	1. 皆が決められたやり方で仕事をしているかどうか気を配る。 2. 皆の仕事のわりふりや段取りをきめる。 3. 必要な連絡事項を知らせる。 4. 一日の作業計画を知らせる。
	支配的機能	1. あなたの仕事のやり方を批評したりする。 2. 無断で欠勤したり遅刻すると注意する。 3. 仕事を怠けているように見えると注意したり小言をいったりする。 4. 服装などやかましく注意する。
集団維持的機能	代表機能	1. 個人的な事でも親身になって世話をやいてくれる。 2. 皆の仕事ぶりを見て一生懸命やるように励ます。 3. 仕事のことで失敗したりヘマなどをしてもかばってくれる。 4. 仕事に必要な設備の改善など申出ると進んでその実現のために努力する。
	統合機能	1. 皆が仕事につかれた時など冗談など言ったりして励ます。 2. 仲間の間でもめごとがあったりすると進んでまとめ役になる。 3. レクリエーションなどがあると音頭をとって皆をまとめる。 4. 仕事や仲間になじめない人などに職場にとけこませるよう気をくばる。

また三隅・白樫（1963），三隅・田崎（1965）はオハイオ研究と基本的に同じ枠組をアプリオリに設定してリーダーシップの機能を記述する試みを行なっている。

三隅らは，仮説的に設定したリーダーシップの次元をP機能，M機能と呼ぶ。それぞれ，項目内容から見ると永田（1965a）の「方向づけ（S: steering)」，「集団維持（M: maintenance）」に対応するものと思われる。

これらの研究は，理論的な構想というよりも職場の現実についての経験的現

象を出発点としたものである。職場という組織は一般に何らかの課題の遂行のための道具として構成されるものである。達成すべき職務として表現される課題が存在する。そのための構成員の協同的な活動の体制を組織する道具的・手段的性格をもつことは言うまでもない。

しかし，現実の職場の管理者の行動には，管理者と構成員の間の人間的関係の形成，構成員間の良好な関係の形成にかかわる行動も見出すことができることを示している。

これらは管理者のみが独占的に行なうものとは言えないが，他の構成員に比べて相対的に顕著に分担することが期待されるのが管理者であり，いわゆるリーダーシップにほかならないといえよう。

リーダーシップとは集合体の道具的・手段的な働きと構成員間の自己完結的関係を形成させ，維持していく働きという2つの側面をもつと考えられる。

(3) 記述的研究の示す関係の2次元の現象的な共通性
——道具的・手段的関係と自己完結的関係の存在

従来の伝統的な枠組では，個人対個人の関係と集合体の活動の過程で生じる役割行動は異なる水準の現象としてとりあげられるのが普通である。また，第二次集団として人為的に組織された特定の目標の遂行を期待される集合体と，例えば，友人関係，家族関係などはそれらを区分する心理的な根拠をもたないままアプリオリに同じ地平において論ずることができないとする暗黙の了解が研究者の間にも存在していたように思われる。

また，個々の研究には方法の相違もあり，状況の相違を反映して行動の現象型にも一見相違がある。

しかし，ここにとりあげた研究には基本的な共通点を見出し得る。

まず，その実現の程度には差があるものの，1対1の関係であれ，多数の人々の組織的活動であれ，人々の関係の外にあって個々の人々あるいは関係する人々，あるいは関係そのものの存立に影響する環境への適応にかかわる活動，あるいはその適応的活動を協同的行為として組織化する活動が多少とも観察可

能である。

　このような活動がそこに集合する人々にとって相互の関係として遂行されることが重要な意味をもつかもたないかは，現実にはその状況の構造，その状況への人々の関係の仕方に大きく依存していると考えられる。

　この点は次章の問題であるが，集合する人々がそれらの人々をとりまく環境への適応のために相互依存的な協同関係を必要とするかどうかの認識の問題がここに関係してくることが予想される。

　その点では家族関係あるいは親子関係，学級における同輩の関係がそのような緊密な関係にあるかどうかは，社会における親子，家族の位置，学級に期待される教育的機能の内容，学習活動のすすめ方などによって異なるはずである。

　しかし，それにもかかわらず，少なくとも関係の側面としては適応的活動を行なうための道具的・手段的関係あるいはその機能・働きを実現する過程の存在を認めることが可能であるように思われる。

　仮に，家族，親子，学校における学級が，協力的であるか競争的であるかは別として，相互依存的な相互作用関係をほとんど必要としないとすれば，これらの場における"統制"，"体制づくり"，"方向づけ"，"P機能"の実現の必然性はこれらの構成員には理解され得ないであろう。

　すなわち，これらの機能を実現させようと試みる親，教師の試みは，本章の第1節で述べたところに従えば，子どもたちや生徒に受容されることはないと予想される。

　これに対して，われわれが自己完結的関係と呼ぶ関係あるいは人々の関係そのものへの適応的行為に関係する働きの存在は，比較的容易に理解されるように思われる。

　これは，人々の関係という点から見れば，相互の心理的交流や理解を深め，結びつきを強め，あるいは維持する働きの表現としてとらえられるものである。

　制度化された組織体の管理者のリーダーシップの"配慮性"すなわち自己完結的関係を維持しようとする働きを部下が評価した場合，1人の管理者の下にある職場の規模が大きくなるにしたがって，管理者のその機能の遂行の程度が

低く評価されるようになることが見出されている（永田，1965b； 黒川・三隅，1975；三隅・黒川，1971）。

　これに対して，"体制づくり"すなわち道具的・手段的機能の遂行の程度の評価は，職場の規模と直接対応するとはいえない。これらは個々の接触によらずに制度や規則によっても表現可能なのである。

　"配慮性"すなわち自己完結的機能は人と人が直接接触することによってはじめて成立すること，1人の管理者が多数の部下をかかえることは管理者と部下の間の心理的交流，理解の機会を得にくくさせていることが職場の規模が大きくなると"配慮性"への評価が低くなることの意味であると考えられる。

　ここで概観した現象的に類似した関係が，機能的にも等価な働きを意味するか否かは今のところは仮説にとどまる。しかし，現象上の表現型には多様な変化があるとしても，1930年代のシカゴの工場，同時代とはいえ，ニューヨークの矯正施設，そしてその後の実験室の研究における短期的な初対面からはじまる討論集団，1960年代以降に収集された日本の作業現場，親子関係，同輩の関係というさまざまに異なる状況で見出された現象が，人と人との関係の2つの基本的な側面を区別する可能性を示唆していると言えるのではないであろうか。

第3章　人間関係に生じる矛盾とその統合の過程
―― 道具としての関係と目的としての関係の矛盾

第1節　人間関係の組織化にともなう二重構造の発生

(1)　人間関係の組織化にともなって生じる2つの機能と構造の矛盾

　人間関係，集団・組織体には道具的・手段的関係および自己完結的関係と呼ぶことのできる2つの側面が区別される。この2つの関係は，発生の過程も機能すなわち働きも異なる。しかし，現実の人間関係や組織体においては目に見えるかたちでこの2つの関係が明確に分離されることはほとんどない。以上がここまで述べてきた本書の仮説である。

　道具的・手段的関係とはその状況の課題に対応する必要から形成される構成員間の関係である。課題に対応する手段として有効な資源であるか，という価値的視点から人々の行動が評価され，これに基づいて形成される集合体の協同の体制である。構成員であるべき人々に課題に応えるための望ましい行動を行なわせる統制の働きでもある。それは役割すなわち機能の分担を規定する過程でもある。

　自己完結的関係は，道具的・手段的関係ほどにはその発生の過程を直接に示す実証的資料は得られない。これは，直接の実証を超えた問題であるように思われる。

　しかし，当面の仮説ではあるが，相互理解，了解を可能にさせる関係であり，それは両者の関係が課題の遂行過程において対等に関与できる可能性が高いほど実現の可能性が高く，現象としては好意という情動によって結びついている関係であることを述べた。

永田（1972）は，かつて，この人間関係の2つの側面について，企業や行政組織などの達成すべき目的をもった組織体を念頭において次のように述べた。原理的，一般的な表現を用いるとすれば，ここで組織目標，協同目標とされているものは課題のことである。

人間関係や集団・組織の内部のシステムすなわち人間関係を"組織目標の達成という側面からみれば，その目標の達成への1人1人の組織構成員の貢献が問題にされ，最も貢献度の高い者を活動の中心においた階層構造が成立する。しかし，そこに成立する階層構造自体は，人々の感情的な結合をさまたげる条件ともなり，異なる位置を占める人々の間の強い感情的結合を期待することを困難にさせる。"（略）

"目標の効果的な達成を第一義とする手段的，道具的な人間関係を支配する原理と，協同目標を排除した後に現われる相互の存在そのものを受容する人間関係を成立させる原理とが，基本的には相容れない対立し合うものであるということであろう。

前者は人と人との相互的な関係に基づく活動の結果として獲得されるものが重要な意味を与えられる過程であるから，組織のもつ適応的・道具的な機能と呼ぶことができるのであり，後者は関係の結果ではなく，人と人との関係それ自体が重要な意味をもつ過程と考えられるから，組織のもつ消費的あるいは自己完結的機能と呼ぶことができよう"（永田，1972，95頁以下。ここで言う適応的・道具的な機能とは本書の道具的・手段的機能を指す）。

前章で紹介した出井（1966）および太田（1974）の実験は，この過程を可能な限り単純化して示している。当事者の視点から見れば，仕事の成果を高めて，そこから得られる報酬を大きくしようとしたときにパートナーとなるべき相手は，仕事を離れたところでかかわりをもちたい相手と異なる可能性がある。

人間関係，集団・組織という集合体の，課題という外界，環境への対応という現実志向的な力は集合体と外の世界との関係の調整にかかわるという意味で開放系としての働きを維持しようとする力であると言うことができる。

これに対して，かかわりをもつ人々との関係そのものに対応しようとする力

は集合体内部の関係にかかわるものであり，自閉的な閉鎖系として完結するシステムを形成しようとする力である。

　先の引用は，この2つの関係の体制化の過程は，ときに背反的に働くとする仮説の提示である。この2つの力は，発生の過程から考えれば，一方は人々の保有する資源の差異の顕在化をともなう過程であり，他方は差異化に対する等質化にかかわる過程であり，対等性を確認する過程である。この意味で両者は矛盾を内包している。

　前章で紹介した奥田（1985）の実験は，この課題遂行のための組織化の原理と平等性，対等性の保障による構成員間の情緒的，情動的な関係すなわち自己完結的関係の維持の過程の矛盾，背反性の現われを浮き彫りにしたものである。

　もちろん，背反性の程度は構成員の資源が等質的であるかどうか，課題が構成員の資源の差異をどの程度顕在化させざるを得ないかによって異なってくる。もともと現実の人間関係においてはさまざまな課題があり，望まれる資源の種類も多様である。そのために構成員の資源の差異に基づく序列も単純なものではなく，また固定したものではないことが多い。単純な形でこの背反性が明らかになるとはかぎらない。

　また，現象としては，その背反性の程度は種々の条件によって異なる。出井の実験でも示されているように，同程度に好成績を挙げることのできる者の相互の関係は優れた成果を得ようとしたときの仕事のパートナーとして望ましいと同時に格別の目的をもたいないときに共に時間を過ごしたい相手でもあり得る。

　しかし，道具的・手段的関係が課題を効果的に遂行し，解決するための人々の関係の体系化——具体的には役割と地位の分化——を促す力を生じさせ，その結果として構成員の間の差異を顕在化させること，自己完結的関係は対等化への力を生じさせること，そこに人間関係，集団・組織過程に内包される矛盾を見ることによって集合体に生じるいくつかの現象を予測することが可能になる。

　例えば，チーム・スポーツにおけるメンバーチェンジに対する中村敏雄

第3章 人間関係に生じる矛盾とその統合の過程

（1989）の考察は興味ある事例の一つであろう。

　　メンバーチェンジというルールは，もともとは何らかの事情によってプレーヤーを交代させなければならないようなことが起こった場合の条件や方法などを決めたものであり，このような考え方の根底には，競技は常に**同じ人数**で行なわれなければならないという原則の確認があった。（略）
　　もともとは単にメンバーの交代に関する条件や方法などを規定したものでしかなかったのであるが，（略）いわば不測の事態への対応策という条件を越えて，勝利を得るための有効な手段として活用されるものへとその性格を変えていく。（略）
　　チャンスやピンチに「最適」のプレーヤーを活用して勝利を，あるいは最良の結果を導き出そうとするものであり，（略）ピンチヒッターであれば「打つ」だけ，ピンチランナーであれば「走る」だけ，を要求するもので（略）「適者」に要求されるものは限定された条件下における限定された能力の発揮であって，（略）人間の総合的な能力の開花，発展の軽視を（略）生み，また定着させかねない。
　　しかし，一方で，メンバーチェンジというルールを生み，これを支えた思想は，スポーツを行ない，楽しむ権利は誰にでも保障されなければならないというより高次な思想へと発展する一面を内蔵していたということができる。
　　（中村敏雄，1989，43頁以下を可能な限り原文を活かして要約。太字は原文の傍点部分）

　たしかに，メンバーチェンジは，ピンチにも行なわれると同時に，勝敗の帰趨が明らかであったり，勝敗を度外視することが可能なときにはいつもベンチを暖めているプレーヤーに出番を与えるために活用されることがある。

　あるときは，"最適"のプレーヤーを活用するためであり，あるときは"スポーツを楽しむ権利は誰にでも保障しよう"という2つの側面は，これまでに述べた，われわれの人間関係，集団・組織体がその道具的・手段的機能を最大限に発揮することと，構成員間の関係の対等性を保障しようとすることの矛盾を表現するものである。

　この矛盾を顕在化させて構成員間の感情的な結びつきを崩壊させないためには，構成員の貢献度の極度の差異を顕在化させないことが望ましいのではない

103

であろうか。

　ウエスタン・エレクトリック社のホーソン工場のバンク捲取室の人々の賃金は集団出来高制であり，職場を一つの単位とする出来高が会社側が定めた基準作業量を超えた場合，超過分に応じて職場の構成員全員に賃金の上積みがある。

　したがって，作業量の多い作業員は職場の人々の賃金の上積みに貢献し，作業量の少ない作業員は職場の人々の賃金の割増し分の獲得に貢献できないことになる。

　しかし，バンク捲取室の作業員の行動の観察記録から，レスリスバーガーらは意図的に作業水準の調整を行なっていたと考える。この調整は，事実上はかならずしも成功していたとは言えないが，作業量と友人関係の広がり方には密接な関係が見られることはすでに述べた（表1-2）。

　作業量の均等化への圧力が生じる理由はこれだけではないであろう。個々の作業員の基本給の算定基準ともなる1人1人の基準作業量の差が大きくなれば，職場全体の基準作業量を超えた場合の加算給の配分比にも作業員間の基本給の差異が反映し，基本給に見られる格差がさらに増幅され，努力に対する対価が不公平に見える可能性もある。作業量の向上は雇用の削減を招く可能性もあり，自ら墓穴を掘る可能性も予想されていたことが示唆されている。

　しかし，単に作業量を抑制する方向への力のみが働いていたわけではなく，少なすぎても非難されることは面接記録から示唆されている。

　ここに，構成員間の自己完結的関係の崩壊，すなわち職場における構成員間の立場の対等性を確保することで保障される仲間としての情動的な相互受容の関係を損なうことを回避しようとする力がはたらいていることを考慮する必要が示されている。

　一般に，自己完結的な関係の維持が重要な意味をもつ状況では，構成員間の差異化を促す可能性のある行動が抑制される可能性があると考えられる。

　森嶋（1997）は，士官としては最下級に属する海軍少尉として自ら体験した上官の訓辞を次のように記している。

軍隊の場合，このような序列を厳密に定めておくことは，合理的である。というのは戦闘中に上位のものが戦死した場合，誰が指揮をとるかが事前に決まっていなければ，指揮権の取り合いをしたり，譲り合いをして混乱が生じる。しかし，平時にもそのような序列の上下を振り回すようになれば，海軍のようにひとつの船で，家族同様の生活を続けることは不可能になる。だから，海軍では序列を振り回すなということが，同時に強調されている。(略)

　"軍隊では，とくに一つの軍艦に乗って生活しなければならない海軍では，互いに仲良くしなければならない。"
　(森嶋，1997, 196頁以下)

　組織体においては自己完結性の実現をはかる行為は，組織体の階層構造，あるいは組織体に期待される諸目的の達成への努力と矛盾する可能性がある。

　構成員の差異化を促進する力は，構成員の資源を可能な限り利用せざるを得ないような難度の高い課題に積極的に対応することからも生じる。そのために構成員のそれぞれの資源の利用を最大限まで要請するような困難度の高い課題は回避される可能性がある。困難度の高い課題の設定は，資源を豊富に保有する構成員にとっては容易に対処可能な状況が，保有する資源の乏しい構成員にとっては対処の方途を見出すことが困難であるとともに，自己のとるべき役割を見出すことができない状況にもなり得るからである。

　当面の課題のもつ意味が，構成員にとって異なることになる。それは構成員間の対等性を保持しようとすることと，その結果としての相互の理解，了解可能な関係を形成することを妨げる可能性がある。

　例えば，制度や現実の制約の少ない実験室で，人為的に構成された集団を用い，難度の異なる作業を用意し，集団が選択すべき作業目標を個々の構成員に設定するように求めると，構成員相互の対人的魅力が高い場合には，魅力の低い場合に比べて，数回の試行を通じての個々の構成員が集団の目標として選択しようとする目標の水準の変動幅が小さい (Zander & Medow, 1965)。

　この実験を行なったザンダーとメドウの予想は，構成員間の魅力が高い場合には，構成員は，集団が高い成果を挙げようとして難度の高い目標を設定する

ことによる失敗の危険を回避し，難度の低い目標を設定することによる成果の乏しさを回避するというものである。構成員間の魅力の高さが，自ずと高い成果，とくに実験者という第三者が設定した目標を達成しようとする動機づけに直接結びつくとする予想には無理があろう。この点は，後に凝集性—志気説の問題として詳述する。

ザンダーとメドウの結果は，条件の如何にかかわらず，実験者の設定した成功あるいは失敗の回避という要請を適度に満たしつつ，どこまで困難な目標を設定するかがどのような要因によって規定されるかという点から考察される必要がある。

この結果は，構成員間の魅力が高い場合には，構成員間の資源の差異を顕在化させる可能性のある極度に困難な課題の選択を回避しようとしたと考えることができるのではないであろうか。

(17) この実験では，作業は個人として遂行し，それが集団として集約される。困難な課題の達成に成功すれば報酬は多く（あるいは減点がなく），容易な課題に成功しても報酬は少ない（失敗した場合の減点が小さい）などのほか，実際に作業に成功するか失敗するかなど複雑な条件が設定されているために結果の意味するところは多様に解釈され得る。

序章において，通過儀礼に関するターナーの考察を紹介した。通過儀礼とは，主体の状態の変化に基づくこれまでの状態からの「分離」，新たな安定した状態に入るまでの「状態の曖昧な境界」，そして新たな安定にいたる「集成」という過程に見られる。

これに関連してターナーは次のように述べている。

"境界で起こる現象に関し，私の当面の目的にとって興味深いことは，謙虚さと神聖性との，均質性と仲間意識との混和である。この種の儀礼において，われわれは『時間の内と外の瞬間』，世俗の社会構造の内と外の瞬間に当面する。それは，社会構造の，多数の靭帯に断片化されてはいないが同時に依然としてそのようになりえる，ひとつの普遍化された社会的きずなについての，束の間ではあれ（必ずしも言語的にではないとしても象徴的に），ある認識を示すものである。それは，カースト，階級ないしは序列の体系か，あるいは政治人類

学者が好む国家的構成のない社会における分節的対立か，いずれかによる組織された靱帯である。ここには人間の相互関係の二つの主要な『様式（model）』すなわち，並置的相互関係と交互的相互関係があるようにみえる。前者は，人間を『多い（more）』か『少ない（less）』かによって区別する多くの評価のしかたをもつ政治的・法的・経済的な地位の構造化され分化された，そしてしばしば階級的な，体系としての社会の様式である。後者は，境界的な時期に認識されるもので，儀礼の長老たちの一般的な権威に共に服従する平等な個人で構成される未組織の，ないしは組織が完全でない，そして相対的に未分化な，**コミタトゥス**（comitatus, 引用者注　ターナーは最終的にはラテン語のコムニタス［communitas］と呼ぶ），すなわち，共同体（community）あるいは仲間集団（communion）としての社会のそれである"（Turner, V. W., 1969, 訳書128頁．訳文の中の" "は『 』で，傍点は太字で示した）。

　コムニタスに対置されるものは構造（structure）と呼ばれる。これは，『聖』と『俗』の相違あるいは政治と宗教の相違ではない。構造は，われわれが述べてきた道具的・手段的関係であり，コムニタスは自己完結的関係にほかならない。

　ここで検討されるべきことは，第一に，ターナーによれば，自己完結的関係がわれわれの現実に垣間見せるのは境界を通過する儀礼の場であるとされていることである。

　先にのべたバドミントンをする少年やゴムひも跳びをする少女たちのように，そしてジェニングスが"余暇"というように，われわれが自己完結的関係の典型を挙げようとすれば，非日常的な遊びの世界にそれを求めざるを得ない。非日常的世界とは道具的・手段的関係から見た価値を超越した世界である。結果を求めないという意味で非日常的であることによって自己完結的関係の世界の実現が容易になる。それがターナーの言うコムニタスの関係をわれわれに垣間見せてくれる典型的な状況である。

　なぜなら，われわれの仮説から見れば，構造の世界とコムニタスの世界は相互に矛盾した原理を内包するのであり，その移行は生活空間の意味の転換を必

要とする。その転換は日常性の中にある構造の無視，超越である以上，非日常と呼ぶことのできる，価値を超越した世界への移行であるからである。

第二は，一時的な謙虚さや無様式性という神聖な何かをともなう通過儀礼を経ることによって社会構造上の地位を変えるとしつつ，しかし，その儀礼は"単純にある社会の構造的な地位に合法性の普遍的証印を押すことではなく（訳書129頁）"，"それはむしろ，それなしには社会があり**えない**本質的で包括的な人間の**きずな**を認知することである"（Turner, V. W., 1969, 訳書129頁。訳書の傍点部分は太字で示した）と述べていることである。

要約すれば"個人や集団にとって，社会生活は，高い地位と低い地位，コミュニタスと構造，同質性と区別，平等と不平等を連続的に経験することを含むひとつの弁証法的過程である"（Turner, V. W., 1969, 訳書129頁）ということになる。

われわれの観察し，実験的に見出してきた事実からすれば，構造の世界とコミュニタスの世界は，異質ではあるが相互に隔絶した世界であると位置づけることはできない。

これが純粋に表現され得る場は非日常の世界にそれを求めざるを得ないとしても，実際には，この自己完結的関係はわれわれの日常生活の中に道具的・手段的関係とともに複合的に存在していると考えなければならない。

この2つの異質な関係の側面の統合の過程は，これまでに見た実証研究から，実は単に人々の関係の外にある事実によってではなく，そこに関係する人々がその関係を支える状況の課題をどのようにとらえるかということと不可分の関係にあると考えられる。その状況のもつ課題をどのようにとらえるかがわれわれの関係を規定するとともに，また人々がどのような関係にあるかが，われわれがその状況の課題性をどのようなものととらえるかにかかわると思われる。

そこに，この2つの関係をどのように両立させるかについて，人々の働きかけが意味をもつと考える理由がある。アリストテレスの言う"絶えざる努力，教育"の必要性はそのための学習の必要を述べたものである，と理解できるのではないであろうか。

(2) 人間関係の矛盾する過程の現象的顕在化

　集合体にとって外部環境に対処すること自体は不可欠の要件である。そのために道具的・手段的関係の維持と自己完結的関係の維持の過程には複雑な機制が働いていると考えられる。

　永田の実験によれば，中学生を実験参加者とした研究で，実験参加者自身に報酬の獲得のためにこれ以上の高い努力目標を設定する必要がないとの見通しが生じた場合には，個々の構成員の動機づけにおいてこれ以上の成果を挙げようとする動機と構成員間の友好的な関係を強化しようとする動機とは背反的になることが見出されている。

　すなわち，これ以上の成果を挙げても報酬の増大につながらないにもかかわらず成果をさらに得ようとする動機のつよい構成員の，構成員間の友好関係を強化しようとする動機づけは低い。

　報酬獲得のためには一層の高い目標を目指して努力する必要があることが明瞭な場合には，これまで以上の成果を挙げるべく努力しようとする動機づけの強い構成員は，同時に他の構成員とさらに友好的関係を強めようとする強い動機づけを示す（永田，1980）。

　ただし，この実験では，実験操作上構成員間の貢献度の差異は，実験参加者からは確認するすべはないことが重要な意味をもつ可能性はある。[18]

[18] 永田（1980）の実験は，1名の作業リーダーのもとに3名の作業者が配置され，個別に太田（1974）の実験と同様な用途テスト的課題を解決する状況を設定している。3名の作業者は並列的に個別のブースで単独作業を行なっていることと，作業の性質上も出来映えは実験参加者には判断できない。リーダーは3名の作業者の考案した用途を，独創的なもののみを選別して実験者に提出する役を果たしている。実験者はそれをただちに採点して刻々その集団の成績として全員に通知する。したがって全体の成績に誰がどのように貢献しているかを判断する手掛かりは乏しい。しかし，別室で作業中の競争相手の集団の成績も刻々通知され，競争に勝って報酬を得る可能性が高いか，危ういかの情報は時々刻々知らされることになる。

　しかし，ここで重要なことは，集合体の道具的・手段的関係と自己完結的関係は，その成立の過程から見れば，明らかに矛盾する機制の上になり立つにもかかわらず，構成員の心理的な過程としては，これが両立しがたい背反的な心

理的過程である場合と，一方，この2つの関係が矛盾することなく両立している場合があることである。

このような事実の中にも先の2つの異質な関係の統合の過程が，単に人々の関係の外にある事実によってではなく，そこに関係する人々がその関係を支える状況の課題をどのようにとらえるかと不可分の関係にあると考える理由がある。

飛田（1989）は，大学生を実験参加者として，2人の協同作業による課題の遂行のための協同者の選択に際して，そこに居合わせた誰と協同関係を構成しても無理なく課題の達成が可能で報酬の獲得が期待できる程度の難度の課題から，それとは逆にきわめて達成が困難で，どのような協同者を選択しても報酬の獲得の見通しがほとんどないと見られる場合など，課題の難易度を条件として実験参加者よりも課題の達成に資する資源を豊富にもつ者，実験参加者とほぼ同等の資源をもつ者，さらに資源の乏しい者に対する道具的・手段的側面から見た好ましさと"好意をもてそうである"，"友達づきあいをしたい"などの質問による自己完結的な側面からの好ましさ（魅力）の評定を求めている。

その結果は，必ずしも明確ではないところもあるが，道具的・手段的な意味での好ましさでは課題の難度にかかわりなく豊富な資源をもつ者への評価が高く，一方，資源の同等な者と乏しい者への自己完結的な意味での好ましさの評価は，課題の難度の相違によって変動することを見出している。[19]

[19] 飛田（1989）は，先述の出井（1966）や太田（1974）と同様に"この人と組めばよい仕事ができそうである"等の項目によって道具的・手段的な関係から見た協同者としての好ましさを測定している。

ただし，飛田はこれを道具的魅力と呼び，一方自己完結的側面からの好ましさを情緒的魅力と呼んでいる。

また，飛田の結果を見ると，とくに自己完結的側面での好ましさの評価の平均値の差の見かけの大きさに比べて統計的な検定の結果からは有意な差とは認められない場合が目立つ。統計的に表現すれば，数値の散布度（分散等）が平均値の差にくらべて大きいためであるが，その理由は実験参加者に状況をどのように認知させるかを規定する要因が十分に統制されていないことをうかがわせる。

これは，実験の不備というよりも，それ自体が未解明の部分の多い問題であるためである。

飛田の実験では，実験者の操作によって各実験参加者の作業成績がフィードバックされ，自他の資源の多少が実験参加者に知らされる。それ以外には実験参加者が自他の能力（資源量）を測る手掛かりは与えられていない。

これに基づいた自己の能力（資源）と協同作業候補者の能力の類似性の評価を求めた結果を見ると，フィードバックされた成績とよく一致し，自己の得点よりも高い得点を与えられている者と低い得点の者の能力は自己と同等の得点の者に比べて能力の類似性が低く評価されている。

したがって，課題の難度が異なると，資源量が異なる者への自己完結的関係からみた好ましさの評価が変動するのは，他者の資源量の評価が変動するのではなく，資源量の相違を認めた上で，その相違がその状況での相互の関係に対してどのような意味をもつかの評価に差異が生じていると考えられる。

すなわち，それぞれがその状況をどのような課題状況であると理解するか，それに対応してそこで相互の関係に意味をもつ資源は何か，をどのように理解しているかという人の側の能動的な状況の解釈が介在していると考えられるのである。

課題の困難さは，課題に備わる絶対的な性質ではなく構成員の保持する資源と課題が要請する資源の相対的な隔たりの問題である。同様に課題に対して構成員が保持する資源の差異が意味をもつのは，課題遂行上の貢献の度合いに差異が生じる場合であると考えられる。

したがって飛田（1989）が指摘するように，貢献可能性に差異が生じない程度に課題が容易である場合や，逆に貢献度の差異が生じない程度に誰もが処理できないほど課題が困難である場合には，資源の差異は，差異そのものの存在は否定されないまま人間関係の現実のかたちには意味をもたないものと見なされるのであろう。

先の永田（1980）の結果と併せてみると，集合体の構成員間の対等性とは，客観的あるいは絶対的な意味での対等性ではなく，対応すべき外部環境のもつ課題に対処する手段として差異が認知されるかどうかの問題であると考えなければならない。

バドミントンをする少年やゴムひも跳びをする子どもたちの事例でも，そこで行なわれているバドミントンやゴムひも跳びという課題に関係するはずの資源の差異がそれぞれに存在することは十分に承知していたはずである。

それはゲームのルールの変更を行なったことや，いわゆるハンディキャップを設定していたことから明らかである。

(3) いわゆる凝集性—魅力説の問題点

1940年代から1950年代の初めにかけて，集団的協同作業の効率を規定する条件を明らかにしようとする関心を基底として，制度化された組織体系をもつ企業や官僚組織の内部に形成される明示されることのない人間的接触に基づく好悪の感情的な関係や，個人的利害に基づく，いわゆる非公式の人間関係が職務の遂行に大きな影響をもたらすのではないかという観点から多くの研究が行なわれた（例えば，Blau, 1955）。

このような流れの中で，現実の問題を踏まえた実証的な研究として数多く行なわれた問題の一つは，職場の構成員の間の好悪の関係としてとらえられる非公式の人間関係と協同作業の効率，職場の生産性の関係を明らかにしようとすることである。しかし，その結果は，一貫性を欠き，明確な結論を得ることが困難であることを示している（これらに関する当時の実証的研究についての素描としては永田・廣田，1961；永田，1978；Hogg, 1992を参照）。

この問題は，やがて凝集性—魅力説と言われる仮説によって解決されたかに見られるようになる。

本来，凝集性あるいは集団凝集性の概念は集団の特性を示す概念である。実証的な研究の多くは，"構成員を集団に留まらせる力"（Cartwright & Zander, 1953, p. 77）という概念的定義のもとで，集団に留まらせる力には強制力，名誉，構成員の相互の人間的魅力，利害関係など多様なものがあるとしつつ，ほとんどの研究が，構成員相互の人間的魅力すなわち情緒的な好意に基づく結束力としてとりあげている。

凝集性—魅力説とは，集団凝集性とは構成員を集団に留まらせる力であると

しつつ，それを集団を構成する構成員相互のもつ魅力として操作し，魅力の強さが構成員に集団規範への同調をうながす力として作用するという仮説である。

"もし集団の成員がリーダーとの間に満足すべき情緒的な関係をもっているなら，かれらは用具的な指示をずっと受けいれやすいであろう"（Verba, 1961, 訳書143頁）というのはこれと同じ発想である。

規範はさまざまな内容をもち得る。リーダーは多様な内容の指示を行なう可能性がある。その点を考慮して，この仮説を必要十分な条件を含めて表現すれば，集団凝集性の高い集団の規範が作業の効率を向上させる方向を目指している場合は集団の生産性は高まり，逆に集団の規範が生産性の抑制を要請している場合には集団の生産性は抑制される，とする仮説として表現される。凝集性―魅力説と言われる仮説はこれである。

凝集性―魅力説は，凝集性―志気説と呼ばれる仮説に対置されるものとして提唱されたものである。凝集性―志気説とは，凝集性が高いことそれ自体が構成員の志気を向上させるとし，その結果，生産性が高まるとする仮説である。

凝集性―志気説が，凝集性が高いことが，第三者が公式，非公式に遂行を期待する課題の達成に直接に結びつくという仮説に対して，凝集性―魅力説は凝集性は特定の課題を達成することへの動機づけの強さとは直接には関係しない，としたところにこの2つの仮説が対比される理由がある。凝集性―志気説を検証しようとした研究の結果に一貫性が見られないことはすでに述べた。

また，凝集性―魅力説も理論的には不完全であると思われる。凝集性―魅力説の最大の問題は，凝集性と規範がそれぞれ独立した変数と見なされていることである。

すでに検討したように，凝集性を従来の研究のように構成員相互の情緒的な魅力すなわち自己完結的な関係の強さを表わすと見る限り，それとは独立に道具的・手段的な関係が機能することは考えにくいからである。

規範とはその集合体がどのような行動を好ましいとし，どのような行動を排除しようとするかという行動の基準である。換言すれば，規範はその集合体において価値をもつ資源は何かを表現するものでもある。

永田（1978）は，間接的ではあるがいくつかの資料的根拠を挙げつつ"重要なことは，対人的魅力の高い集団は極度に高い目標や困難な課題を選択しようとしないということであろう。

極端に高い目標を設定しない理由は，一部は集団としてのパフォーマンスの失敗を回避するためであろうと思われる。しかし，同時に，集団のいかなる成員の保持する資源も有効性をもたないほどに極端に困難な場合は別として，困難な課題ほど一般に成員間の能力，経験などの資源の差異を明瞭にすること，しかもそうした差異を明確にすることはフェスティンガー（Festinger, 1954）の社会的比較過程の理論なども予測するように，成員間の対人魅力を低減させることになり，対人的魅力の維持という側面から困難な目標の選択を抑制する力が働くと考えられるのである"（永田，1978，222頁。一部注記を省略）と指摘した。

凝集性―魅力説を実証しようとして，構成員の対人魅力と生産に関する規範をそれぞれ独立に実験的に操作するというほぼ類似の方法に基づく実験が少なくとも3編報告されている。

凝集性と規範を独立した変数と見なして操作するとは，例えば，まず"最近の研究によれば相互に好意をもつ人々（好意を持たない人々）を見出す"ことが可能であるとの説明をもとに実験参加者間の好意的，非好意的関係への予期を形成させることによって凝集性を操作する。生産に関する規範は，実験のはじめに短時間だけ紹介のために顔を合せた別室にいる"好意的関係である（ない）はずの協同作業者"からの紙片に書かれたメッセージによって導入される。

メッセージはあらかじめ実験者が用意したもので，生産性を抑制する条件では"もう少しゆっくりやって下さい"，促進条件では"もっと早くすることはできませんか"などのメッセージが送付される。

これらの実験の結果は，凝集性―魅力説をほぼ立証するものとして一般にはとらえられている。

しかし，詳細に見ると一つの実験の結果では生産性向上への規範が操作された場合には凝集性の如何にかかわらず生産性は向上している（Schachter, et al.,

1951)。他の実験（Berkowitz, 1954）では生産を抑制する規範を設定した場合の凝集性の相違による生産性の差異は見出されていない。

　他の1編はわが国において行なわれたものである。中学1年生を実験参加者として好き嫌い等のソシオメトリック・テストに基づいて対人関係の魅力の高低を操作したものである（前田他，1960）。そのほかに，小学校5年生を実験参加者として初対面の者3名の作業グループに対して担任教師の評価をもとに優れた能力をもつ（またはもたない）3名が選ばれたことを教示し，それぞれにおける他成員からの作業への正，負の誘導の効果を検討した実験がある（前田他，1962）。

　前者は，対人的な魅力によって凝集性を操作したものであり，後者（前田他，1962）は，対人的な魅力ではなく，選ばれた集団であるという威光の高さに基づいて成員をその集団にとどまらせる力としての凝集性の操作を試みたものである。その結果は，いずれも，他成員からの誘導として示され規範への同調の強さが凝集性に規定されること，結果として生産性を規定することを示している。

　これらの実験の結果は，集団凝集性の高さが必然的に作業への強い意欲を生むという凝集性―志気説に疑念を示すものとしては妥当であろう。

　しかし，実験者の手で操作された生産性を向上させようとする誘導（集団規範）が，構成員間の自己完結的関係を抑制するほどに高い目標を示したものかどうかは判断できない。

　これらの実験では他の成員の作業量は協同者には示されていない。そのために，実験参加者は，実際の作業目標を具体的な作業量としては明確に把握することができない。

　したがって，これらの実験は，われわれが仮定するように，凝集性の高さと生産性に関する集団規範には，ある条件下では独立ではあり得ないという両者の相互規定的関係の存在を否定する根拠にはならないように思われる。

　第1章でとりあげたジェニングスの矯正施設での調査では，居住棟毎に各種の選択（排斥）基準による選択の重複の程度に相違が見られる。すなわち，

"余暇"の仲間の選択と"課業を共にしたい仲間"の選択および"同じ居住棟で生活したい"仲間の選択の関係が顕著に重複している関係が見出される居住棟が3棟あることを報告している。

　ジェニングスは，これらの関係に見られる共通点は，寮母から"反抗的"な行動がとくに顕著であることが報告されていることであるという。まざまな角度から考察した上で，ジェニングスは"彼女らは，集団の一員としての役割関係よりも私的な関係を優先させているのではないか"（Jennings, 1950, Pp. 248～）と考察する。課業あるいは居住棟内での義務，責任を適度に放棄することによって，いずれの基準による選択もソシオグループすなわち道具的・手段的な機能の実現に向けて機能しないような関係が形成されているとすれば，管理者からは反抗的と見られ，他方その仲間内では自己完結的関係との矛盾が顕在化することはないと理解できる。

　アダムス（Adams, 1953）は，朝鮮戦争のために招集された爆撃機の搭乗員（クルー）を対象に，単純化して言えば実戦経験の長さ，年齢，階級，搭乗員間の人望などの各種の威光，地位の諸指標間の対応の程度とクルーを単位とする爆撃機搭乗員クルーの成績の指標としての爆撃の成績，人事担当者による搭乗員間のまとまりなどの評価，さらにクルー自身による友好性や志気，相互の信頼感についての評価の関係を検討している。図3-1はこの結果を示したものである。

　仲間うちでの能力評価の高さと人望から見た序列，実戦歴の対応関連が高い場合，搭乗員自身による友好性の評価が高い。しかし，爆撃成績などのある程度客観性をもつ評価や人事担当者の評価が低い。

　実戦歴は，戦闘集団としては有利な戦闘を展開するにしても兵士の安全を確保するうえでも重要な資源であろう。こうした資源を豊富にもつ者が同時に人望も高いということは，これまでの考察に基づけば道具的・手段的な機能を高度に実現するうえで役立つ資源をもつ構成員が自己完結的機能の体現者でもあるということであろう。

　爆撃成績などのある程度客観性をもつ評価やクルー外の人事担当者の評価が

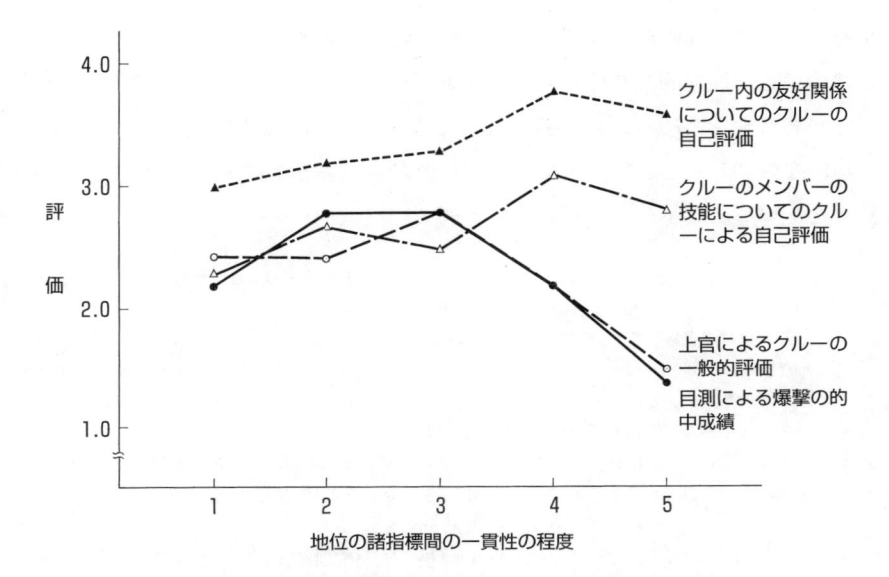

第 3 章　人間関係に生じる矛盾とその統合の過程

図 3-1　爆撃機乗組員内の地位の多様な次元の間の一致の程度とクルーの活動等に対する各種評価の関係
（Adams, 1953 より永田が作図［永田，1972］）

横軸は階級，年齢，学歴，飛行経験時間，軍歴，兵種（操縦，通信，爆撃など），クルー内での能力評価，クルー内での人望などの序列の一致の程度を示し，1→5 へと一致が高いことを示す。本文注（20）参照。

グラフ凡例：
- クルー内の友好関係についてのクルーの自己評価
- クルーのメンバーの技能についてのクルーによる自己評価
- 上官によるクルーの一般的評価
- 目測による爆撃の的中成績

低いことは，搭乗員の危険を回避しようとする力が上級者の目には戦闘集団としての道具的・手段的な働きの水準をいささかなりとも抑制する力として映る可能性があること，しかしクルーの当事者自身には満足をもたらすものであるのではないであろうか。

ここで重要なことは，矯正施設の反抗グループも，爆撃機搭乗員も，これらの集合体に課題が存在しなかったという理解は妥当ではないと考えられることである。

不本意な課業を可能な限り回避する，無理な危険は回避するという課題が存在し，その意味での道具的・手段的関係は成立していたと考える必要がある。その理由は，第 4 章で考察される。

いずれにせよ，以上の事実は，道具的・手段的な働きと自己完結的な働きは，

少なくとも集合体の構成員にとって必然性を認めることのできる範囲内ではその機能は相互促進的な関係をもち，他方，道具的・手段的機能の遂行に構成員がその必然性を認めることが困難な状況では相互妨害的に働き，道具的・手段的機能を強調しようとする行動は構成員間の自己完結的関係の形成を妨害する働きをもつことを示している。[20]

[20] アダムスの研究は，アダムス本来の関心としては，集合体内の人々の地位の一貫性と集合体のパフォーマンスの関係を検討することである。

ここでは爆撃機の搭乗員のそれぞれの地位の指標として軍人としての階級，年齢，学歴，飛行経験時間，軍歴，兵種（操縦士，通信士など），実戦歴，仲間うちでの能力の評価，人望など9つの基準による序列の一致の程度とそのクルーに対する上司の評価，爆撃の成績，クルーたちの満足感などとの関係が検討されている。

軍歴，階級，飛行経験時間などはある程度対応が見られるが，これらと人望とは理論的には本書の中心論点でもある道具的・手段的な資源量と対人的魅力の関係の問題である。

オハイオ研究のリーダーシップ測定尺度の"体制づくり"と"配慮性"の2次元の関係は，実証的な資料によると単純に独立の関係，すなわち他方の実現の程度と一方の実現の程度とは関連がない，とは言えないことを示している。

さまざまな資料を比較検討すると，この2つの次元は一方の実現の程度が高いと他方の実現の程度も高い場合から，一方の実現の程度が高いと他方のそれが低い場合，さらに両者は独立であるように見える場合まで，多様な関係が見出される（Weissenberg & Kavanagh, 1972）。

ベールス（Bales, 1958）も，集団内の討議の進行過程にみられるコミュニケーションの授受の関係が対等である集団ほど，"課題中心的な役割"で高く評価される成員が同時に"社会的・情緒的リーダー"として高い評価を受け，この2つの側面での役割を同一人が高度に遂行している場合が多くなることを見出している。

2つの機能が別々の構成員に分担されるか，同一の構成員によって統合して担われるかが集団の構成員の相互作用関係によって左右されることを示す例は少なくない（例えば Burke, 1967, 1968；蜂屋, 1967, 1968, 1972, 1987）。

すでに述べたように，構成員の間の相互作用関係は何らかの意味で課題ある

いは構成員の課題への動機づけの強さに規定されるところがある。2つの機能の矛盾の顕在化は，その意味では構成員の課題に対する動機づけの強さと関係するとも言える（蜂屋, 1967, 1999）。

第2節　民主的対専制的組織運営の問題
　　　　およびそれに関係する組織体の諸問題
　　　　――古くかつ未解決の問題

(1)　民主的運営と専制的運営における組織体の活動

　ここでは活動とは，組織体に期待される目標の達成あるいは期待される活動の水準を指す。

　民主的という言葉は，ホワイトとリピットに従って，活動の方針，目標達成の手順，仕事の分担などが構成員の自主的な討議によって決定されることを意味する。

　ホワイトらの研究の日本での紹介は，民主的指導，民主的リーダーシップ，専制的指導，専制的リーダーシップなどと表現されることが多い。

　しかし，民主的指導という表現には民主的と指導という言葉の意味としては論理的な矛盾を含んでいるように思われる。ここではあえて慣用に反して，運営と表現する。専制的運営とは，すべての方針の決定権をリーダーである指導者が独占し，すべてにわたって理由を説明することなしに指導者の個人的判断に基づく指示で活動の手順が決定される（White & Lippitt, 1953）ことを意味する。

　児童集団を対象としたホワイトらの実験では，民主的に運営される集団は，専制的な指導運営をされる集団にくらべて自発的かつ積極的に作業を行なうことが観察された（White & Lippitt, 1953）。

　この実験では，民主的な運営を行なう場合も，あらかじめ実験のために練習を重ねた成人の指導者が配置され，例えば，活動の方針は構成員の討議によっ

て決定されるが，指導者はその討議を活発にするように激励し，援助し，技術的な助言が必要な場合には指導者は複数の選択肢を提示して最終的な決定は構成員自身に任せることになる。

　実験ではさらに，成人指導者が集団の活動に最少限の介入しか行なわない自由放任と呼ばれる第三の条件が民主的運営と区別される。ここで2つの重要な問題が提起されている。

　第一に，実験の結果，民主的運営と自由放任を区別せざるを得なかったことからわかるように，集団の討議に基づく意志決定という形式が，それに相当する内実をもつためには，相当程度の構成員間の関係の調整のための活動が必要であることである。

　構成員のそれぞれの意志が全体の意志に十分に反映されるためには，誰もが自由に意見を述べられることを保障されること，また，そこで提出された意見を総合する意図的な工夫が必要であることを示している。

　当初の実験計画においては自由放任という条件は予定されていなかった。しかし，フェスティンガーによれば，実験結果から，民主的な運営の条件を割り当てられた集団の中に，構成員相互の，あるいは成人指導者への"信頼"感，作業への自発的参加などの点で他の民主的運営の集団の結果と著しく異なる結果を示す集団が見出され，成人指導者の行動の観察記録から，構成員の要求がない限りほとんど意見を述べず，求められた場合のみ作業に関する助言を行なうことをあらかじめ構成員に宣言するなど，他の民主的運営の場合の成人指導者の行動と明らかに異なると判断されたことから，自由放任という条件が区別されたという（Festinger が来日したときの私的な会合における説明による）。

　さらに，その背後には構成員の間にそれぞれの要求や期待を調整し，協同的活動を行なうことを承認するというさらに大きな前提が存在している必要があろう。

　第二は，構成員に作業のための十分な技術や知識が備わっていない場合，一般には，第2章で述べたように，それら資源を保持している構成員が他の構成員に対して大きな影響力をもつと予想されることである。通常は，それらの構

成員がいわゆるエキスパートとしての影響力，勢力（power）を把握しやすい。

　すなわち，課題が固定されている場合には，意図するとしないとにかかわらずエキスパートは相対的に大きな影響力をもち，ときには影響力を独占し，そのリーダーシップは事実上は独裁になる可能性がある。

　民主的運営の集団においては作業への自発性，積極性が見られたことはすでに述べた。しかし，自発的，積極的に作業を遂行するというのは短時間に作業目標を達成したり，規格に適合する作品（製品）を少ないコストで完成させることを意味しているわけではない。

　結局，目標の達成，あるいは集団的活動の効率とは何を意味するかという問題であり，一見定義の問題である。しかし，単純に定義の問題として形式的に議論がつくせることではない。その理由は，すでに検討してきたように，人間関係，あるいは複数の人々による組織的協同活動の過程は，単に狭い意味での課題の達成という過程のみに着目したのでは，そこで生じる人々の関係の動態や課題達成に関係する行動を理解することができないからである。

　ホワイトとリピットは“これらの民主的集団は，はたして，少年たちみずからが完成しようとした目標を達成したであろうか”（White & Lippitt, 1953，訳書646頁。一部句読点などを変更）と問題を提起する。

　ホワイトらは，日常生活においては，自分から見れば好ましくない方法である目標を達成することを要求される場合があること，それとこの実験事態とは比較できる性質のものではないことを指摘した上で，実験に参加した少年たちが他の目標を除外して，ただ仕事の完成だけを望んだわけではなく，作業への期待も含めた“おもしろい”活動や仲間とのつき合い，悪気のないばか騒ぎなども期待していたはずであるという。狭い意味での作業目標の達成においても民主的な集団は専制的に運営された集団に匹敵する成果を挙げただけでなく，上記のような社会的目標をも含めて考えると，実験集団の観察の結果からは，民主的な集団は専制的に運営された集団に比べて，はるかに豊かな目標を達成したと見なすことができると指摘する。

　これまでのわれわれの言葉で表現すれば，道具的・手段的な働きと自己完結

的な働きの均衡ある実現という点で民主的に運営された集団がまさるということになる。

これに対して、ほぼ同じ手続きで小学生集団を成人指導者が指導した場合、主題は与えられていても自由にそれを解釈して創造的表現が求められる描画のような場合、作品に表現される情感の豊かさ、配色、構図などは民主的運営体制のもとで優れていたが、現実に存在する建物の立体的な模型製作を協同で行なう場合には、民主的な運営よりも専制的に運営された集団の作業の出来映えが優れていたことが見出されている（三隅・中野，1960）。

絵画製作の場合には、迫力、表現された情緒、構図などが評価され、模型製作の場合には、細部の工作、配置、視覚的バランスなどが評価されている。

一方は、創造的表現が、他方では規格に合致するかどうかが評価の重要な要素であることに留意する必要がある。

目標の設定の自律性が十分に保障されている場合には、民主的運営においては構成員自身の技術、知識の平均的な水準が実現されやすいと予測される。平均的であることによって課題の要請に対してある程度質的な高さを維持し、同時に構成員間の貢献度の対等性を維持しやすいからである。

構成員自身が写実としての模型を作成する十分に高度な技術をほぼ平等に保持し、さらに要求される模型を製作する積極的な意志、動機づけをもつ場合、すなわち十分な資源をほぼ平等に保持している場合には、民主的な運営は作業の成果という点からも構成員間の関係という面を考慮に入れても、大きな成果を挙げる可能性がある。

しかし、これを構成員中の最も高度な技術をもつ者の水準で達成しようとすると、構成員間の友好的な関係を維持することが困難になると考えられる。

この問題は、視点を変えて見ると集団・組織体の構成員の自律性と目標の達成をどのように両立させるかという問題である。

田尾（1979）は、構成員の自律性に関係する条件を公的・制度的な権限委譲にともなう自律性、高度の知識や専門性を必要とすることに由来する素人の介入を許す余地のない場合の自律性、自然発生的な得手勝手による自律性とを区

第3章　人間関係に生じる矛盾とその統合の過程

別する。

　ホワイトとリピットの実験は，児童集団に対する成人指導者の介入による構成員の自律性の制度的な保障を試みたものである。三隅・中野（1960）は，模型製作という技術的専門性の優位性をもたらす条件の導入を行なったものといえよう。

　これらの問題を現実の組織体で試行したものの一つが，社会主義政権時代のユーゴスラヴィアにおける企業の労働者自主管理である。全従業員の無記名投票によって選ばれた労働者評議会が企業計画の作成，生産・生産性・品質改善の提案，要員の訓練，規律・作業ノルマの提案を行なう。経営管理に必要な知識や技術が高度の専門性を必要とするとすれば，選挙は名目的なものとなり結果はテクノクラート支配を助長するだけではないかという危惧が当初から論議されていた（Drulović, 1972）。

　テクノクラート支配，換言すれば構成員の分業，機能の特殊化を排除しようとしたとき，市場への適応と生産効率を至上とする市場競争に遅れをとったといわれる（藤村，1994）。

　組織の運営にかかわる制度の整備は組織運営手順の透明性を保障するかわりに官僚制化をもたらす。あるいはある種の専門的技術や知識が重要な資源と見なされるようになると，権限の集中とそれにともなう集権的独裁的支配体制が形成されやすい。権限の集中化や手順手続きの標準化と構成員の自律的な行動の可能性をどのように折り合わせるかは，組織の機能の実現という点では重要な問題である（田尾，1999）といえよう。

(2)　現実の集団・組織体における問題
　　　——組織体の道具性の問題

　前項で述べたホワイトらの研究に関連する現実の問題は，メイヤーが指摘するように，"現実の場面では決定の質が評価されざるを得ないのであって，決定の適切さ（質）と決定に参画した者が決定を好ましい（受容する）と考えることは別の問題である"（Maier, 1973, p. 130）と言い換えることもできる。

123

しかし，この問題は，各種の組織体がその内部において機能の特殊化，すなわち分業を行ない，さらに各種の組織体が他の組織体との間に分業の体制をとることによっても顕在化することを理解しておく必要がある。

現実には，一つの組織体の部分となる個々の集合体や社会システムの一部をなす組織体は必ずしも自律的に課題を設定し，達成すべき目標の水準を自主的に決定できる環境に置かれているとは言えない。

まず，現実の組織体で重要なことは，個々の部署がその職務を独立に行なうのではなく，工程上の連携や分業と協業の関係から見て，多少の差はあれ他の部署の要請によって業務を遂行しているのであり，その自律性には限界があることであろう。このような場合にホワイトらの定義した民主的な運営が実現できるのであろうか。

現実の企業の定型的な伝票処理を行なっている事務部門において，一年間にわたって，これまで管理者が決定していたことを末端の従業員の参加による自主的な決定にまかせるという変革を導入した場合と，それとは逆に管理者の権限を強化した部署の，従業員の管理者に対する態度，会社への好感度，仕事の意義への評価，一定量の伝票処理のために必要とされた諸経費をこれらの変革の導入前と導入した後一年を経過した時点で比較した結果は，従業員の管理者への態度，会社への好感度，仕事の意義の評価は権限を末端に委譲した場合のほうが顕著に向上したのに対して，必要諸経費と伝票処理量の関係から見た職務上の生産性はいずれの条件を導入した場合も向上していたものの，向上の程度は権限の集中を図った職場が上回ることが見出されている（Morse & Reimer, 1956）。

この研究は，現場における実験として貴重な資料であるが，一つの職場が他の職場と全く独立に業務を行なっていたわけではなく，先に述べた実験室における実験のように，権限が大幅に構成員の裁量にまかされたとは考えにくい。

この現場実験の示すものを読み取る場合には，企業内の職場という他の職場の業務との連携を無視することのできない状況にあること以外にも，実験条件として明示されていない条件を考慮に入れる必要があるように思われる。その

一つは，これらの職場が高校卒の未婚の女性従業員からなる職場であり，モースとライマーによると，これらの従業員のほとんどは将来への期待として，職業人としての経歴を積むことよりも，結婚して家庭をもつことを目標にしていたとされていることである。

　これが，ただちに従業員の仕事，職務に対する熱意，いわゆる志気の低さを意味するとは即断できない。しかし，集団活動の道具的な意義すなわち課題の達成あるいは仕事上での成果への関心が相対的に低くなると，道具的・手段的活動の推進者としての指導者よりも円滑な人間関係の保持や構成員の欲求への配慮を示す指導者を好ましい指導者と見る傾向が強まることは確かめられている（蜂屋，1968）。

　ホワイトら，あるいはこれを追試的に検証することから出発した三隅らの研究に見られる重要な問題点は，暗黙のうちにリーダーシップの形態，働きをその位置を占める構成員の能力，資質，経験などの個人的特性，行動上の技能の反映と見なしていることである。

　ホワイトら，三隅ら，モースらが，指導者，管理者を事前の教育，訓練によって民主的あるいは専制的運営を実現させようとしていることは，少なくとも指導者，管理者の個人的な能力によって民主的な運営も専制的な運営も可能になると考えられていたことを示すものであろう。

　これまでの研究では，指導者，管理者の個人的資質や経験とは別に，リーダーシップを必要とする状況から見た指導性の発生の機制への関心は見られない。

　指導者の個人的特徴が指導性の表現に関係する可能性はあるとしても，すでに道具的・手段的機能の発生の過程を考察した際に明らかにしたように，人間関係の組織化の過程は，他の制約がなければ課題に対応する資源が構成員間にどのように保持されているか，変更の余地のない課題に対応する資源が特定の少数の構成員に独占的に保持されているのかなどの諸条件によっても規定されると考えられる。

　さらに，行政組織その他の公共的サービス組織においては，行政組織をサービス組織と見る限りは組織体に期待される活動を成員が自律的に決定できる部

分は少ない。

　実際には，後に述べるように組織体は自律的であろうとすることから，これは組織体の意志と組織体をサービス機関と見なす住民あるいは政治的意志決定機関との間の対立，葛藤を生じさせることになりがちである。

　官僚組織と政治との対立の背景にはこのような問題があり，また行政に対する住民の不満のかなりの部分はこの葛藤に起因するように思われる。

　行政組織が，構成員の視点から見て好ましいと考えられる組織体制を形成することと，組織構成員から見たときに組織体に期待される道具的・手段的な機能の実現，あるいは組織体の構成員間の自己完結的関係の形成への期待とをどのような形で両立させるかは重要な課題であるが，正面からこれを論じたものはあまり見られないように思われる。

　集合体の獲得しようとする目標が多様であるということは多様な資源を必要とする可能性が高い。また，集合体の外からの社会的要請や支持が組織体の存続を支える要件であれば，集合体の活動の方針の決定には外部の要請を考慮する必要が生じる。

　外部からの要請に応えることがその組織体の存続にとって重要な意味をもつとすれば，外部の要請を把握しているということは重要な資源である。組織内の位置にかかわりなく外部の情報を得る機会をもつ構成員は組織体の存続に影響する資源をもつことになる。

　また，多くの組織体はその構成員から見ると多様な目標をもっているのが普通である。例えば，収入を保障すること，社会的な威光を付与すること，社会に貢献していると感じられること，世情，世界の情報の獲得などである。組織体の活動の目標が多様である場合，外部からの要請に応えることが期待されている場合など道具的・手段的な働きに限定しても，目標が多様であるほど多様な資源が必要となるために，多くの構成員の協同的活動が要請され，その組織体の意志決定に参加する構成員の範囲が広くなり，構成員間の意思疎通が重要とされる（Simpson & Gulley, 1962）。

　換言すれば，組織体の運営は民主的な形態をとりやすい。

行政組織の場合，一地方都市の行政組織を対象とした調査ではあるが，住民との接触の多い民生，衛生，清掃関係の職場や職員の福利，厚生，人事に関係する部門では，理財関係の職場に比べて業務に関する自発的な提案をした経験のある者の比率が高く，事業計画の作成に多くの職員が参加している実態が報告されている（山川，1975）。

　調査対象とされた組織固有の性格の現われとみるよりも，シンプソンらの言う外部志向性の高い職務であると同時に外部，すなわち利便を得る住民や他部門の職員との接触が多い末端の職員からの情報が重要であることがこのような実態を形成させていると見ることができないであろうか。

　また，行政組織の係長に対する人事担当者の評価を，財政，総務，企画などの組織管理部門と民生部門と比較すると，民生部門の係長への評価が全体として低いことを見出した資料がある（地方自治研究資料センター，1982）。

　この結果は，行政組織における係長職任用の条件なども考慮した上で理解されなければならないが，組織の外の受益者との関係が重要で，外部志向性をもたざるを得ない部門は，組織管理という側面から見るとサービスの提供を受ける人々と直接関係をもつ職員のもたらす情報への依存度が高く，相対的に住民との接触の低い管理職の統制力が低く，管理能力を低く評価されやすい事情が何ほどかは反映しているのではないであろうか。

　これらの問題は，組織の問題として，その部門に期待される働きを効果的に実現させられる体制が編成されていない矛盾の現われと見る視点が必要であることを意味している。

　換言すれば，管理行動を管理者個人の経験や能力に由来すると考えがちな発想の問題点でもある。組織体がその体制を形成する場合，外的環境に適合した体制を自ずと構成するという保証はない。正確に表現すれば，外的環境をどのように理解するかということ，換言すれば環境へのかかわり方をどのようにとらえるかに対応して，活動自体が変化していく（Abric, 1971）。

　したがって，成果はどのような視点から見るかによって評価は大きく異なる。また，組織体をとりまく外的な環境は固定されたものではない。新しい状況

に直面した場合でも，すでに制度化された組織体としての体制の変革はそれほど柔軟に行なわれるわけではない。一旦構成された体制を維持したかたちで課題に対応しようとする（Torrance, 1955）。

中学1年の同じ学級の格別親密な関係も拒否的関係もない生徒によって一時的に実験室内に構成された集合体においても，生徒同士の投票によって意志決定の権限を与えられた構成員の技量の不足から他集団との競争に不利であることが判明しても，地位の低い構成員からは意志決定権者の交代を容易に発議しようとはしない（永田, 1980）。

既成の体制の中で，ある程度安定した位置を占めていることが体制の変革への主導権をとるうえで重要であるように思われる。たとえ，既成の体制の中での地位が見かけ上高いとしても，その地位の維持に不安がある場合には，体制の変革の主導権をとることが抑制されるようである。

小学生を実験参加者とした研究ではあるが，地位を規定する諸要素による序列が高い一貫性をもたず，したがって総合的な地位が不安定である最上位者は，課題の処理が効果的に遂行されていない場合でも地位の低い成員にくらべてこれまでの課題遂行に関係する行動から逸脱した行動をとりにくいことが見出されている（田尾, 1974）。

体制の主導的役割を果たす位置を占めていた構成員が，組織体をとりまく内外の条件の変化に対応して体制を変革するための主導的役割をとるためには，これまでの地位を保証してきた資源を背景として変革への契機を開く必要があると考えられる。

しかし，課題性のとらえ方の変革を含む変革を主導することは，これまでの地位を保証してきた資源の価値を否定することにつながり，それ自体が変革の主導権を否定するという矛盾を含む。そのために組織体の課題のとらえ方の変革や，それにともなう既存の体制の基本的な改編は容易には生じにくいと考えられる。

(3) 教育組織あるいは学級における問題

かつて，初等，中等教育における進学問題に関係して，いわゆる受験競争が学級構成員間の関係，とくにいわゆる友情の形成に好ましくない影響を及ぼしているという意見がしばしば提起されたことがある。

競争を好ましいと見るかどうかは別として，このような指摘は原理的な根拠をもち得るのであろうか。もともとこのような指摘は何を根拠にしていたのであろうか。また事実であるとすればそれはどのような機制によって生じるのであろうか。

教育的な営為が行なわれる基本的な場である学級は，教育の目標であるさまざまな価値を学習者である生徒が実現できるように援助する場であると言える。学級がどのような価値の実現を図る場であるかは本書の主題ではない。

しかし，何らかの価値の実現を目標とする限りは，目標とするべき価値に対して学習者の現在の到達点や学習活動の結果としてどこまで目標に到達したかを評価することは，学習活動の方針，見通しを立てる上でも不可避の作業であると言えよう。

生徒に対する学習成果の評価は，教育という働きが意図的にある価値の実現を目標としている限り避けることはできない。

ニューカム（Newcomb, 1961）は，集合体の構成員個々の認知を通じてとらえられる人々の関係を個人の主観的世界という意味で個人のシステム（individual system）と呼び，その主観の背後にある事実の世界における人間関係を集合的システム（collective system）と呼ぶことは先に述べた。集合的システムとは，具体的な操作としては，それぞれの認知した世界ではなく，第三者（研究者）の手で測定された構成員のそれぞれが他に対してもつ態度を第三者である研究者が構成した関係系を指す。

例えば，第1章で述べたジェニングスのソシオメトリック・テストの結果に基づく施設の女子青少年たちの関係は集合的システムとしての関係である。

ニューカムは，例えば個人のシステムとしての価値観の主観的類似性と集合的システムとしての価値観の類似性に関して，小規模な学生寮で生活する大学

生の調査から，十数週も経過すると，この個人のシステムと集合的システムとの間に顕著な対応関係が見られるようになることを明らかにしている。

　個人システムすなわち個々の主観的な評価においてはすでに述べたように，例えば価値観が類似していると見られる他者は魅力ある存在となるが，相互に知己となった当初は，認知された価値観の類似性は必ずしも客観的に測定された価値観の類似性の高さと対応しない。しかし，ある程度その関係が持続するにしたがって価値観の客観的な類似性と魅力の高さとの対応が見られるようになる。

　学級においても，日常の学級における学習の場面でのそれぞれの生徒の行動やそれに対する教師の言動などをもとに，一つの学級としてある程度の期間学習活動を共に経験することによって，生徒の間での学習の到達度や自己に対する他者の態度や評価，他者同士の学習活動の成果から見た位置等についての判断が成立し，それに基づく相互の評価，態度が形成されていくと考えられる。

　図3-2は，中学生の学級においてはこの集合的システムとして，学習に関係する資源に関する高い評価の相互性あるいは非相互性と，好意的態度という側面での相互性あるいは非相互性の有無の関係を示したものである（永田，1973a）。

　学習に関係する資源の評価は，同じ学級の中の"頭がよくてむずかしい問題でもよくできる人"の指名を求めたものである。同一学級内のあらゆる生徒の組み合わせについて，相互に高い評価を行なっている者同士と，一方が他方を高く評価しているのみの関係，互いに高い評価をしているとは言えない場合が区分されている。

　生徒に，学級における学習活動が，相互助長的な協同活動として成立しているという理解があれば，これは道具的・手段的な意味での資源の評価である可能性がある。

　さらに"この組であなたとよく気の合う人は誰ですか"という質問で選択を求める。これは，自己完結的関係の表現型としての情緒的な魅力，好意の表現である。

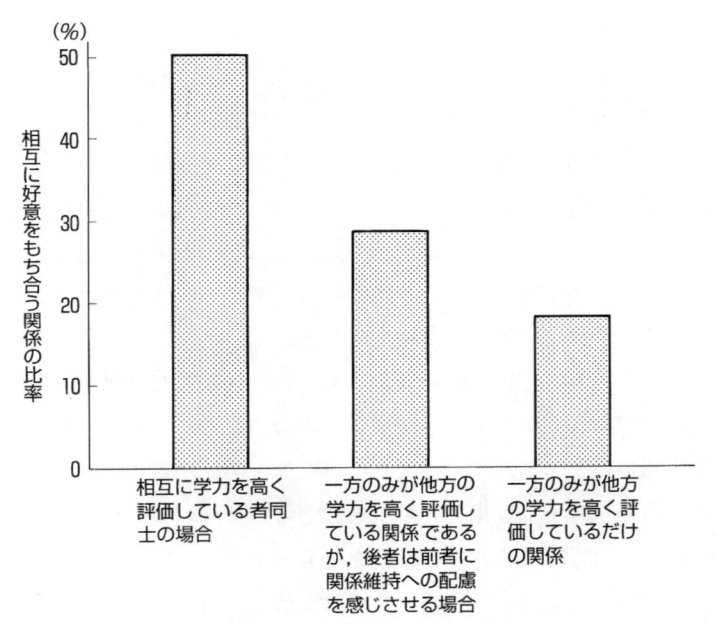

図 3-2　中学生の同級生間の相互の学力評価と好意（気が合う）の関係（永田，1973 より作図）

　この結果を見ると，集合的なシステムとして，何らかの意味で学習に関係する資源の質，量を高く評価している者同士の間には自己完結的関係が成立している確率が高い。しかし，資源を豊かに保持するという評価が一方的，非相互的である場合には両者の間に自己完結的関係が成立する確率は低いことを示している。
　図 3-2 には，資源の評価と好意的態度の有無のほかに学習に関する資源の評価には相互性が見出せないものの，"この組には，皆で一緒に勉強したりするとき，わからないことがあって困っている人の相談相手になったり，皆で楽しくやれるように気を配る人"の選択を求める質問への選択がある場合の自己完結的関係の比率も示されている。図中の"関係維持への配慮"を感じさせる場合というのはそれである。

この結果は、すでに述べたバドミントンをする少年たちやゴムひも跳びをする子どもたちに見られるように、自己完結的関係は必ずしも客観的に判断できる資源が同等である必要がないことを示唆している。
　しかし、ここで問題になることは、第一に、学習者集団においては、学習という活動が学習者自身の変化、成長も含めて何らかの望ましい目標の達成が期待されていることにともなう評価が不可避であるということである。
　これは、これまで述べてきた言葉で言えば、学級という集合体における構成員間の差異化が不可避であることを意味する。
　他方、これは、図3-2に見られるように学級内の構成員間の自己完結的関係の形成の抑制につながる可能性が高い。少なくとも、学習上の資源から見た位置が生徒間の自己完結的関係の成立の可能性と関係することが示唆される。
　学習の評価の基準が単純化されて限られた資源のみが有効であると見られる場合には、多様な資源がそれぞれ価値あるものとされる場合にくらべて、生徒間の自己完結的関係あるいは現象としては友情による結合が限られた範囲内でのみ形成される可能性がある。
　学習活動が技能や知識や人格的成長を期待する多様な資源を必要とすると同時に、学習者間の相互依存的活動の結果として学習活動の成果が規定されるのであれば、差異化による序列は単純な単線型には成立しないと思われる。
　多くの人々の常識として、学習という活動は常に学習者個々の意欲や努力に基づく行動であると考えられてきたのではないであろうか。学習活動が学習者の相互依存的な協同活動として成立するという理解は、少なくとも一般には乏しいのではないであろうか。
　さらに上記の配慮性はどのような機制によって成立するのであろうか。また、学級の構成員の関係が強い友情あるいは友好関係、すなわち自己完結的関係にあることが必要かどうかは議論の余地のないこととは言い切れない。
　しかし、学級は人間関係を如何に組み立てていくかを学習する場としての期待も持たれているはずである。
　実態としても、学級における学習は、学習者の相互依存的あるいは相互妨害

的な協同的活動として実現されている部分が多いように思われる。

　人間関係の機制という視点から学級における学習活動にかかわる要因を考察することが，学級の教育過程を理解するために必要ではないであろうか。

　人間関係をどのように組み立てるかということ自体が学習される必要があるという問題は，章を改めて検討する。

第4章　人間関係が人をつくる

第1節　社会性の基盤を考える

(1) 欲求としての人間関係という考え方

　道具的な意味では，状況によって異なる資源や知識，見解をもつ者の存在が重要な価値をもつことはすでに述べたところから明らかであろう。

　また，われわれが他者との間に互いに理解し合える関係を形成しようとすること，理解できる他者は理解しにくい他者にくらべて好ましい相手と見なされることもかなりの程度まで普遍性をもつ現象と見ることができるように思われる。

　しかし，互いに理解可能な他者に好意を抱き，理解の困難な他者を好ましいとは見ないという事実のみに着目すると，論理的には，われわれは，それぞれの人間関係をはじめから理解可能な人々の範囲内に限定しようとする傾向をもつと考えざるを得なくなる。しかし，これは妥当な予想とは言えない。

　道具的・手段的な意味ではなく，また単に理解可能な他者を求めるのではなく，理解可能な関係・自己完結的関係を積極的，能動的に形成しようとする傾向の存在の傍証となる事実が少なくないからである。

　例えば，バドミントンをする少年の事例やゴムひも跳びをする子どもたちは，さまざまな工夫をしてまでお互いの関係を維持あるいは形成しようとしているように見える。果たしてそうなのであろうか。

　この2つの事例に共通することは，かかわりをもつ子どもたちは，バドミントンやゴムひも跳びを行なう状況で必要とされる運動能力においては対等では

ないにもかかわらず，相互の関係を組み立てるルールを工夫することによって関係を対等化し，しかもその関係においてはそれぞれがそれぞれの力量・資源を十分に活用せざるを得ない状況，全力を尽くすという意味でも対等と言える条件を用意していることである。

　これらの子どもたちは可能な限り自己の能力を駆使する必要がある。それぞれが全力を尽くす必要があるという意味でも子どもたちは対等である。

　状況に対して対等であることが理解可能な関係を形成させる重要な契機となるのではないかということはすでに述べた。

　なぜ，このような関係を形成しようとするのであろうか。後述するように，人にとって人（他者）は必ずしも容易に近づくことのできる存在ではないと思われる。

　了解あるいは理解可能な関係を形成するには，容易に近づくことのできない関係を近づきやすく再構成させる何らかの力が必要ではないであろうか。

　対等でないことを互いに知ることの結果，そこにあえて対等な関係を構成させるものがあるとすれば，それはわれわれ人間の能動的な行為として理解される必要があるのではないか。何がそのような行為を生み出す源泉なのであろうか。

　このような関係形成への行動が顕著に観察される状況が，バドミントンをする少年やゴムひも跳びをする子どもたちの逸話が示すように，いずれもいわゆる実利的な結果をもたらす必要のない遊びの場面であることには意味があろう。

　関係のもつ道具的・手段的側面に注目せざるを得ないところに相互の非対等性を直視せざるを得ない契機が生じることは繰り返し述べた。遊びの場面には道具的・手段的関係を形成させる契機となる課題が存在しないかというと，そうではない。バドミントンを楽しむ，ゴムひも跳びを行なうという課題が存在する。そのためには適当な広さをもち，安全な場所も探さなければならない。

　そこには環境との適合関係を形成するという意味での課題が存在する。しかし，遊びの場面は，実利的な意味を無視し，あるいは課題の性質を非実利的なものに解釈しなおすことへの現実的な抵抗が少ないはずである。

遊びは，過程そのものが意味をもつ行為であることによっても，課題の性質を再構成することを可能にする条件を備えている。このような課題の再構成の過程は，バドミントンをする少年たちやゴムひも跳びをする子どもたちに見られたように，関係する人々の対等化を模索する過程である。

　このような遊びという世界において，他者との間に理解可能な関係を構成する経験をもつことが，われわれに他者との関係そのものを目的とすることの意味を見出しやすくさせる重要な経験ではないであろうか。この点は後に改めて考察される。

　遊びの世界は，いやおうなく評価的視点をもたざるを得ない日常の世界に対して，シェーバーら（Shaver & Buhrmester, 1983）が他者との関係の重要な一側面として指摘する，"評価ぬきの，内からわきでる積極的な感情"である"評価的でない尊重"（Rogers, 1962, 訳書54頁）を意味するいわゆる"無条件の肯定的配慮（unconditional positive regard）の態度"（Rogers, 1959, 1962）を形成しやすい状況であると思われる。

　ここで言う遊びの世界は，独り趣味の世界に閉じ込もることとは全く異なる。非日常的世界というのは相互依存的な協同活動を必要とする課題が存在しないことをいうのでもない。

　バドミントンにおいて，可能な限りラリーを続けるために努力すること，ゴムひも跳びにおいてもヒモの持ち手と跳び手の協応的な活動の上にそれぞれに定められた条件に合致するように跳躍するという協同的課題が存在している。

　しかし，これらは互いの関係そのもの，身体的活動の結果としての心地よさを別とすれば，結果として現実に役立つ利得や成果をもたらすものではないという意味で非日常的な世界である。

　このような工夫をこらしてでも他者との関係それ自体の形成，維持を求めようとする力の存在を仮定せざるを得ないと同時に，他方では，無条件に誰でもそのような関係を自ら形成することが可能であると見なすことはできないように思われる。

　実際には，バドミントンにしてもゴムひも跳びにしても，同等に近い実力を

もつ仲間だけで楽しむことは可能である。しかし，そのような仲間を求めることよりも，ある条件の下でどのような技量の持ち主であっても同等な仲間として見る工夫が可能であれば，そのほうが仲間を得る機会の広がりは，はるかに高い。

現実のわれわれの世界では，事実として対等な資源をもつ仲間を見出すことは実はきわめて困難であると言えよう。しかし，そのような世界の中で対等な関係をわれわれ自身の働きかけによって形成しようとするのである。

それはなぜであろうか。その手掛かりとして，以下でその背景と思われるいくつかの事象をとりあげる。

(2) 社会的な関係の欠如の兆候としての孤独感
——関係への欲求

誰でもときには孤独感を味わうことがあろう。これは何を意味するのであろうか。孤独感をとりあげる視点にはさまざまなものがある。しかし，現象としての孤独感は，何らかの社会的な関係の欠如に関係すること，"群集の中の孤独"という言葉が示すように物理的な孤立ではなく本人の主観的経験であること，本人にとって不快な，あるいは苦悩として受けとめられやすい経験であること，というペプローとパーマン（Peplau & Perlman, 1982）の指摘は，当面の孤独感研究にほぼ共通するものであると言えよう。[21]

[21] ペプローとパーマン（Peplau & Perlman, 1982）は，さらに孤独感の発生の機制としてサリバン（Sullivan, 1953），ワイス（Weiss, 1973）のように"親密さ"への生得的欲求の存在を仮定する立場，また，現にある関係とは質的あるいは水準の異なる相互作用への要求（Lopata, 1969），すなわち自己の現在の社会関係の認識（perception），あるいは評価に関する認知過程（cognitive processes）として自己の認識する社会関係の不完全感によって孤独感が生じるとする視点，さらに，社会関係をある種の強化因と見なし，孤独感は主としてその種の社会的強化の不足に起因する（Young, 1982）とするもの，の3つが区別されるとしている。
社会的強化の不足とは，孤独感は単に期待する社会関係と現実の社会関係のへだたりだけで生じることはなく，そのへだたりは自己の力では解消することができないとの認識をともなう場合に孤独と感じる状態が生じるという主張である。

孤独感研究の視点としては，このほかにこれを青年期に特有の，自我形成の過程に見られる感情という観点からとりあげるものがある。むしろ研究史的にはこのような観点からの研究が長い歴史をもっている（落合，1989参照）。
　　青年期とは生物学的な位置づけというよりも社会的な位置づけである。社会的なシステム上の自己の位置について，これまでとは異なる形式で道具的・手段的関係を確定せざるを得なくなることが自覚的にとらえられることによって道具的・手段的関係と自己完結的関係の欠如の自覚的な認識の体験として理解することができるのではないであろうか。

　もちろん，孤独感に関する考察としては，孤独感が，それまでに経験することのなかった新鮮な自由さや人間関係に気づく必須の体験としての意義をもつという指摘（例えば，Kölbel, 1960）がある。
　孤独を味わうことの意味という観点から見れば，その意義を一概に否定することはできない。しかし，ここでは孤独である状態の意義ではなく，孤独感の発生にかかわる要因を検討しようとしているのである。
　ペプローとパーマンの指摘で重要なことは，孤独感は"何らかの社会的な関係の欠如"に関係するという視点を明確にすることによって，孤独感を個人に固有の特性あるいは属性のみに帰すことのできない社会的な関係に基づいて生じるものとしてとらえる視点が明示されたことである。
　このような視点を踏まえたとき，"さびしい"，"ひとりぼっち"という孤独感の情動的諸要素の解明や孤独感にともなう情動，感情の記述および孤独感に関係する個人の行動的特性にもっぱら関心を向けていた孤独感研究（例えば，Russell, et al., 1978 ; Russell, et al., 1980）とは異なり，発生的視点から孤独感をとらえる構想が生じる。
　すなわち，現象ではなく発生の機構からとらえようとするという，もともとはワイスによって提出されていた視点（Weiss, 1973）が生きてくる。
　ここで個人の内的状態のみへの関心にとらわれないで，どのような関係の欠如に着目する必要があるかという問いが視野に入るからである。
　ワイス（Weiss, 1973）は，孤独感の発生に先行する状況と，孤独感にともなう情動・感情の面から2種の孤立状態の区別を提案する。一つは，社会的孤立（social isolation）と呼ばれ，協同関係への参加感，同一性（identity）の欠如へ

の反応とされる。社会的孤立は，"たいくつ"や"仲間はずれ"にされたという情動と結びついているとされる。

もう一つは，情緒的孤立（emotional isolation）と呼ばれ，愛情，親しい関係の欠如に由来するとされる。感情としては，親や親しい人との分離不安に近似した不安感，いらだち，わびしさなどをともなうとされる。[22]

[22] 社会関係の欠如に由来するという問題は，端的な例としては配偶者を失う，失恋するなどの出来事と孤独感の関係などが検討されている（例えば，Rubenstein & Shaver, 1982）。

シェーバーとバーメスター（Shaver & Buhrmester, 1983）はこれを受けて，協同関係への参加を"社会的参画（integrated involvement）"と呼び，他方の社会的な関係を通じて充足される愛情や親密な関係を"心理的な親密さ（psychological intimacy）"と呼び，これらは社会的関係において充足を要請される社会的欲求に対応すると仮定した。

シェーバーとバーメスターは，この2つの欲求を充足させる働きをもつ人間関係は，これまでのさまざまな人間関係研究が提出してきた枠組と対応するものであるという。

例えば，これらは，道具（instrumental）性と表出（expressive）性（Parsons & Bales, 1955）を実現する関係にほかならないとされる。

また，"心理的親密さ"とは，ボウルビィの言う"愛着（attachment）"の関係（Bowlby, 1969），ロジャーズの言う"無条件の肯定的配慮（unconditional positive regard）"（Rogers, 1959, 1962）やジェラードの"自己開示（self disclosure）"の可能な関係（Jourard, 1971），分配において"公平（equity）"ではなく"必要に応じた分配"あるいは"平等（equality）"分配が期待される関係（Deutsch, 1975）とされる。

"愛着"とは，"母性的人物へのもっとも接近した状態を保持するように幼い子どもを導く行動であり"（Bowlby, 1969, 訳書161頁），"持続する設定目標をもつ行動システムの活動の結果で――他のひとりの特殊な個人に対する――関係である"（Bowlby, 1969, 訳書179頁）。

これは，授乳等に基づく要求や動因の低減とはかかわりなく生活環境における他者（ボウルビィは母子関係を論じているために，具体的には母）との相互作用の結果として発生するとされる。
　"無条件の肯定的配慮"とは，ロジャーズの心理療法理論の中核をなす概念で，セラピストに期待されるクライエントへのかかわりの鍵となる概念である。他者像にかかわるさまざまな事象，出来事を価値的な差異を考慮することなく理解する（percieve）ときに"無条件の肯定的配慮"が成立しているとされる。
　ロジャーズはこれを"受容（acceptance）"と同義としつつ，受容という言葉は誤解を招きやすい（Rogers, 1959, p. 208）として"無条件の肯定的配慮"と表現する。単に表面的で安易な理解を示したり，要求に応えることとは異なるからである。
　ジェラードの"自己開示"とは，成熟した開放的態度，防衛的でない態度を意味する。人は，"聞き手が善意の人であると信ずるときに，自分自身が知られることを認めるのである。自己開示とは，愛と信頼の態度を随伴する。私がだれかを愛すると，私はその人を熱心に知ろうとするだけでなく，私をその人に知ってもらうことで，私の愛をあらわすのである"（Jourard, 1971, 訳書6頁）という。
　相手の"自己開示"は自己の"自己開示"を触発し，自己の"自己開示"は相手の"自己開示"を促すという意味で基本的に相互的なものであると考えられている。
　交換における"平等"，あるいは"必要に応じて"とは，通常は提供される利便，貢献度，努力に対応する感謝の意の表明，服従，返報を行なうことが"公正（fair）"とされるのに対して，親密な関係においてはそれぞれの必要に応じた配分あるいは"平等配分"が"公正"とされる（Deutsch, 1975 ; Mills & Clark, 1982）ことを言う。
　ただし，ミルスらは交換の原理，平等分配の成立の原理を考察しているのであり，"公正"感の有無を論じているわけではない。
　"社会的参画"は，"目標達成への活動に参加し"，"貢献度で評価され"，

"社会的同一性（social identity）"が明確で"条件付きの肯定的配慮（conditional positive regard）"の関係を意味し，"報酬が貢献度に比例して与えられる"関係とされる。

"社会的同一性"というのは，ここでは自己の果たすべき役割，拠って立つべき位置が明確であることを意味している。

"条件付きの肯定的配慮"とは一般に慣用されている言葉ではないが，ロジャーズの"無条件の肯定的配慮"に対比される言葉として用いられている。

シェーバーらの仮説でいう，孤独感の2成分は本書でこれまで論じてきた人間関係の道具的・手段的関係および自己完結的関係を個体内過程としての社会的欲求としてとらえなおしたものにほかならない。

実際に，シェーバーらによれば，集団の目標達成と維持機能（Cartwright & Zander, 1953），"課題志向的リーダー（task leader）"と"社会的情緒的リーダー（socio-emotional leader）"（Bales & Slater, 1955）は，それぞれ"社会的参画"と"心理的親密さ"の実現の機能にほかならないという。

これらは，これまでの章で人間関係の道具的・手段的機能と自己完結的機能として総括した機能にほかならない。

ワイス，シェーバーらの仮説は少なくとも孤独感に関心をもつ多くの研究者のとりあげるところとなっていない。その理由は，一つは，孤独感の実証的な研究に関心を寄せる研究者の多くは，孤独感を個体の特性，例えば神経症などのある程度持続的な個体的特性との関係に関心をもつラッセル（Russel, et al., 1980）らの研究に追従する傾向をもっているためであろう。

もちろん神経症なども定義によってはシェーバーらのいう人間関係の欠如に関係する孤独感と結びつけることは可能であろう。ここでは孤独感の発生の機制を考察し，そこに本書の基本的枠組である人間関係の道具的・手段的関係と自己完結的関係の欠如という視点が見られることが重要な意味をもっているのであり，仮にこれまで神経症と言われる症状と近似しているとすれば，シェーバーらの考察は，神経症の発生の過程の考察への手掛かりを提供するものでもある。

ゲームの報酬の分配において，貢献度の低い構成員は公には貢献度に対応させた比例配分を主張しそれを公正と見なす一方で，貢献度にかかわりなく平等に配分することを主張する構成員を好意的に評価することは先に述べた。また，貢献度の高い構成員は公には貢献度に無関係に報酬を平等に配分することを主張し，それを公正と見なす一方で，貢献度に比例した配分を主張する構成員を好意的に評価することも観察される（奥田，1985）ことも述べた。これは，シェーバーらの仮説が妥当であれば，2種類の社会的欲求の充足を求める過程の内的な葛藤の現われと言えよう。
　しかし，孤独感といわれてきたものに，2つのやや性質の異なるものが区別され得るとすると，これらが孤独感として総称されるべき必然性をもっているのであろうか。
　ワイス，シェーバーとバーメスターの考察からは，われわれの言語上の用語慣習としてこれらが孤独感という言葉で表現されてきたという以上の根拠は示されていないように思われる。
　ワイスやシェーバーらは，とりあえずとしつつ，この孤独感の2つの次元は独立の過程であるとする（Weiss, 1973 ; Shaver & Buhrmester, 1983）。
　しかし，この問題は，孤独感の2つの要素が人間関係の道具的・手段的関係と自己完結的関係の充足あるいは欠如に対応することを考えることで容易に解決することができる。
　なぜならこの2つの関係は人間関係を成立させる不可欠の要素であり，われわれが他者との関係に求める人間関係であると思われること，すでに検討したように両者は発生上背反的であるように見える一方で，後に考察するように相互助長的な関係にもあると考えざるを得ないからである。
　そうであれば，すでに検討したように孤独感の2成分はある場合には負の関係をもち，ある場合には独立であり，ときには相互促進（抑制）的な関係にあるはずである。
　事実，ラッセルとワイスの接点を求めた実証研究の結果は，孤独感の2つの次元の関係および孤独感を1次元ととらえることが妥当か否かに関してはまち

まちの結果を見出している（永田，1999を参照）。

　ラッセルとワイスの仮説の関係を検討しようとしたいくつかの研究は，多変量解析，相関分析による孤独感の成分・次元の分類を試みている（Russell, et al., 1984 ; Vaux, 1988）。しかし，それらは明確な2次元の抽出に成功していない。

　孤独感の2次元は，道具的・手段的関係と自己完結的関係の欠如に対応するというわれわれの仮説が妥当であるとすれば，2次元間の関係は正の関係にも負の関係にもなり得る。分析の資料となる標本の母集団の置かれた社会的文脈への考察を欠く機械的な多変量解析の結果の一般化には慎重でなければならない。分析の対象となる標本におけるこの2次元間の関係にかかわりをもつ他の変数を記述し，その相違による2次元間の関係の相違を吟味する視点をもつ必要がある（永田，1999）。

　以上の考察を背景として構成された孤独感測定の尺度の例を表4-1に示した。先に述べた先行する研究にならい2つの孤独感をそれぞれ"社会的孤立に基づく孤独感"，"情緒的孤立に基づく孤独感"と命名している。

　表4-1の2つの尺度は，それぞれ18～20歳代の男女の大学生，平均年齢が40代の前半である既婚の男性，女性のいずれの資料においても尺度としての信頼性は十分に高いと考えられる（永田，1999）。

表4-1　孤独感測定のための尺度
（永田，1999）

尺　度	項　　目
社会的孤立に基づく孤独感	1．日々の生活に張りがある。 2．日々はつらつと生きているという実感がある。 3．希望に満ちた生活だと感じることがある。 4．自分の生活は充実していると実感することがある。
情緒的孤立に基づく孤独感	1．自分はひとりぼっちだと感じることがある。 2．漠然とした不安を覚えることがある。 3．ふとわびしい気持ちになることがある。 4．どことなく気が晴れないことがある。

これまでのところは"孤独感"と言われる情動の意味の概念的な検討を試みた。この"孤独感"は，果たしてここまでの考察に対応する事実上の根拠をもつのであろうか。

　"心理的親密さ"の欠如に由来すると考えられる"情緒的孤立に基づく孤独感"は，われわれの解釈では自己完結的関係の欠如の指標になり得るはずである。

　平均年齢44.9歳の既婚女性の調査では，"情緒的孤立に基づく孤独感"が強いほど"気が合う人"が"自分をどのように思っているかが気になる"傾向が顕著であることが示された（永田，1999）。

　身近な，親しい"気の合う"はずの人々が"自分をどのように思っているか気になる"というのは，自己像の確立への自信のなさの表明と見ることができると思われる。これは，自分を理解してくれている人が存在するかどうかの不安の表明であると言えるのではないであろうか。"情緒的孤立に基づく孤独感"とはまさにこれにほかならない。

　これは，そこに欠如しているはずの人間関係の形成によって解消する可能性をもつはずのものである。そのように考える直接的な根拠はないが，後に間接的ではあるが，その論拠を提示する。

　以上の枠組を手掛かりとして改めて人間関係における道具的・手段的関係と自己完結的な関係のもつ意味を考えてみたい。

　人間関係の道具的・手段的な側面についてはヒトは生物として生存に必要な条件を確保するためには他の個体との援助関係が不可欠であることは認めざるを得ないであろう。当面，道具的・手段的関係の形成の契機としてはこの事実を前提にすることに大きな疑問はないと思われる。

　道具的・手段的関係に関して新しく提起される問題は，このような関係それ自体がわれわれの社会的欲求であるとすれば，道具的・手段的関係は，単に人間を手段としてその働きという限られた側面において形成され，われわれの全人格性の表現を拒む否定的な人間関係の側面とのみとらえることが妥当なのであろうか。ジェニングス的発想の再検討を要請するのではないかということで

ある。

この点は章を改めて検討される。

他方, 自己完結的関係についても, その実現が期待される根拠は, ボウルビィ, ロジャーズ, ジェラードらの言説においても必ずしも明らかではないと同時に, 関係形成の機制は必ずしも明白とはいえない。

少なくともこれに答える論理の組み立て方としては2つの方法が考えられる。

第一は, ヒトの本性にその答えを求める方法である。ヒトはもともと社会性をもつ動物であり, 他者との関係を求める欲求をもつと仮定することである。

ただし, それが発現する機制にはさまざまな条件が必要であるとすることはあり得る。ワイスらの仮説は基本的にこれに相当する。また, 愛着行動に対する基礎的な心理的機制についてのボウルビィの仮説の論理はこれである。

第二は, 本質に触れることなく, 働きとしての人間関係の意味に言及する方法である。ヒトの生活における群れの働きを考察することである。ヒトは生存のために群れを作る必要があるというのは一つであろう。

これらの回答は, ヒトが群れを作り, 社会性をもつ動物であることの基本的な基盤に言及するものではある。しかし, これだけの考察では今日われわれの人間社会に見られる人と人の関係の機制の成立や, さまざまな人間関係の制度的な仕組みの形成の過程を理解するための手掛かりにはならないように思われる。

次節ではこの点を考察する。

第2節　人間形成の契機としての人間関係

(1) 認知の構造的変容の契機としての人間関係

他者とのコミュニケーションを意図するときには, 普通は, 多少ともその相手が自己のメッセージに応え, あるいは内容を理解しようとすることを予想す

ると考えられる。

　バーロは，相手が存在するという条件のみに規定されて論理的には相手のメッセージと文脈上のつながりのないメッセージが交換される"限定的・物理的相互依存"の例を挙げている（Berlo, 1960）。工場の同じ部門で働く監督（ハリー）と工員（ジョン）のある朝の出勤してきたときの「会話」を想定した仮想の例示であるが，日常，例えば乗り物の中などの目的志向性がないと思われる場面での会話に実例をみることがあろう。

　　ジョン「ハリー，昨晩ぼくの家で何が起こったかいってみようか……。」
　　ハリー「いいよジョン。あのね，うちの組の実験的な組立て作業がうまくいって
　　　　　ないんだよ……。」
　　ジョン「昨夜家に帰ったら，何もかもが頭にくることばかりなんだ。女房がいう
　　　　　には，子どもたちが庭の植木をめちゃくちゃにしてしまって……。」
　　ハリー「早急にフル回転させないとどうなるか……。」
　　ジョン「地下室ではパイプが詰まってしまうし……。」
　　ハリー「現在の契約は守れるが……。」
　　ジョン「そして犬が近所の小さな子にかみつこうとしたり……。」
　　ハリー「ものごとはなかなかうまくいかないものだ。」
　　ジョン「まったくだ。」
　　（Berlo, 1960，訳書137頁より）

　しかし，この場合でも，相手が物理的にであれ，メッセージに反応することがメッセージを送付するという行為に関係していると言える。換言すれば，全く聞く耳をもたないと思われる相手の存在がコミュニケーション行動を喚起することは普通は想像しにくい。

　相手の存在する場合のコミュニケーションの過程を"話し手"という見地からとらえるなら，カプランの言う外言（external speech）の構成となって現われる（Kaplan, 1952）。

　われわれは言語を媒介として思考するが，他者にそれを理解させるためには単に自分自身の考えを自分自身の言葉で表現するだけでなく，多少とも相手の

視点を考慮して表現する。程度の差はあるとしても相手の役割を取得し，相手に理解されやすい表現によってメッセージを構成しようとするのが普通であろう。

聞き手を想定する外言においては，聞き手の見解や知識を多少とも考慮してメッセージが構成される。これは自己のこころ覚えのためのメモの記述である内言（inner speech）とは異なるところである。ただし，外言が相手に何をどのように伝達し得たか，"話し手"のつもりと同じであるかどうかは別の問題である。

人間関係という点から見た場合，外言を構成することの意義はどのようなところにあるのであろうか。あるいはどのような場合，外言を構成してまで相手にメッセージを送付しようとするのであろうか。その一端を検討するための実験をとりあげる。

まず，小学校5年生の女児の作文として以下の文章が用意される。

　"私の母はとても働きものです。朝早くから小さい弟たちの世話や皆の食事の支度，せんたくやそうじでとてもいそがしそうです。それに，とても器用で，学校の腰かけのざぶとんにハイジのとてもきれいなシシュウをしてくれたので友だちからうらやましがられました。

　でも，母は，ほんとうはそうじやせんたくはあまりすきでないのかもしれません。いつかよそのおばさんに『ほんとうは，家にばかりくすぶっていないで，何かちゃんとした仕事がしたいけど，まだ小さい子どももいるし，……』といっていました。

　私は，母がどうしてそんなことを考えているのかよくわかりませんが，母が父のように会社へ行ってお仕事をするのはきっとすばらしいことにちがいないと思います。

　父は，社会科の勉強をきいても，何でもよく知っています。でも母はなんだか自信がなさそうで，すぐに『お父さんにききなさい』といいます。きっと母も会社につとめていれば，いろいろなことがなんでもわかるようになるだろうと思います。

　私がお母さんになったら『お父さんにききなさい』といわなくてもいいようになりたいと思います。私は，女の人も家の中のことしか知らないのでは，つまら

ないと思います。"

　以上の文章を女子大学生の実験参加者に提示し，"女性にとって，充実した人生とは，結婚して家庭の主婦となり，家事や育児に専念する生活を通してはじめて実現される"という意見をめぐる実験参加者の考えを，上記の作文の筆者である小学5年生の女児に書くように求める。次に示すのは実験参加者の書いた小学生へのメッセージの例である。

　論点を定めてメッセージの記述を求めたのは，相手の論点のとり入れの生じる過程を検討するための実験であるからで，単に"文章が上手ですね"といったさしさわりのない反応のみに終始されないための工夫である。

　小学生をメッセージの聞き手としたのは，話し手から見て常識的に知識や文章理解力に相違があるはずの聞き手を設定することでその役割を取得し，聞き手に理解されやすいような配慮のもとでメッセージが記述されているかどうかを判断しやすくするためである。

　Ⅰ．お母さんが家のことを一生けん命やり，そして器用でざぶとんにししゅうまでしてくれてうれしいでしょう。あなたもお母さんになったらお母さんみたいになりたいと思わない。思うでしょう。
　　それからよそのおばさんに『家にばかりくすぶって……』なんていったのはおそうじやおせんたくがいやだからじゃないのよ。今は小さい人がいるからいろいろやる仕事があるからいいけど，小さい人がいなくなった時，自分の仕事が楽になるでしょう。
　　だからそういったのよ。私はお母さんえらいと思うわ。それから，あなたはお母さんがいつも『お父さんにききなさい』というのが不満らしいわネ。今，お母さんは家の事で仕事がいっぱいで社会のことまで手がまわらないのよ。
　　お父さんは会社にいっているんだから社会の事がよくわかるでしょ。だからそういうの。お母さんだって家の仕事が楽になれば社会のこともわかるようになるわよ。あなたが女の人が家の中のことしかしらないなんてつまらないと思う気持ちよくわかるわ。
　　だから，あなたがお母さんになったら社会のこともよく勉強してね。
　　でも家の事もよくしなくちゃだめよ。お母さんは家の人がよろこんでくれるの

がうれしいのよ。

II．私もあなたくらいの時はそう思っていました。何か仕事をもってみたいと思っていました。
　しかし，私は結婚を決意してから家事や育児に専念しようと思うようになったんです。なぜなら私の婚約者がそれを望んでいるからなのです。
　私は今はこの考えに大変確信をもっています。
　彼の望むとおりの奥さんになりたいのです。でも，はたしてこの考えが何年か先にどうなってるかはわかりません。
　疑問をもつような時がきたら，その時またどうするか考えてみます。
（永田，1996の原資料の一部をそのまま引用）

　この例は，論点をしぼるために実験者が提示した"女性にとって充実した……"という意見に対して，事前に"かなり賛成"と答え，作文の筆者である小学生がこの"女性にとって……"の意見に賛成すると推定されるかどうかを作文から判断するように求めた結果は，"かなり反対である"はずだと判断した女子大学生2名の小学生への手紙を原文のまま示したものである。
　すなわち，IとIIの事例は，ほぼ近似した意見をもち，作文の筆者である小学生の意見を，実験者の提示した論点から見ればほぼ同様な位置にあると判断した大学生が作文の筆者である小学生に宛てて書いたメッセージである。
　実験参加者84名の中で，小学生の作文の論旨，論点と関連する論旨のメッセージを記述した者がどの程度の比率でいるかを見ると，作文の論旨，論点に多少とも関連する内容を含むメッセージを記述したものは，実験参加者の84.5%であった。
　上の例は，事例Iは関連性があると見られるメッセージの例で，事例IIは関連性が見られないと判断された例である。関連するかしないかは，実験の目的を知らない心理学専攻の大学院生が判定している。
　これに対して，同じ小学生の作文を提示し，それを参考として自己の見解を自分のためだけのメモ，すなわち内言として記述することを求めた場合には小学生の作文の内容と多少とも関連する論を記述したものは15.7%（実験参加者

83名) にとどまる。

　さらに，上記の，論点として提示した"女性にとって……"の意見への小学生の賛否のみを提示した場合に，その小学生に対して自発的にメッセージを記述したいと思う実験参加者のみにメッセージの記述を求めると，メッセージを記述した者はわずかに6.1%（実験参加者33名）であった。

　これに対して，小学生の作文を提示した場合には，自発的にメッセージを記述したものは35.6%（実験参加者315名）であった。

　相手の論点を知る手掛かりがとぼしい場合には，やみくもにメッセージを送信しようとはしないこと，また，当然ではあるが，あえて実験参加者の知識と同等な知識をもつとは限らないと同時に，日常使いなれている言葉や文章がそのまま通用するとは限らないことを予想させるために"受け手"を小学生としたにもかかわらず，相手の論点を知る手掛かりがある程度あるとしても必ずしもその論点に嚙み合う内容，あるいは言葉によるメッセージが構成されるとは限らないこともわかる。

　さらに，相手（小学生）の意見ともともと対立する意見をもつ実験参加者の中で，相手と近似した意見をもつ実験参加者よりも，相手の論点（作文）に言及したり，相手の論点を踏まえたメッセージを記述する傾向のある実験参加者は，メッセージを記述した後の記述者自身の意見が，記述者のそれ以前の意見傾向を一層強めるものへとさらに構造化され，一見，意見の相違が顕著になることを示すこと，しかし，相手の論点への言及の程度が顕著であるほど，相手から好意的な対応を得ようとする積極的な姿勢を示し，また，相手に知識を積極的に提供しようとする姿勢を示すことが見出されている（永田，1996）。[23]

　　[23]　態度の構造化とは，ここでは態度の極端さと強度が対応するとするガットマン（Guttman & Suchman, 1947）を手掛かりとして態度の極端さと態度への確信の程度でとらえた強度を測定し，極端さと強度が相対的によく対応している場合に構造的安定性が高いとした（永田，1983, 1996）。

　他者と対立する場合に，その相手の視点，論点と嚙み合うような論理をふまえて意見を交換しようとする姿勢は，一方ではメッセージの構成という行為を

通じてその"送り手"のこれまでの意見を強固な安定的なものに構造化するとともに，他方では，相手からの受容を期待し，あるいは相手と知識を共有しようとする姿勢を形成するという一見矛盾した現象が見られるのである。

これに対して，たまたま，メッセージ交換の相手がそれまでの自己自身の意見と近似している場合には，メッセージ交換にともなうこのような意見の構造的安定化は生じにくい。さらに，その場合には他者の論理をとり込むことと他者との積極的なコミュニケーション交換への姿勢とは必ずしも結びついていない。

他者との意見，見解の相違が生じることは，日常しばしば経験することである。しかし，単に異なる見解を見聞するというだけでは，自己の見解の再構造化には結びつくとは言えないことを以上の結果は示している。

単に異なる見解を知るということだけでは，自己の見解の構造化への契機としては十分ではないのである。

ここに述べた実験的事実のように，何らかのかたちでその相手にかかわりをもつことが必要であると考えられる。他の条件が同じであれば，多数者が自己と異なる見解をもつことを知ったときにはそのままそれを受け入れる傾向が生じるのに対して，少数者が異なる見解をもつことを知ったときのほうが自他の見解の統合をはかろうとする努力が生じやすい可能性を示す実験もある (Nemeth & Wachtler, 1983)。

多数者の場合と異なり無批判な同調が生じにくいこと，自己の見解を脅かされる危険が少ないことなどが，相違する見解の内容の検討という姿勢をとることを許容するのではないかと考えられる。

他者の論点を踏まえて自己の論理を整理することが自己の意見の構造的安定化に関係するという現象は，一見その他者との対立を深める可能性を示すように見える。

それにもかかわらず他者との関係を情緒的にも深めようとする態度と結びついていることは，自他の対立，自他の見解の相違を明確に理解せざるを得ないことが，結果として，能動的に共有可能な意見を探索しようとする行動をもた

らす契機となることを示すものではないであろうか。

これらの過程は，関係する人々の相互的な過程として生じると考えられる。ニューカム（Newcomb, 1960）が指摘しているように，人と人との好意あるいは敵意としてとらえられる情緒的関係には交互性が顕著に見られるからである（その事例は枚挙にいとまがないが，最も初期にこれをとりあげたものとしてはTagiuri & Blake, 1953がある）。

換言すれば，他者に対する自己の位置は，他者の存在を無視することのできない関係をもつことによって初めて明確になるのであろう。

前項では，対立する他者とのコミュニケーション関係が態度の構造的変容および対立する他者との関係変革の契機となる場合があることを示した。

その場合に重要なことは，他者という人間関係が重要な役割を果たしていることである。さらに正確に言えば，マス・メディアの論説等も含めて，意見は常に誰（個人あるいは団体）かの意見として述べられるものであるが，その意見は単に聞き流したり，そのように主張する者が存在することを知るだけでは自己の態度の構造的安定性に変化をもたらすものとなる可能性は少ないということでもある。

その他者と好むと好まざるとにかかわりなく，それぞれが行為する主体として意見交換の場を共有することが必要であると考えられる（永田，1996）。それが課題の共有という条件が必要とされる理由である。

(2) **類似性と対人魅力**
　　——再説

ここで類似した他者が魅力的な存在であるという仮説をあらためて検討しておく必要がある。

中学生を実験参加者として，実験参加者にとって身近で重要であると思われる問題をめぐる意見交換の場を実験的に設定した蜂屋（1962）は，"親しみを感じる"，"なかよくしたい"などの項目で表現される好意の形成は，相手が自己と一致する見解をもつことと関係すること，頻繁に対立意見を送付してくる

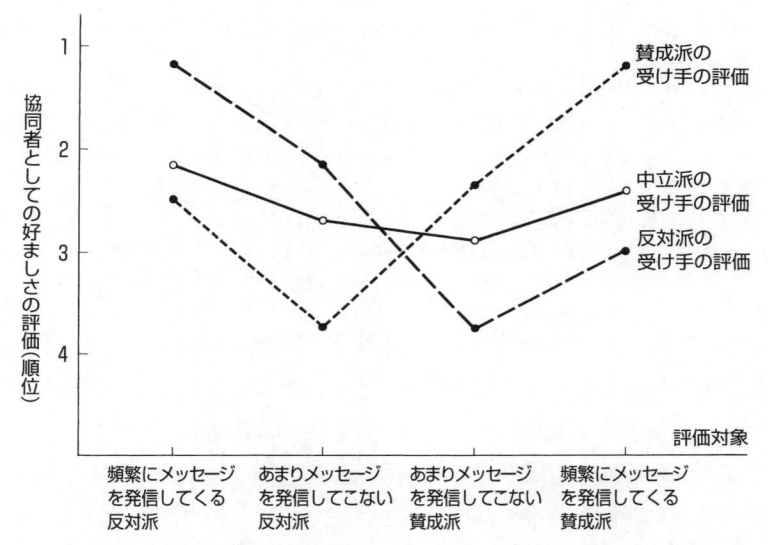

図4-1 自己の見解と合致する意見および異なる意見の相手との意見交換の回数（通信文交換回数）とその相手を今後の仕事の相手として好ましいと考えるかどうかの評価の関係
（蜂屋，1962。一部表記を変更して引用）

相手に対する好意は近似した見解を頻繁に送付してくる相手に対するものに比べると低くなる場合があること，しかし，自己と対立する見解をもつか自己と同意見であるかにかかわりなく相対的に頻繁にメッセージを送付してくる他者は，メッセージの送付という働きかけの少ない他者よりも当面の論題とは直接関係しない，今後あるかもしれない仕事の協同者として好ましいととらえられる傾向があることを見出している（図4-1）。

(24) この実験では，入学試験という方法による学生選抜の方法の是非が論題とされている。メッセージ交換は手紙によって行なわれた。別室の相手から送付される手紙の内容とその頻度以外にはメッセージ交換の相手の人物像に関する情報は与えられない。
　　実際にはメッセージは研究者の手であらかじめ用意され，事前に測定された実験参加者の当該論題に対する態度をもとに，類似の意見あるいは対立する意見を表明するメッセージが届けられる。
　　また1人の実験参加者は図中の4人の相手のすべてとメッセージ交換を行なう。メッセージ交換によって当初の意見を変化させた者は，当初から賛否の意見を明確にもっていた者では少

ない。しかし，もともと中立的あるいは賛否が不明確な者では約60％に意見の変化が生じている。

図4-1はメッセージ交換後に当初の自分の意見を変化させた者を除外して，メッセージ交換の相手を"今後の仕事相手として"どの程度好感をもったかの評定を求めた結果である。

この結果は意見の異同にかかわりなくメッセージ送付の頻度と相手を協同者として高い順位で望ましいとするか否かに対応がみられることから，見解の相違する相手のもつ資源としての重要性を評価したとは考えにくい。

蜂屋も，メッセージを頻繁に送付してこない相手はメッセージを頻繁に送付してくる相手にくらべて自分を拒否あるいは無視していると見なされるのではないかと考察している。

換言すれば，意見の対立はあっても積極的に交渉をもとうとする行動は，かかわりをもつ相手として肯定的に見られるか，あるいは蜂屋も示唆しているように交渉が可能である状況にもかかわらず積極的にかかわりをもとうとしないことが拒否的な態度を形成させるか，またはその両者であると考えられる。

これは他者に存在を無視されないこと，あるいはさらに積極的にかかわりをもつことそれ自体がわれわれにとって重要な意味をもつことを示唆する。

しかし，互いに能動的な主体となる可能性をもつ存在としての他者は，緊張を強いる煩わしい存在でもある。

次に示すのは，およそ500名の大学生に，あらかじめ入室前に各自が手製の仮面を付けて入室するように求め，互いに氏名も学年も学科もわからない状況を構成し，その場で無作為に指名した男女2名の学生に高い演壇の上で"母が子に小言を言う"という状況の設定のみを行ない台本なしで即興劇を演じてもらい，次いで同じ2人に同じ設定で，しかし観衆も演者も仮面を外して再び即興劇を演じてもらった後の演者の感想文を原文のまま示したものである。

仮面をつけた観衆の中には演者の知己も混じっているが，全員に入室前に他人に見られない場所で仮面を付けてくるように求めたのは，演者が誰か，また演者に観衆の中の知己を特定できないようにするためである。

Ⅰ．最初は，仮面を被り，私が母親，相手が息子で，母親が息子を怒っているという設定でした。
　私は相手がどんな人か，どんな顔の人かもわからず，また，どのようにやればよいのか見当がつきませんでした。

仕方なく私は"また，おねしょをして……"と話し始めました。

すると会話をしているうちに，息子の年齢がお互いにずれているのに気付きました。私は息子を小学校低学年ぐらいに設定していたのですが，相手は高校生〜大学生ぐらいの設定でやっていたのです。

仮面を外しての劇では，顔をかくしていませんでしたので，余計に人に見られているという意識が強く，恥ずかしさが増しました。相手の顔もわかるし自分の顔も見られているので，仮面を被っている時のように失礼な事も言えないし，見ている人の手前恥ずかしいこともできませんでした。

ところが，今度は，子どもの年齢の設定がずれることなく出来ました。次に相手が何を要求しているか，顔の表情で察する事ができました。

II. 仮面を付けている時は，相手の表情がわからないせいで，他人がどう思っているかということがあまり気にならない。

表情がないせいで，相手を人間としてあまり意識しなくなる。

また，自分も仮面をつけているせいで，相手に自分が見られていないという意識があって，正面を向いて堂々と思い切ったことができた。

次に，仮面をとってみると，急にテレてしまって，前を見ることができなくなってしまい，その反面，相手の顔を見ることができ，表情もわかってやりやすかった。

また，相手と自分とが同じ立場にいるという親近感を覚えた。

（永田，未発表資料より）

ここには多数の観衆の前という条件の影響もまじっているはずであるが，演技をする2者の関係に焦点をあてて考える。この事例は，人間関係というものは親密であるか否か，理解し合えているつもりか，という単純な2分法ではとらえきれない面をもつことを示唆している。

他者の表情や意図を理解し得たと感じられるとき，自他の関係はそれぞれの視点を考慮することが要求されるという意味で強い自制あるいは相手の意図を理解するための緊張と努力を強いられる。

一方，相互の意図や感情を理解することが可能であると感じられることによって自己の行動の方向づけの手掛かりが得られる。

この2つの要素は，必ずしも矛盾するとは言えないと同時に容易に両立するものとも言えない。自己の行動の方向づけが明確でないことは行動の指針が得られないという意味で不安を喚起すると同時に，他者の情動や行動への洞察を必ずしも必要としない。相手の情動を無視することから生じるかもしれない緊張も生じない可能性もある。

　この事例は多数の観衆を前にしたものであるが，多数の前で話をする，あるいは衆人監視の中で何らかの行為を行なうときには多少なりとも緊張することも事例Ⅰでは明確に触れられている。その緊張の最大の理由は聴衆や観衆が多くなるほど個々の反応を予測し，あるいは弁別する余裕がなくなり，自己の行為が聴衆の肯定的な反応あるいは否定的反応を招いているかを判断することが困難になるからであろう。

　たとえ相手が1人であっても，その相手と正面から向き合わなければならない場合，初対面かほとんど予備的な知識をもたない相手に対しては，われわれは強い緊張感を覚える（Slater, 1958）。

　上記の感想が示唆するように観衆の反応に注意をむける必要がない場合には，たとえ多数の観衆の前であろうとも，それは，緊張を招き行動を慎重に制御する条件にはなりにくい。

　人々の中に融合し，個人としての独自の存在である自己を自覚しないいわゆる没個性化（deindividuation: Zimbardo, 1969）の状況はその典型である。

　他方，観衆が1人である場合に，すでに紹介したニューカムの言う方向づけの共有が成立しているか否かが不明確な状況は，相対するものが自分独りであるために没個性化あるいは実態としての匿名性の確保を困難にするために一層の緊張をもたらすと考えられる。

　他者との道具的・手段的関係は，基本的には他者と共通に直面する状況のもつ課題に基づいて形成されると考えられる。課題の共通性を確認することは自他の関係の体制化の契機となるものであるが，しかし，それは課題という事象を介しての関係であり，自他の全人格性を基盤とする関係ではない。

　課題を巡る関係において，方向づけの如何も含めて，他者を理解することの

負荷と，負荷が高いことに由来する交流への障壁，すなわち例示した場合でいうとかかわりをもたざるを得ない他者との意見の相違，あるいは相手の方向づけそのもののわからなさが，交流への障害を越えるための努力の契機になるのではないであろうか。

別の表現をとれば，課題へのかかわり方を巡る他者との対立を通じて，一致するところを見出さざるを得ない状況が相互の認知的枠組の変更を迫り（例えば，Doise & Mugny, 1979 ; Mugny & Doise, 1978），そこに相互の共通点を了解し合う契機が生じるのではないであろうか。

対立は原則的には緊張をもたらす。それにもかかわらずその緊張に耐えて，課題性をめぐる相互の関係の道具性を探索させ，目標または課題の共有の可能性，相互に可能な貢献の仕方を探索させる要因は何であろうか。

もちろん課題が否応なく協同性を要請するという認知が成立していることが必要であろう。しかし，そのような協同性を認知する基盤には，対立を経ることが，結局はそれを回避するよりも相互の了解に到達するという経験が必要なのではないであろうか。

課題を巡る相互依存的関係を前提としない自己完結的関係の成立の契機を何に求め得るか，何を契機として相互に理解可能か否かを知ろうとするかの説明は困難なのではないか。

すなわち，課題の共有という前提が必要とされるのではないであろうか。

しかし，道具性の成立は，自己完結性の成立をもたらすとは限らない。道具的機能の実現の過程で相互の差異（非類似性）の認知が，関係の崩壊をもたらす可能性のほうがむしろ高いと思われるからである。

以上の過程に，個人の内的過程としての孤独感が対応するのであれば，社会的孤立に基づく孤独感の発生は，必然的に情緒的孤立に基づく孤独感の発生をもたらすことになろう。

しかし，われわれが他者との関係を限られた機能においてかかわりをもつ役割関係のみに終始することになれば，社会的孤立を回避することは可能であるとしても，情緒的孤立に基づく孤独感を回避することはできないのではないで

あろうか。

　情緒的孤立に基づく孤独感の発生の背後には社会的孤立に基づく孤独感があるとは限らないことになる。

　ここに，2つの孤独感が区別される理由と，両者がともに孤独感と呼ばれる理由があると考えられる。

　北海道浦河に"べてるの家"といわれる精神障害をもつ人々の共同生活の場がある。ソーシャルワーカーが活動の拠点として住み込むようになったことを発端として障害をもつ人々が共同生活を始めたものである。

　ソーシャルワーカーや国立病院の医師といった支援者の力が大きい支えとなっていることは事実であるが，昆布の加工，販売などの事業会社を自主的に設立するなど，障害をもつ人々の自主的な運営で維持されている。

　以下は，ジャーナリストの斉藤道雄のルポルタージュからの引用である。

　　　べてるの家のミーティングは，いまでは毎日の作業前のミーティングだけでなく，金曜日の全体会議，共同住宅のミーティング，分裂病者やアルコール依存症の集まりなど，一週間に十指を超えるミーティングがくり返されている。定例のミーティングだけでなく，問題があればそのつどミーティングを開くから，日によってはほんとうに飯の数よりミーティングの数のほうが多い。

　　　そのミーティングを見ていると，はじめはどこがいいのか，なにが力なのかと思う。一見形式的で表面的で，深い議論があるわけでもなく活発なやり取りが聞けるわけもない。みんながてんでにつぶやくように発言するか，ほとんど黙っているだけなのだ。しかも話はいったりきたり，おなじことのむし返しできわめて非能率的だ。けれども最後には出るべき意見が出ているし，みんなが納得できる形での結論にたっしているというのがべてるのミーティングなのである。／その秘密は「納得」というところにあるのではないかと思う。（略）

　　　かって共同住居のなかに，ひとり乱暴なメンバーが住んでいたことがあった。若くて腕力があり，なにかといってはほかのメンバーを殴ってしまう。（略）金がないといっては殴り，パチンコで負けたからといっては殴る。だれかれのみさかいもなく殴るので住人は生傷が絶えず，パトカーがやってくることもあった。もうたまらない，出ていってほしいとの声があがり，みんなでミーティングを開くことになった。話しあいは予想通り苦情の声が続出し，川村先生（市内にある

第4章　人間関係が人をつくる

国立病院の精神科医）によれば彼には共同住居から出ていってもらおうということでいったんは決まりかけていた。
　ところが，である。
　「話がそっちの方向に進もうとしたとき，あるメンバーが『いや彼も困っているんだ。彼も追いつめられているんだ，つらいんだ』と，被害者のなかから加害者を救おうという声が出ました。その声が徐々にみんなの意見になっていって，『そうだ，彼に必要なのは応援なんだ』，『彼を追い出して排除すればすむ問題ではないんだ』という声に意見がまとまるんですよ」
　そして彼がなぜ暴力をふるうかについて，いろいろな証言が飛び出してくる。パチンコで負けたとき，靴下が買えなかったとき。要するに彼にはお金がないとムッシャクシャして暴力をふるってしまう。（略）
　「（略）ついにどんなことがおきたかというと，彼にお金を渡そうということにメンバー全員で決めました。そのときは五千円を貸そうということに決まったんですね。そこで加害者の彼に早坂君が五千円を，みんなの前で授与するというセレモニーが行なわれました」
（斉藤，2002，71頁以下。「　」内は川村医師のことば，（　）内は引用者の注記）

　この事例は，原著者もいうように精神障害者であることによる特異なエピソードとは言えないであろう。われわれがなぜ寄り集まって生きているのかについて，人間関係が果たす機能から見ても，緊張をもたらすものであると同時に安心をもたらすものであるという意味でも矛盾に満ちたものでありながら，なおかつ関係を保たせる力が働いていることを如実に示すものであるように思う。

第5章　人，人間関係，社会

第1節　"自分捜し"の時代

(1) 集合的同一性と個人的同一性
　　——"捜される自己"とは何か

　新聞記者の夫とテレビ局記者の妻。任地の都合で別居生活である。待望の妊娠と診断され，双子であると告げられる。医師に，高齢での初めての出産の上に双子だから母体がもたないかもしれない，仕事は辞めたほうがよいと言われる。
　夫が育児休暇をとる可能性を上司に打診するが，会社に制度そのものも存在しない上，制度を作る考えもない。夫を気遣う妻は，仕事に未練があるにもかかわらず，自分が辞めてもよいという。しかし，結局，夫が辞表を出して，いわゆる専業主夫となる。

　　「お母さん，早く帰ってくるといいね」
　　夕方，泣きやまない和平（双子の1人）を抱っこしてミルクをやりながら，妻の帰りを待つ。足もとには，とり込んだおむつが散らばっている。（略）
　　学生時代，髪結いの亭主にあこがれたことがある。「女房に食わしてもらいながら，売れない小説を書くってのもおもしろいぜ」などと言いながら，友人と酒を飲んだりした。
　　しかし実際に主夫になってみると，たまに世間体が気になって恥ずかしくなる。昼間に洗濯物を干していて，よくお隣の部屋の奥さんと顔を合わせるけど，自分のことをどう思ってるんだろう。（略）

第5章 人，人間関係，社会

　主夫になってなくしたものに，肩書きと名刺がある。春までいた新聞社は，県民なら誰でも知っている有名企業だ。「○○新聞社　記者吉田義仁」と書いてある名刺を出せば，ずけずけとどこにでも入っていけた。相手は初対面でも信用してくれたし，笑顔で話をしてくれた。タクシーチケットを忘れて，チケット代わりに名刺を渡したことも何度かある。かわいい娘がいる飲み屋でも，結構ばらまいた。（略）
　それがいきなり，ヒモまがいのうさんくさいおっさんになってしまった。（略）／考えてみると，「○○の吉田」と名乗る肩書がない生活は，小学校に入って以来初めてだった。（略）自分がどこにも所属していない，肩書がないというのは，想像以上に心細いことだった。（略）
　私はここ二，三ヵ月間，「サラリーマンに戻りたい病」におかされている。重症である。
　朝，ネクタイをして会社というところに出かける。目標をもって，同僚と仕事をする。（略）
　とりあえず，ひとつだけは処方薬があった。新聞に自分の育児体験を書くことだ。
　昨年の九月から週一度，朝日新聞の福島県版に「主夫の育児ノート」というテーマで，育児体験を書いている。（略）
　私は，子供のころから日記を書く習慣がある。子供ができてからのできごとは，仕事の反省などとともに詳しくメモしていた。（略）
　だから，新聞に出すからといって格調が高まるわけでもなかった。（略）今さら新聞記者のプライドも持っていない。毎回極めて個人的な話を書き連ねていた。（略）／ところが，あるときから書く意味が変わってきた。ワープロを叩きながら，「おれはここにいるぞ！」と心の中で叫んでいる自分に気づいた。文を新聞に載せてもらうことで，自分が社会とかろうじてつながっていることを，何とか確認していた。
（吉田，1992，96頁以下。引用中のカッコ内は引用者の注記）

　男性が経済力を担い，女性が育児，家事を分担するというこれまでの家族の役割分担から外れている気恥ずかしさもある。
　他方，引用部分にはないが，妻が帰宅後に家事や育児についてささいな小言を言うことにもいらだつこともある。主夫としてのプライドを傷つけられるか

らである。

　しかし，ここで注目したいのは名刺に書ける肩書きがないことの戸惑いであり，それは新聞に原稿を書くことによって社会とのつながりが確認できたと考えることで癒されるということである。これは何を意味しているのであろうか。

　エリクソン（Erikson, 1956）は，フロイト（Freud, Sigmund, 1856-1939）を引きつつ，自己において変わることのないもの（self-sameness）および他者と共有する持続性のある何らかの基本的な性質が一体となったものを同一性と呼ぶ。

　同一性の概念が心理―社会的（psycho-social）と表現されるのは，自己自身と他者が基本的特質（essential character）を共有することを本人自身が理解していることが重要な意味をもつからである。

　同一性の概念には多様なとらえ方があるように見える。ストライカーとバークは，社会学あるいは社会心理学的な視点からの同一性に関する諸説の出発点をミード（Mead, George H., 1863-1931）としつつ，同一性に関係するこれまでの関心を，社会構造と自己の関連に注目するか，自己の確証の内的過程に関心を寄せるかの2つの方向に分けられるとした上で，両者の関心の統合を模索する必要があるという（Stryker & Burke, 2000）。

　ガーゲン（Gergen, 1971）にならって自己自身を定義する概念，または自己自身に関する概念の集合を自己概念と呼び，自己概念を規定する他者に了解可能な内容を同一性と呼ぶとすれば，ここで重要な意味をもつのは他者に了解可能な自己概念の内容は何か，ということである。

　ストライカーらの指摘を，エリクソンと結びつけると，同一性とは，単に自己自身の不変性の感覚を意味するだけではなく，自己自身と他者が共有する基本的性質をも含むものとして再構成される必要があるということになろう。

　タジフェルらのいう社会的同一性の意味を個々の自己概念，すなわち個人的同一性（personal identity）の一側面ととらえて，自他の差別化のみにかかわるものと理解するのではなく，そこには自己を社会的単位に包含させる自己の非個人化（depersonalize）の意味があるにもかかわらずそれが理解されていないという指摘（Brewer, 1991）は重要な意味をもっていると考えられる。

第5章　人，人間関係，社会

　われわれは個としての存在であり，しかし同時に社会的存在でもあるというのは，これを意味する。

　われわれが他者との関係において存在し，自己自身の定義そのものが社会的に成立している以上は，他者と自己の関係が明らかになることがとりもなおさず自己が何者であるかを明らかにすることであると考えざるを得ない。

　このように考えれば，自己概念の重要な側面として，個としての独自性のみでなく，クーンとマクパートランド（Kuhn & McPartland, 1954）が指摘するように，自己一概念として内在化され，情動，評価をともなう社会的に意味をもつカテゴリーあるいは社会集団への所属の認識，すなわち，より一般的には，今日，社会的同一性（identité sociale；social identity：Tajfel, 1972, p. 292；Turner, J. C., 1981）と言われるものの確認という側面を無視することはできないであろう。

　クーンとマクパートランド（Kuhn & McPartland, 1954）の定義を援用すれば，同一性とは成員資格について社会的に共通の理解が得られる集団，階層の一員という意味でその範囲が他者に"了解可能（consensual）"な自己概念と，伝統的な心理学的な意味での自己概念が意味すると思われる人格特性その他の個の特性による自己記述である個の独自性に関係する個人的同一性（personal identity）が区別されるとともに，同一性の2つの側面としてこの双方を考慮に入れる必要があると考えられる。

　クーンとマクパートランドの表現に従えば後者の内容は，"私的なものとして了解（subconsensual）"されるものである（Kuhn & McPartland, 1954）。

　"社会的同一性とは自他の所属する社会集団あるいは社会的カテゴリー上の区分に関係し"，"個人的同一性は同一の社会集団あるいは社会的カテゴリーに属するもの，すなわち内集団（in-group）の他者との差異に基づいて個を定義する個としてのカテゴリー（self categories）である"（例えば，Turner, et al., 1994）。

　換言すれば，一方は社会システム上の位置を示すものであり，他方は同じ位置を占める人々の間の個としての独自性から見た自己定義である。社会的同一

性は集合的なカテゴリー間での対比という文脈で表現されるものであり，個人的同一性は同一の集合の内部での個性の表現である。

これらが自己定義としての意味をもつためには，いずれも人々の間でその意味が理解される必要がある。すなわち，これらは社会的真実性をもたなければならない。個人的同一性もわれわれの社会において個体的特徴を記述する際に意味をもつ内容でなければならない。すなわち，これも社会的な共通の理解の上に成り立つものであるが，それは社会システム上の位置を示すものではない。

従来から，集合的カテゴリーによる自己定義に基づく位置づけは社会的同一性と呼ばれ，個としての自己の定義を基礎とした位置づけは人格的同一性と呼ばれるのが一般的である。しかし，これらの示す自己定位の意味は異なるとはいえ，いずれも社会的な共通の理解の上に成立するものである。社会的同一性という言葉は，その意味で漠然とし過ぎている。これは，伝統的な心理学，社会心理学が個の外に社会が存在するかのようにとらえていた発想の影響であろう。

ここでは，集合的カテゴリーに基づく自己の定位を集合的同一性と呼ぶことにしたい。他方，集合内での個体的特徴に基づく自己の定位は人格的同一性と呼ばれることが一般的であるが，人格的という言葉は価値的な意味合いを感じさせる。また，本来の意味での"人格"に限定されるものでもない。われわれはこれを固有の特徴に基づく自他の定位にかかわるものであり，変わることのない個（self-sameness）という意味を明確にする意図から個人的同一性と呼ぶことにしたい。

集合的同一性は，直接接触をもつ他者との関係という個別的で具体的な状況における自己の行為の方向や期待される機能を示すのみでなく，直接接触の機会をもたない人々と自己の役割の関係をも明示する。集合的同一性は，直接触れることのない他者との関係をも示すものである。われわれは直接相対することのない多くの人々との間接的な関係をも視野にいれて行動することができる。その行動の機制を理解する上で集合的同一性は一つの鍵となる概念である。

例えば，今日，われわれの社会では，職業や帰属する団体，組織体の種類を

第 5 章　人，人間関係，社会

具体的に示すことによって，ここでいう社会的に共通の理解が得られる成員資格が自明の集団，階層の一員として他者にもその位置が"了解可能"になる場合が多い。

先の専業主夫は，"県民なら誰でも知っている有名企業"に籍を置いていたことを回想し，"主夫"という肩書きによる自己の位置を十分に受け入れることができない（恥ずかしい）。[25]

> [25] "主夫"という肩書きが集合的カテゴリーとして自己と社会の関係，社会における自己の役割を明示する意味をもたないというのは，原著者の心境を解釈したものであって，一般論ではない。
> 　主夫はとにかく，主婦という肩書きを社会的な役割を示すものであると理解する人々は必ずしも少なくないように思う。

彼には，主夫という位置が社会的に自明の肩書きとして通用するという自信がない。主夫という役割によって社会とどのようにかかわることができるかという確信がもてない上に，自己の役割が他者に理解されるかどうかに不安がある。

集合的カテゴリーによる自己定義，すなわち，集合的同一性の拠り所が本人自身にも曖昧であるために社会との関係が途絶したような疎外感を味わっていたのである。同時に，"県民なら誰でも知っている"ということにも重要な意義がある。集合的同一性は，直接対面する他者のみでなく，直接的な接触のない人々に対しても自己の位置を提示する意味を担えることが重要なのである。

ここで，第1章で紹介したジェニングスの公的に規定される義務あるいは行為の分担，すなわち本書でいう人間関係における道具的・手段的関係を思い出す必要がある。集合的カテゴリーによる自己定義は，道具的・手段的関係からみた社会システムにおける役割，機能の自覚的な表現にほかならない。

他方，個人的同一性についても第1章のジェニングスの表現を借りるのが理解しやすい。役割や義務といったその機能によって限定されることのない全体的な人格性についての自覚的表現にほかならないのである。

藤永（1997）は現代のわれわれの社会をとりまいている閉塞感の背後に，

"物"という欲求充足の手段や目標となるものがある程度充足された後にわれわれが新しい人間的価値の創出や実現という目標を見出し得ないでいる空虚感があることを見る。

"自分捜し"と言われるときにわれわれが見出したいものは，藤永の言う人間的価値の創出や実現なのではないであろうか。この人間的価値の創出とは何であろうか。それは，われわれの存在を確認するうえで役立つ今日に生きる人々に納得可能な新しい集合的同一性なのではないか。

なぜ，集合的同一性なのかは次の項および第2節で検討される。

(2) 同一性確立への要求を示す一事例
　　——血液型性格関連説への関心

次に示す事例Ⅰ，Ⅱは，ともに50代の既婚女性の自己紹介のための自己記述の例である。2人とも子どもがいる。事例Ⅰは専業主婦で，事例Ⅱは気ままな自由業的な収入のある仕事をもっている。

　Ⅰ．負けずぎらい，さびしがり屋であるが他人にはそんな素振りは見せたくない。他人から「やり手」と思われているので一生懸命それに添う様努力しているが色々とコンプレックスをもっている。

　　自分で決めた事は徹底的に遂行するが，他人に対してもそれを求めてしまう。家族を非常に愛しているが自分の枠からはみ出た行動を取られると腹が立つ。

　　他人から頼られると自分を犠牲にしても頑張ってしまう。

　Ⅱ．私は○○と申します。現在52歳で子供は3人居ります。会社員の主人と82歳になる母と暮らして居ります。（略）童話の翻訳をしたり，中学生に英語を教えたりして，楽しみながらの仕事をして居ります。（略）本を読むことは半分は楽しみですが，半分は仕事ですが，いつかは翻訳でないオリジナルを書いてみたいというのが夢です。子供も成長し，自分の時間がとれるようになりましたので，これからまた，がんばらなくては……と，自分に言い聞かせる毎日です。
（永田，2000の原資料から。資料提供者を特定する可能性のある（略とした）箇所以外は原文のまま。これらの原資料は1993年から1995年にかけて収集されている）

第5章 人，人間関係，社会

　この2つの自己像について，クーンとマクパートランド（Kuhn & McPartland, 1954）の言う社会的に共通の理解が得られる成員資格が自明の集団，階層の一員という意味で，他者に"了解可能"な存在である自己の確認の手掛かりとなる自己の記述，自己定義——心理学的に言えば自己概念——への言及，換言すれば社会システムの中での役割——への言及，集合的同一性を示す記述が見られるかどうか注目したい。

　事例Ⅰは，集合的同一性の表現と見ることのできる内容は"家族を愛している"という言葉からわずかに推定できる既婚者というカテゴリーに属する内容があるのみである。しかし，それも既婚者であることを主題としての表現とは言えない。それに対して，"負けずぎらい"，"さびしがり屋"，"「やり手」と思われている"，"色々とコンプレックスをもっている"等々は社会的役割の記述とは言えない。記述者の個人的同一性にかかわる自己定義であり，これについては冗舌である。

　ここで社会的役割による自己定義というのは，常識的な意味でこの人物に対してどのような役割を期待してよいのか，この人物とどのようなかかわりをもつことが可能かについての記述者自身による明示，すなわち道具的・手段的機能の自覚を示す内容のことである。

　事例Ⅱは，年齢，家族構成，会社員の妻，童話の翻訳家といった社会的な位置，機能を示すと思われる集合的カテゴリーによる自己像が含まれている。また，"英語が得意"らしい，"生活を『楽しんでいる』"らしい，"本を読むのが好き"などの固有の特性による自己定義も明示されている。初対面であってもこの人物とどのようなことを話題とすることができるかを示している。重要なことは，われわれがこの人物とどのような役割関係を構成できるかの手掛かりを含んでいることである。

　事例Ⅰは，われわれの調査によれば，いわゆる血液型性格関連説および"占い"などの人間診断に強い関心を示した人の典型的な自己記述例である。集合的同一性を示すと見られる自己記述の内容はきわめて乏しいと言わざるを得ない。集合的同一性の拠り所が本人自身に明確でないことを示していると考えら

れる。また，同時に集合的同一性の拠り所が明確でない（種類が少ない）人々は自己の個人的同一性を示すカテゴリーの種類も貧弱である。

　事例IIは，血液型性格関連説や占いなどの人間診断への関心の低い人の自己像である。関心の強弱，高低は相対的なものにすぎないが，この2つの自己像は，クーンとマクパートランド（Kuhn & McPartland, 1954）の言う社会的に共通の理解が得られる成員資格が自明の集団，階層の一員という意味で，他者に"了解可能"な存在である自己の確認の手掛かりとなる自己の記述，自己定義——心理学的に言えば自己概念——への言及，換言すれば社会システムの中での役割（道具的・手段的意義の自覚）との関係での自己の位置づけがどの程度見られるかに注目すると，その差異は明白である（永田，2000）。

　ABO血液型と"性格"が関係するという説は，古川（1927）に起源をもつとされる（溝口，1986，1987；大村，1986，1988，1989）。ここではその現代版ともいわれる能見（1971）の『血液型でわかる相性』，『血液型と性格ハンドブック』（1985，ただし，これには1981年3月という日付の入った前書きがある）等も含めてABO型血液型によって"性格"が診断できるとする説を血液型性格関連説（佐藤・渡邊，1992）と呼ぶ。[26]

> [26] 血液型と"性格"が関係するという説は，血液型気質（相関）説などとも呼ばれる（溝口，1986，1987），ABO型血液型と"気質"が関係するという古川（1927）に起源をもつとされる。
> 　古川は，気質研究をギリシャのヒポクラテス（Hippokratés, 前460～375頃）から説き起こす。"気質"とは"人の精神的素質を智・情・意とした時"の"情意的素質"を意味し（古川，1932，4頁），これはどのような教育を受けるか，どのような生活環境に成育するかという後天的な要素が加わって成立する性格の基礎となるものとされる（古川，1932）。
> 　したがって，古川においては"気質"と"性格"は異なる意味で用いられていた。しかし，本書は古川説等の妥当性を論じることが目的ではないからこの点は重要な論点ではない。
> 　実際には，古川自身"物事ヲ苦ニシナイ方"，"引込思案デナイ方"などの質問によって自己診断を求め，古川のいう"気質"を測定している。これは，現行の自己診断による性格検査で用いられる質問項目と基本的には同じである。

　詫摩と松井の調査によれば，血液型によって性格診断が可能であるという説を信じる人々は，概して"おみくじ"や"占い"を信じる傾向があること，し

かし，これと，いわゆる超能力を信じるかどうかは直接の関係をもたないことが示された（詫摩・松井，1985）。神秘現象への関心と血液型性格関連説への関心の基盤は決して共通ではないということである。

先に血液型性格関連説への関心と"おみくじ"などへの関心を心理的には共通する基礎をもつと見なしてわれわれの資料を紹介したのはこの詫摩・松井らの研究に基づいている。

表5-1は，集合的同一性と個人的同一性の認識の程度を実証的に確認するために自己についての自由な記述を求め，その内容を分析する目的で作成した

表 5-1 同一性確立の程度を判定するための自己記述内容の分類カテゴリーの例

（永田，2000より一部を改編して引用）

カテゴリー	例　示
集合的同一性関連カテゴリー	
『性別』：	"男に生まれて……"
『年齢』：	"老齢です"
『学歴』：	"……高校出身です""学歴がない"
『結婚』：	"結婚しています""独身です"
『家族』：	"息子がいる"
『職業』：	"夫の店の手伝い""専業主婦です"
『所属団体』：	"○○会社員です"
『居住地』：	"A町に住んでいます"
『出身地』：	"生れは○○市です"
『家族および配偶者の職，学歴・在学校』：	"夫は小さい会社につとめています"
個人的同一性関連カテゴリー	
『氏名』：	
『仕事』（収入をともなわない継続的な仕事）：	"ボランティアで人形の製作を教えています"
『価値観，人生観，生活態度，生活設計，生活の所感，趣味』：	"金持ちになりたい……"
『性格，能力，体力』：	"ほとんど病気はしません"
『人間関係』：	"実家の病弱な母の手伝いに行っています"

注：どれほど多様なカテゴリーを用いて自己を記述しているか，すなわち使用カテゴリー数の多さを同一性確立の程度の高さの指標とする目的で作成されたもの。
　　同一のカテゴリーに属する内容が異なる表現で繰り返し記述されていても，それは数えない。

表5-2　3種の血液型性格関連説関連のテキストの内容
（永田，1995，形式は一部改編）

カテゴリー	『血液型で わかる相性』 [1]		『ハンド ブック』 [2]		『おもしろ 読本』 [3]	
	テ	キ	ス	ト		
集合的同一性関連カテゴリー						
『年齢』：	3	3.1%	10	13.3%	7	5.3%
『学歴』：	4	4.2	1	1.3	0	0.0
『結婚』：	29	30.2	8	10.7	32	24.1
『職業』：	28	29.2	17	22.7	24	18.0
『所属団体』：	55	57.3	23	30.7	36	27.1
個人的同一性関連カテゴリー						
『価値観等』：	71	74.0	39	52.0	70	52.6
『性格等』：	86	88.6	41	54.7	82	61.7
『人間関係』：	85	88.5	40	53.3	96	72.2

[1]能見正比古（1971）　　[2]能見正比古（1985）
[3]能見俊賢（1983）

注：（1）カテゴリーの定義は表5-1参照。なお，表5-1にあってこの表にないカテゴリーはそのカテゴリーに該当する内容がテキストに見出されないことを意味する。
　　（2）内容分析は，テキストの小見出しでまとめられている文章を1単位として，各単位毎にカテゴリーに該当する記述が1つでもあれば，その分析単位には当該カテゴリーに含まれる内容があると判定した。表中の数値は該当する単位数を，％は，全分析単位に対する当該内容を含む単位の比率を示す。
　　（3）これらのテキストには，血液型研究史なども記載されているが，それらは分析対象から除外されている。

分類カテゴリーの例である。後に述べるように，このような分類カテゴリーとしてどのようなカテゴリーが意味をもつかは歴史的，社会的条件で変化する。その意味でこれは今日という時代の暫定的なカテゴリーである。

　表5-2に表5-1の分類カテゴリーに基づいて，1970年代後半以降の血液型性格関連説のブームに関係するとされる典型的なテキストを選び，その内容分析を試みた結果を示している。

　いわゆる血液型性格関連説のテキストがとりあげている事柄には，心理学者のいう"性格"のみではないこと，職業適性や組織人としての適格性，すなわ

ち集合的同一性に関連する内容に言及している部分が多いことがわかる。

血液型性格関連説が提供する情報が何であるかは実は古川自身が自説の職業適性や相性判断への応用を提言することで回答している（古川，1931）。すなわち，専門家のいう"性格"特徴をも含みつつ，それを超える社会システム上に自己を定位するための情報をも提供しているのである。現代版の内容からこれを示したのが次の例である。

> どの血液型にも人生の出発点で恵まれ，すんなりとエリートコースを歩む人もいるものですが，それらの一部の人を除くと，血液型によってさまざまな不満と挫折があるものです。
> O型→若いときに職を転々とする人が多いのが特徴です。しかし，30代くらいでピタリと止まり，専門性の強い職業に就くことが多いようです。しかも，その専門知識や見識も見事に深めていきます。……（能見，1983，170頁）

もちろん，そこで提供されている情報は，単なる可能性であり，そこに至る道筋も明らかにはされていない。しかし，あたかも望みさえすれば，あるいは望まなくても，定位されるべき社会システム上の位置が示されることによって社会的存在としてのわれわれの存在感を実感させることになるのではないであろうか。

われわれの調査によれば，集合的同一性が相対的に確立されていると見られる場合には，第4章で述べた"社会的孤立に基づく孤独感"も"情緒的孤立に基づく孤独感"もともに低いことが明らかになっている。

さらに相対的に集合的同一性も個人的同一性もともに確立されているものは"情緒的孤立に基づく孤独感"が低いものの比率が高く，2つの同一性の確立の程度がともに低い場合"情緒的孤立に基づく孤独感"が高いものの比率が高い（永田，1999）。

何が人々を血液型性格関連説に関心を向けさせるかは1，2の単純な理由によるものではないであろう。しかし，少なくとも，われわれの自分捜しが既存の枠組による同一性の確立，とくに集合的同一性の確立への手掛かりのなさと

関係し，さらにそれは個人的同一性の確立とも関係すると仮定できるとすれば，血液型性格関連説は同一性の確立への明確な手掛かりをもたない人々に何程かは同一性確立への代償的手掛かりを提供する役割を果たしていると言えるのではないであろうか。

さらに，同一性の確立の程度が孤独感とかかわることは同一性の確立への要求が社会的動物としてのわれわれの存在を支える重要な意義をもつことも示唆しているといえるのではないであろうか。

社会的存在としてのわれわれは，必ずしも対面的な関係にあるとは限らない人々をも含む社会において自己がどのような役割，道具的・手段的役割を担っているかを確かめることによって社会的存在であることの確証を得ようとするのであろう。

詫摩・松井は，血液型性格関連説は"自分の運命や人の行動を予測する道具"（詫摩・松井，1985，29頁）の役割を果たしていると言う。"おみくじ"や"占い"を信じる背景に，運命，運勢などと言われるような未来への予言を求める気持があると推定される。

諸橋（1985，1986）は，1980年代初期の大衆誌の内容分析から，血液型性格関連説の流行の背後に自他を知ることへの要求を見る。

自己の社会的な役割や位置を確認することが困難なとき，その見通しを得るための情報として血液型性格関連説が機能している場合があることを示唆するとともに，自他の関係，巨視的には社会における自己の位置を知ることは，社会的な存在である以上，不可欠の情報であると言えるのではないであろうか。

(3) 血液型性格関連説への関心の消長の意味するもの

ABOの血液型によって"性格"を判断する（例えば，能見正比古，1971，1985；能見俊賢，1983）という話題は，今では少しも目新しいものではない。プロ・スポーツ選手の名鑑には大抵選手の血液型が記されている。芸能界の新人紹介でも，テレビ情報誌のアナウンサーの紹介記事にも，血液型が書かれている。積極的な関心はないとしても，血液型で"性格"を知ることができるの

第5章　人，人間関係，社会

は当然である，と思う人も少なくないかもしれない。

　血液型性格関連説は今や，新奇な情報というよりも，魚が水の中にしか生きないという知識と同様に，単なる事実を示すかのような情報になっている可能性もある。

　ここで検討しようとすることは，血液型と"気質"あるいは"性格"が関係するという説がもっともかどうかということではない。古川学説（古川，1927，1932）とその現代版（能見，1971）と言われるものの復活（大村，1989）の背景を考察することである。

(27) 上瀬（1992）は，自己に関する情報の収集を動機づける欲求の存在を仮定し，これを自己認識欲求と名付け，これを測定する自己診断的な尺度を構成している。自己に関する情報とは，自己の"性的魅力"や"知識量"あるいは"どういう人物か"といったことである。上瀬はこの自己認識欲求の強さと性格診断の専門家の手による本格的な心理テストを受けたいという気持ちとの関係を調査している。
　その結果は，両者の相関係数は.15（221名の大学生女子の資料）で，統計的には有意（相関は零とはいえない）であるが，関連の度合いは大きいとは言えないものであった。
　この研究では調査の回答者である女子大学生が専門家の行なうテストがどのような情報をもたらしてくれるものと理解していたかが明らかでないという問題はある。

　血液型性格関連説がその内容の当否は別として人々の関心を呼ぶことになったかについてはいくつかの論議がある。

　例えば，大村（1998）は，マスメディアの影響力や女性の普遍的無意識に血液型と相性をむすびつけて考えようとする視点があるという（大村，1998，73頁）。普遍的無意識とはユングのそれであるように見える。これは，個人的体験の抑圧によって生じた無意識とは異なり，個人を超えて普遍的に存在すると仮定される無意識を指している。

　また，血液型性格関連説の論理構造が多義性をもつために，もっともであると思えば思い込むことが可能であるという指摘（大村，1988，1990，1998）も一つの論点になり得るであろう。

　もともと"性格"や"気質"は専門的にもそれほど容易に診断できるものではない。また，単純に類型分けができるものでもない。分類自体が，極論すれ

ば日常的な生活上の利便のためにほかならない。

　さらに，日常生活の経験から一般の人々が判断する場合，同一人物に対しても見る人が異なれば別の人物像が描かれることはいくらでもあり得る。

　古川説が公表されて間もなく，守安（1933）は，小学校教師に古川説に基づく血液型別の気質特徴を示し，受け持ち児童の血液型を予想させた場合には古川説に合致する判断は50％であったのに対して，児童のそれぞれの血液型とそれに対応するとされる気質特徴を提示して，個々の児童の気質がそれに該当するか否かの判断を求めた場合には75％が古川説を支持する判断を示したことを報告している。

　"そう思えば，そう見える" ということである。これは，判断の枠組，仮説（パラダイム）が認知の内容を規定する枠組の働きをもち（Bruner & Postman, 1949），情報をとりこむ特定の情動的，知識的枠組の働きが顕在化するという現象にほかならない。本人の仮説が，事象を理解するための枠組を顕在化させる道筋をつけて，その事象を他の枠組から見ることを困難にさせる（例えば，Srull & Wyer, 1980）例である。

　また，村田・木下（1993）も血液型性格関連説を材料に，思い込みの正しさを保証するような情報に選択的に関心が向かうことを示した。期待に添うように事実が選択的に認識されやすいことを意味する。このような観点から見て，血液型性格関連説の論理構造がこれを否定させにくい特徴をもつと言えそうである。

　しかし，これらの指摘は，血液型性格関連説への関心には時代的あるいは年代的な消長があるという事実を説明するには難点があろう。血液型性格関連説がよくあたるように見えることと，血液型性格関連説が流行し，流布することは別の問題である。

　血液型性格関連説は，1930年代および1970年代から1980年代に多くの人々の関心を引きつけ，一般への流布，浸透が見られたと指摘されている（松田，1991，1994）。

　例えば，1931年には無料で血液型を検査する百貨店や，血液型を検査して結

第5章 人，人間関係，社会

婚と職業の適否を占う者が出現したといわれる（松田，1991，1994）。

岩井は，"現今の，わが国に於て，その実際的応用を急ぐかの如くにも見られる。戒心すべきものは，この対大衆的効果である"（岩井，1934，181頁）と述べている。一般の人を巻き込む話題性をもつに至った（松田，1991，1994）ことに関係して，岩井は古川説そのものの十分な吟味が必要であることを指摘したものである。

一方，さきに挙げた能見の著書の出版は1971年であるが，1969年以降1991年までの，題名や目次に"血液型"の言葉を含む書籍を国会図書館の目録から検索した奥田ら（奥田達也ほか　1992　日本心理学会第33回大会自主企画配布資料，佐藤・渡邊［1992］より引用）は，医学専門書を除いて1974年，1985年，1990年に出版物の点数の山があることを明らかにしている。

血液型性格関連説を"確からしいと思い"肯定的な意味で"気になる"と述べる人の比率は，1984，85年以降の資料ではほぼ35〜80％の間に散らばる（岩見・滝本，1986；大村，1995；佐藤・渡邊，1992；詫摩・松井，1985）。

これ以前の比較可能な調査資料は見出せない。しかし，大村（1998）も指摘しているように，太平洋戦争中，人々は住所，氏名と自分の血液型を記した布巾を胸につけていた。空襲の際の救急的な輸血のためであったと考えられる。

古川説が世間に流布した後に，多くの人々は自他の血液型を否応なく知ることになる。しかし，太平洋戦争下に名札の血液型をもとに，その性格や結婚の相性が話題になったことを示す資料は見出せないように思われる。単に新聞，雑誌がとりあげなかっただけなのであろうか。

血液型性格関連説の流行には時期的な変動があると考えるほうが無理がないように思われる。

そうであれば，かりに血液型性格関連説への関心が，普遍的な無意識的深層に起因するとしても，その普遍的な無意識がある時期，格別に血液型性格関連説等への関心として顕在化してきたと考える必要があるのではないであろうか。

松田（1991，123頁以下）は，1930年代の血液型性格関連説の一般への浸透の原因を，浜口首相へのテロ事件による輸血に関係して血液型への関心と古川説

の"自分の性格を知る"方法を結合させる方向に"大衆の関心が動いた"ためと見る。

類似した内容のメッセージに繰り返し接触することの影響は否定できない（例えば，Back, 1961）という意味では，マス・メディアの影響も考慮する必要があるかもしれない。しかし，マス・メディアがとりあげるのは，受け手の側に受け入れる素地があると予想されるからでもある。

ある時代に顕著な現象として，"自分の運命や人の行動を予測する道具"，本書の理解から言えば，同一性の確立に資する情報を，格別に必要とする理由があったのではないであろうか。

その点を検討する前に，同一性の拠り所となるカテゴリーそれ自体が固定したものではないこと，少なくともその表現型は変化し，ある場合には創造されていくものであることを見ておく必要があろう。

第2節　人間関係，集団・組織体，社会

(1) 集合的同一性と個人的同一性の成立

1）顕在化される同一性の変動　同一性の成立，とくに集合的同一性の成立に関して重要なことは，第三者が見た集合体，集団への所属，成員性が，本人の認める集合的同一性の拠り所であるとは限らないことである（例えば，Gurin, et al., 1980）。

あるカテゴリーが自他の異同を記述する上で意味をもつかどうかは，カテゴリーの属性そのものによって固定的に規定されているわけではない。

われわれは多様な集合体に属し，多様な社会的意味をもつカテゴリーに自己を帰属させている。どのような社会的文脈に位置しているかによって，そこで自己の行動に関係するものとして顕在化する集合的カテゴリーは変化する可能性がある。顕在化しないものは当面のところカテゴリーとして機能しないと考

第5章　人，人間関係，社会

えることができる。
　個人的な固有のものとしての自己像も，どのような文脈において自己を位置づけるかによって記述に用いられるカテゴリーは変動する。
　例えば，同年輩であるが相対的に特権的位置にある学生と特権的位置にあるとは言えない職業訓練生に，両者の比較の意図を述べることなしに，学生と職業訓練生一般のイメージとして，その趣味，社会への関心などの記述を求めた場合には，学生と職業訓練生が記述するそれぞれの一般的人間像には格別の相違は認められない。
　しかし，事前に学生と職業訓練生のそれぞれの人物像の対比，比較を示唆した後に人物像の記述を求めると，自己の所属するカテゴリーの人物像は他のカテゴリーの人物にくらべて好意的に描かれる（Doise & Sinclair, 1972）。
　しかし，好意的かどうかではなく，評価という点では，対比される他のカテゴリーに属する人々よりも自己の属するカテゴリーに区分される人々の価値が高く評価されるともかぎらない（Doise & Sinclair, 1972）。
　政略的，戦略的な意図に基づいて特定のカテゴリーを意図的に顕在化させることが提案された例がある。
　1944年に，沖縄占領に備えて，アメリカ軍はハワイの日系人の調査をもとに，沖縄の歴史，民俗，言語などに関する調査報告書を作成し，ハワイにおける本土出身者と沖縄出身者との対立に注目し，沖縄占領を円滑に行なうために，本土の日本人と沖縄県民とが異なる集合的カテゴリーに属することを顕在化させることで戦争継続中の日本本土との心理的な分離策を講ずることを提案している。
　以下は，その報告書の一節である。

　　（沖縄の人々が本土の人々に）虐げられてきたという気持に向かわせ，それを増幅させる宣伝を行ない，日本人として括られるものとは対比される自らの属する集団との同一視という問題を吹き込むことは（占領政策遂行に）効果を挙げるに違いない。迫害の犠牲者が権利を主張するのは今だ，という感情は，実際に表だって現れることはないであろうが，彼らの居住地，国土に侵入しようとする

（アメリカという）敵の計画を黙認させるように仕向けるのに役立つであろう。
(Office of Strategic Services, Research and Analysis Branch, 1944, 沖縄県史資料編2　沖縄戦2［原文］122頁。カッコ内は引用者の補足）

　カテゴリーは，自他の位置づけを必要とする状況に応じて顕在化し，機能すると考えられる。換言すれば，上記の例は，沖縄の人々の役割に本土の人々と同じ道具的・手段的機能を見出させないための方策として考案されたと言うこともできよう。
　同一性の拠り所となるカテゴリーは，どのような文脈で自他の異同が対比されるかによって，どのように顕在化するかが異なってくる。
　また，ある方向性を志向する明快な見解をもつ人々は，方向性のある見解をもたない人々と比べると，当該の問題に対する見解の相違を峻別しようとする (Hovland, et al., 1957)。
　すなわち，当該の状況に関係する明快な判断，見解をもつ人は，それに関する自他の相違，他者間の相違を区別する一層細分化されたカテゴリーを保持していると考えられる。
　"子どもが就学前の年齢のときに母親が外で働くのは好ましくない"などの意見に否定的な女性が，これらの問題に対する同性間の意見の相違に敏感に反応するのに対し，育児という役割を重視する女性は，この種の問題への考え方の相違に格別の意味があるとは考えないことを示す資料（Gurin & Markus, 1988）がある。
　前者にとっては，自他の関係を組み立てる文脈によっては，同性か異性かというカテゴリーよりも，女性の社会参加への姿勢の相違が，自他の位置づけに用いられる重要なカテゴリーとなり得ることを示唆している。
　同一性の拠り所となるカテゴリーが本人の所属する現実の集合体と一致するとは限らないものの，今日の社会では，一般的には，職業，性別，年齢，民族，人種などは集合的同一性の拠り所となるカテゴリーになり得る条件を備えているようである。
　それは，根拠の有無に関係なく，これらの分類，あるいはカテゴリーがそれ

それに属する人々の社会的な機能，役割を指示していると見なされやすいからである。

換言すれば，あるカテゴリーが，多くの人々に社会的な役割や意味をもつとは思われなくなれば，それは同一性の拠り所としての意味も失うと考えられる。

> I．"俺が貴様を絶交したのは，貴様の妹君に求婚して断られたからだ——考えてみれば俺たちは若かったなあ。いい時代だった。妹君はお元気か？"
> "眞津子か？ 元気だ。エビスビールの技師をやっとる橋本卯太郎に嫁いで幸福に暮らしとるよ"。（略）
> "いい時代だった，俺は明日死んでも悔いることはない，恨むこともない。考えてみろ，御維新前だったら，俺は熊本の片田舎の貧乏百姓で一生暮らさねばならんかったろう。貴様は武士の子だ，俺は百姓の子だ。貴様などと言ったらお手打ちになる……。"
> （石光，1988，650頁以下）

> II．祇園あたりで見かける舞妓とは全然違う。白壁のように塗り立てて作り上げた芸妓ではない。かといっていかにも貴族ぶって，身分を鼻にかけているご令嬢というタイプでもない。そんないい方があるかどうか知らないけれども，さしずめ京の下町娘という感じで，肌の瑞々しさといい，姿の初々しさといい，土屋は柄にもなく，しばしその美しさに見惚れた。
> （土屋，1978，190頁）

事例Ⅰの"武士"，"百姓"とは，この文脈においては社会的に意味のある集合体の一員，社会的な機能の位置づけを意味し，その意味で集合的同一性の表現と見なし得るであろう。しかし，ここに登場する２人は，陸軍士官学校の同期生である。両者が同じ集合的カテゴリーに属することを認めあっていることがこの文章から理解できる。

この２人にとって，その時点で自らの役割，道具的・手段的な側面から見た意味のあるカテゴリーはエリートである陸軍士官学校の卒業生ということと，それに基づく社会的役割である。"武士"，"百姓"ではない。

事例Ⅱの"舞妓"，"貴族"，"令嬢"，"下町娘"などは，集合的なカテゴリー

になり得る。少なくとも当時の一般的な知識としては集合的カテゴリーであったであろう。

しかし，異性と親しくつき合う機会の乏しかった旧制高校生にとっては，異性という外集団の中での特定の人物の，個としての独自性は"肌の瑞々しさ"，"姿の初々しさ"という表現で述べるのが限界であったのであろう。適切な個人的特性を記述する十分な語彙をもちあわせていないのであろう。

しかし，このⅠ，Ⅱの2つの記述からは，今日では現実的，具体的な人物像を想起させることはかなり困難ではないであろうか。今日，"武士"の家系の出であるか"下町娘"かどうかが，相手とのかかわり方に関係する重要な情報であると思う人は少ないのではないであろうか。

1990年代の前半期に行なった中年以上の人々に回答を求めた調査では，居住地は自己定義に資する一つのカテゴリーとして用いられる場合があることが示されている（永田，2000）。しかし，"下町"といったカテゴリーは，もはや一般には意味をもたない言葉ではないであろうか。

2）同一性の拠り所の多様性と時代的変化　同一性が如何なる事柄を内容として成立しているかは単純化すれば，"あなたは誰"といった質問に対する回答から推定される。しかし，このような問いに対する回答は，聞き手の意図，聞き手と自己との関係によって答えるべき文脈が規定され，回答者はその文脈と，文脈に沿った自他の役割関係の判断に基づいて自己の定義の仕方が変化する可能性がある。

次に示すのは，著者の資料から無作為に選んだ54歳の会社勤務の既婚男性の調査協力者が，筆者が用意したリストの中から"家族"，"私的な仲間"，"職場"，"世間一般"に対して自己定義をする際のキーワードとして選択したものである。

「家族に対する自己像」
　　集合的同一性関連カテゴリー：男性，ある年齢の人，親（父），夫，一家の主，働き手，保護（庇護）者
　　個人的同一性関連カテゴリー：皆のまとめ役，個人的なことの相談相手，スポ

ーツの好きな人，よき理解者，信頼できる人
「私的な仲間に対する自己像」
　集合的同一性関連カテゴリー：○○会社の管理職，ある年齢の人，上級生
　個人的同一性関連カテゴリー：役に立つ人，気持ちのよい人，スポーツの好きな人，ともだち
「職場の同じ部署の人に対する自己像」
　集合的同一性関連カテゴリー：管理職，職業上の技術者などの専門家，重要な仕事をしている人，職場の上司，職場の先輩（同僚，後輩），○○家の一員，有能なはたらき手
　個人的同一性関連カテゴリー：個人的なことの相談相手，仕事に熱意のある人，指導性のある人，ともだち
「世間一般に対する自己像」
　集合的同一性関連カテゴリー：○○会社に勤めている人，○○会社で責任ある立場の人，○○会社の管理職，○○大学の卒業生，ある年齢の人，ボランティアあるいは趣味の団体の一員，○○に居住している人，働き手，学校の先輩
　個人的同一性関連カテゴリー：信頼できる人，ともだち
（永田，1989，日本教育心理学会小講演の原資料から）

　自己定義という表現は一般には理解されにくい。そこで，"それぞれの状況であなたはその状況を共にする人々にどのような『顔』を見せていますか"という質問によって用意された『顔』のリストから当てはまるものの選択を求めた結果である。

　これを見ると，状況によってここでいう『顔』には少なくとも表現上の差異があることがわかる。

　われわれはそれぞれの文脈において，その状況を構成する人々に対して意味のある自己像を中心に，自己の行動を方向づけていることを示唆している。したがって，その状況を構成する人々の中での役割が異なれば現象的にはそれだけ異なる概念での自己定義があり得ることを意味する。

　しかし，同時に上記の例は，個々の表現をこえて，異なる状況に共通する中核的自己像の存在を示唆するものでもある。この回答者は，状況の変化にもかかわらず"しかるべき組織体の管理職であること"や"無為徒食"の人ではな

く社会のシステムに関連して何らかの役割を果たしていること，個々の人間関係においては"信頼される人物"あるいは"友人"として他者に受け入れられていることが自己定義の中核的内容となっている。

3）同一性の拠り所の変化と創出　少なくとも現象上は，集合的同一性と個人的同一性を示す具体的な内容は普遍的な一般性をもつものとしてはとらえることはできない。

すなわち，その社会的状況，巨視的に見れば歴史的，文化的文脈の中でどのようなカテゴリーが自己定義のために用いられるかは変動する。

ウッドとザーチャ（Wood & Zurcher, 1988）は1818年から1972年までに書かれた日記を材料としてそこに現われる自己記述をもとに，自己の定位の基準，手掛かりが，歴史的に見て，次第に"制度（institution）"とのかかわりによる自己定義（われわれのいう集合的同一性の表現）から"衝動（欲求[impuls]）"による自己定義（われわれのいう個人的同一性の表現）へと変化することを予想したターナー（Turner, R. H., 1976）の仮説の検証を試みている。

"衝動"に関係する自己記述，例えば"食べる"，"飲む"，"くつろぐ"ことに関係する自己記述は現代に近づくにしたがって高い頻度で見出されている。しかし，"制度"に関係させての自己記述は，予想されたような時代に対応した漸減傾向を示していない。これは，集合的同一性の確立が（歴史的，社会的な意味で）どのような状況においても重要な意味をもつことを示唆するものであろう。もちろん重要であることが，実際にそれを可能にすることを意味するものではない。

しかし，記述される"制度"の具体的内容は"コミュニティ"，"信仰にかかわる団体"，"仕事（労働）"などから"社会階層"，"民族"や人為的に編成されるいわゆる第2次集団としての近代的集合体である"組織体"などへと移行している。

国民国家の成立に関係する民族意識の高揚や産業社会化にともなう近代的組織体の成立という背景と関係するのであろう。

集合的同一性の拠り所となる自己定義は，他方では他者に対する自己の役割

を明示する意味をもつ。それは，自他の関係にかかわる課題に対してどのような働きが期待されているかの相互の理解にほかならない。

これは，環境のもたらす課題に応えざるを得ない日常的な世界における自他の役割がどのように認識されているかの問題である。役割関係は相互依存関係を意味する。単に自己の同一性の確認のみでなく，自他の協同性を支えるための共通する部分の認識，あるいは共通しない部分の認識についての相互理解の成立が必要である。換言すれば，個性ではなく非個性化された部分の相互認識が必要とされる。

伊藤（1985）は，井上（1973）の考察を背景として，われわれの社会を巨視的な視野から展望して，企業，官僚組織など巨大化し系列化した集団領域となった公的生活領域——ターナーのいう"制度"のシステムと，微少化し自閉化した集団領域となった私生活領域——ターナーの"衝動"の世界——との極端な分離によって，われわれを私生活領域での自己の確立という問題に直面させることになったと指摘する。

伊藤の指摘は，私生活領域において自己を確立することが可能であるという意味ではない。公的な生活領域と私生活領域との乖離に基づく"アイデンティティの危機"の予測である。

しかし，集合的同一性による自他の定義は，われわれの社会が，どちらかと言えば否定しようとしてきた社会的ラベル，レッテルによる自他の分類にほかならない。

われわれの社会は，このようなレッテルによるステレオタイプ的人間把握を拒否することによって近代化を果たしてきたのではないであろうか。家柄，出自，年齢的な適齢期，学歴，性別などによる固定した役割の期待に拘束されることを否定しようとしてきたはずである。

しかし，現代が"自分捜しの時代"であるとすれば，すなわち自己定義が見出しにくいとすれば，それは伝統的なステレオタイプ化された自己像を拒否する一方で，それにとってかわる新しい集合的同一性が見出せないことを意味しているのではないであろうか。

私生活領域のみでの自己の確立は社会的存在としてのわれわれの存在証明としては不十分なのである。"不安の時代"というのはこれを意味していると理解されるべきであろう。
　しかし，このような危機的過程を経て，われわれはよくも悪くも新しい集合的カテゴリーを創出していくのであろう。ハワード（Howard, 1991）や船津（1998）の言葉を借りれば，"人間は社会構造の現実を認識し，それに意味を付与し，自らの位置や行為の方向に照らして解釈し，それを変更し，再構成する"（船津，1998，413頁）可能性を考慮する必要があろう。
　次に示すのは「学校への税金投入に高齢者は反対した」という見出しの新聞報道である。

　　　「金をためて引退後はフロリダに住む」。これが20世紀，多くの米国人の夢だった。（略）
　　　65歳以上の住民は全米一の19％。一方で，児童生徒1人当たりの教育予算は全米の最低水準だ。
　　　2年前，メキシコ湾に面したマナティ郡で，公立学校の校舎補修のため消費税を0.5ポイント上げようという住民投票が大差で否決された。高齢者が反対した。（略）
　　　州議会では，75歳以上のドライバーに視聴覚試験を導入する州法案が5年連続で否決された。（略）
　　　年齢とともに衰える運転技量を危ぶむ人々がどんなに訴えても，ここでは老人団体が一致して反対に回る。（略）
　　　「少子・高齢化が進むほど，高齢者の政治活動が組織的になって活発化し，子どもの利害と正面から衝突する」。（略）過去30年にわたりフロリダの人々の投票行動を分析した結論だ。
　　（略）
　　　やはり高齢者が集まるアリゾナ州。2年前，高齢世帯ばかり約3000戸が暮らすコミュニティで「学校区離脱」を求める住民投票があった。この街は周辺の街とともに，広域で学校を運営する「学校区」を構成する。
　　　「若い人だけが恩恵を受ける学校運営のために税金を払い続ける悪平等。学校区から離脱させてほしい」というのだ。

（朝日新聞　2000年1月3日朝刊から一部を省略して引用）

　自己定義をどのようなカテゴリーによって行なうか，そこに相手や定義を必要とする状況にかかわりのない固定した枠組があるとは言えない。自己の居住地をもって自己記述をする人々が必ずしも少なくないことはすでに述べた（永田，2000）。

　しかし，上記はアメリカの例であるが，伝統的な意味での地域社会のまとまりを困難にする諸条件が顕在化した例であろう。地域社会の運営に対する財政負担（納税）と今後の展望の相違が，地理的同一地域に居住する一員であるというカテゴリーに比べて相対的に強い意味をもって顕在化したことを意味しているのであろう。

　単に同じコミュニティに属する人々という集合的カテゴリーが同一性の拠り所としての重要性を低下させたことを示している。

　「専業」農家が70～80％を占めていた地域に国家的プロジェクトとして都市が建設され，およそ30年後の1985年には地区による差はあるものの「専業」農家が数％あるいは十数％に減少した筑波研究学園都市の住民の意識調査を継続的に行なってきた上笹・堀（1993）は，1976～80年時点で20年以上現住地に居住していた"在来住民"との比較から，研究学園都市建設の初期の計画的移住に基づいてこの都市の居住者となった人々やさらにその後に移住してきた人々の意識には，後者において"コミュニティへの積極的な関心・関与"が見られないことを明らかにし，"「近代的意識（近代合理性特に手段的合理性）」をもち，「コミュニティに積極的関与」を示す，近代市民社会的な望ましい意識をもつ集団は該当するものがない"（上笹・堀，1993，330頁）ことを明らかにしている。

(2)　同一性の形成に関する試論
　　　——集合的同一性と個人的同一性の形成
　同一性，とくに集合的同一性の形成過程はこれまでのところ十分な解明が行

なわれたとは言い難い問題である。

　しかし，われわれの仮説はすでに第4章で提示したつもりである。すなわち，他者と課題を共有することを契機として相互のコミュニケーションを通じて他者との協同化をはからなければならない過程が人々の関係を形成する上でいかに重要な意義をもつかということである。

　第4章ではこの道具的・手段的関係の形成を他者との自己完結的関係の形成への過程でもあるととらえた。他者と共有する部分を確認する過程であるという意味で，集合的同一性の確認への過程でもあることはもちろんである。

　換言すれば，集合的同一性の確認の過程と個人的同一性の確認の過程は必ずしも画然と区分することはできない。両者は，相互に他を規定しつつ統合されて行動としてのまとまりを構成していると考えられるからである。

　しかし，集合的同一性と個人的同一性の形成の過程は，それ自体としては理論的には区別されるように思われる。なぜなら，同一の集合的カテゴリーにあることが確認されて後に，はじめてそのカテゴリー内の個体的独自性の主張が意味をもつと考えられるからである。

　個体的独自性の確認が先行した場合，その独自性は何に対するもので，独自であることがどのような意義をもつことになるのであろうかという問題に答えることが困難であろう。個人的同一性の確認が先行する可能性は少なくとも論理的には理解しにくい。

　ここで重要なことは，共有されることが確認されることによって集合的同一性としての機能を果たすようになる共通部分は，当事者や第三者がすでによく知っている既存の集合的カテゴリーの中から選択されるだけではなく，新たに創出される可能性を考慮に入れる必要があることである。

　一方が目的を達すると他方は目的を達成することができない競争関係におかれた対立する2つの集合体が，協同関係を形成しない限り解決することのできない"さらに高次の協同行動を必要とする目標（supercoordinate goal）"を見出すことによって競争関係を解消して協同関係を形成するというシェリフら（Sherif, et al., 1961）の知見に対して，ドワーズとシンクレールは，現実に利害

の衝突が生じない場合でも集団間の対抗的行動が生じることを示し，シェリフらの理論が限られた条件のみをとりあげていることを指摘している（Doise & Sinclair, 1972）。

　この種の実験研究においては，実験変数の純粋性を保持するために，実験参加者が相互に他を区別する何らかのカテゴリーを手掛かりとすることがないように実験変数として導入される名義上のカテゴリー以外には，実験参加者が自他を区別する可能性を極力排除するのが普通である。

　他に相互の区別の手掛かりがない場合に，何らかの名義的カテゴリーを顕在化させることが，提示されたカテゴリー上で区別される人々の間の対抗関係を喚起する可能性があることには疑問の余地は少ない。しかし，どのような過程を経て名目的なカテゴリーが創出されるのであろうか，という問いに対する回答はここには存在しない。

　これに応えるには，その萌芽を見出すこともできない新たな集合的カテゴリーが発見され，あるいは創出される過程を明らかにする必要がある。この点に関する十分な資料は今のところ提出されているとはいえない。しかし，以下の事例は多くの示唆を含むものと思われる。

　折井・宇野（1987）は，長野県南安曇郡における"古民家再生"というイノベーション――新しい構想が地域に普及していく過程――に，入会の動機として"継承された家観念"という個々の動機的契機と，"古民家を維持することの自負心"および"生活の場としての家の機能評価"が，"古民家再生"を目指した"民家を守り育てる会"への入会後のコミュニケーション・ネットワークによる会員相互のコミュニケーションを通じて特定の態度または社会行動の特徴を共有するようになることで"イノベーションの知覚による問題意識の自覚・補強"をもたらす過程をとらえることができるとしている。

　"古民家再生"とは江戸期までも含む大正期以前の民家を修復・改築し，伝統的な木造住宅建築の構造や形式を尊重しつつ機能的には現代生活に合致し，なおかつ耐用性は高いという利点を活かす構想を言い，"民家を守り育てる会"はそのための自発的地域住民の会である。

"継承された家観念"と呼ばれているものは"先祖代々から継承されてきた自宅が後世に引き継がれて行くこと"への期待の態度であり，"生活の場としての家の機能評価"とは"老朽化して住みにくくなった古民家は，改築，改修によって生活の場として将来も機能する可能性が十分ある"という認識である。
　"継承された家観念"という一見保守的観念が"古民家再生"という新しい方向性を主張する社会集団の形成をうながした過程を浮き彫りにしたものと考えられる。
　このような新しい方向性が提起される過程，運動体としての社会集団の形成，すなわち新しい集合的カテゴリーの創出は，同時にそれにかかわる人々の自己概念の変容の過程でもあると考えられる。これは新しい集合的カテゴリーの中でのこれまでとは異なる視点からの人間関係の再構成，形成の契機にもなり得る可能性がある。すなわち新しい個人的同一性の確立の契機をもたらす可能性があろう。
　自己概念とはそれ自体が集合的カテゴリーとの関係によって形成されるものであり，新しい集合的カテゴリーの創出は新しい個人的同一性の発見を含む新しい自己概念を見出す可能性をもつ。新しいカテゴリーを見出し，それと関連させて自他を位置づけるということはとりもなおさず自己の再定義にほかならない（例えば，Turner, J. C. et al., 1994参照）。
　折井・宇野の言うコミュニケーション・ネットワークの形成によって，ネットワークにつながる人々の間にコミュニケーションを通じて特定の態度または行動を共有させるということは重要な知見であると思われる。
　しかし，その背景には"継承された家観念"という新しい課題の認識が不可欠の要因として働いていると思われる。
　このような新たな運動体の形成におけるコミュニケーション・ネットワークの果たす役割の重要性を指摘する実証研究は少なくない（例えば，広瀬，1993参照）。しかし，上記の例で言えば，"継承された家観念"というこれまでになかった価値観，課題の認識の成立過程をどのように理解すればよいのかは明らかとは言えない。

都市コミュニティ形成に関する住民運動の過程を調査した今野（1992）は，運動体の形成の過程における地域の人間関係，コミュニケーション・ネットワークの果たす役割と同時に，街づくりに対する積極的な態度の有無という要因が関係していることを指摘している。

これらの態度要因は，跡取りが地域に残る目処がついている，持ち家である等の条件とかかわりがあることが明らかにされているが，もちろん因果的には双方向的な関係を考慮するほうが理解しやすいであろう。街づくりへの熱意が，跡取りの確保や持ち家を可能にしているとも考えられるからである。

同時に，このような問題を検討する場合，われわれはややもすると新しいカテゴリーの形成にのみ注目しがちであるが，新しい集合的同一性の顕在化のためにはそれに対比される集合体の顕在化の過程が必要であると思われる。

先に挙げた事例になぞらえると，"古民家保存"（折井・宇野，1987），ごみ処理問題にかかわる資源ごみの分別回収によるリサイクル（広瀬，1993），コミュニティ形成に関する運動（今野，1992）などの人々が自らを新しい集合的カテゴリーに属すると見なす重要な契機となるコミュニケーション・ネットワークによる結びつきの形成の過程には，それに対比され，あるいはそれを否定し，対抗する集合的カテゴリーが人々の関心の中に顕在化する必要があるように思われる（Drury & Reicher, 2000 ; Reicher, 1984, 1987, 1996参照）。

カテゴリーは，他との区別の手掛かりとして機能するものである以上は，新しいカテゴリーの発見のためには集合的であれ個人的であれ，新しいカテゴリーと区別され，対比されるべき異なるカテゴリーが顕在化される過程がなければならないからである。

第3節　微視的心理過程と社会現象をどのように関係づけるか
——血液型性格関連説の流行を例とした事例的試論

(1) 微視的心理過程の変動——一つの方法的試行のための事例研究
　　1930年前後と1970年代後半を読む

　個人の内的な心理過程と社会現象，とくに巨視的なレベルで把握される現象を直接結びつけるには媒介過程を特定する上で無理が多い。心的過程と社会過程の関連を具体的に示す理論的な模型を提示することはきわめて困難である。

　人の行動に関係してわれわれが蓄積してきた知識は，一方では，変数の純化を目的として極度に抽象化された実験室内で操作された刺激か，あるいは微視的な心理的変数間の関係の記述のみに終始し，これらの心理的変数と連関をもつ可能性のある巨視的社会的諸変数の記述を欠いている場合が多い。

　序章で述べたアッシュの実験では，判断対象に対する実験参加者個々の特異な先行経験の効果を排除するために線分の長さの判断という材料が用いられたと考えられる。しかし，実験参加者はどのような意味をもった課題として理解したかは不明である。線分という抽象化した刺激を用いただけにかえって実験参加者の自由な解釈にゆだねられていたという意味で多義的であった可能性もある。変数の統制の厳密さを意図した結果として，逆に変数の意味が曖昧になっているかもしれないのである。しかも，そこでの意味のとらえ方を推定する手掛かりをどこに求めるかを示唆する理論的模型をわれわれは構成するに至っていない。

　内的な心理過程と巨視的社会的変数の関係を把握する必要があることは，これまでもさまざまな言葉で語られてきた。

　本書の主題あるいは本書でとりあげている問題に関係する現象を素材として，心理過程と社会過程との双方を総合的に視野に入れるための，一つの試行的考察を試みたい。

ここでは血液型性格関連説の流行をいかに説明するかの問題を一つの事例としてとりあげる。

血液型性格関連説が，1930年代に専門家の間の論争ではなく，一般の人々をも巻き込む話題になったことは，岩井（1934），松田（1991, 1994）等の示唆するところである。また，1970年代の半ばにその復活が見られたとされていることもすでに述べた。

血液型性格関連説の流行が1930年前後と1970年代半ばに見られたことが事実とすれば，血液型性格関連説の流行，流布にかかわる要因は何であろうか。

少なくともその時期に固有の社会的諸条件とは無関係な現象であるかのように論じることは困難であろう。

第4章では自己完結的関係の充足にかかわる現象として自己開示という行為について述べた。

自己開示に関する研究は多岐に上るが，自己開示という概念が一般化する以前から"自己の心情を言語的に他者に対して表現する"ことは，青年期の人間関係とくに親子関係に関心をもつ研究者の関心を引く現象であった。

そのために，"われわれは誰に対して自己開示を行なうか"に関する相当数の調査報告が存在する。

図5-1，5-2は，中学生を調査協力者として集められた"自己開示"の相手に関する諸研究の結果を単純化して示したものである。

多様な地域で行なわれ，多様な調査項目によるものである上に，協力者の母集団の性格もほとんど記載されていない資料を集約したものである。個々の研究の調査回答者数も多いとは言えない。また，これらの研究も先行する諸研究の方法や研究課題をそのまま繰り返しているのではなく，開示内容を特定しない一般的な自己開示から，進路選択や友人関係の悩みなど，開示される内容と開示の相手の対応関係などを明らかにしようとしたものなどがある。

そのために諸研究の結果はそれほど単純に比較できるわけではないが，"誰を開示相手とするか"を中心的な研究課題としているという点で共通点をもっている。

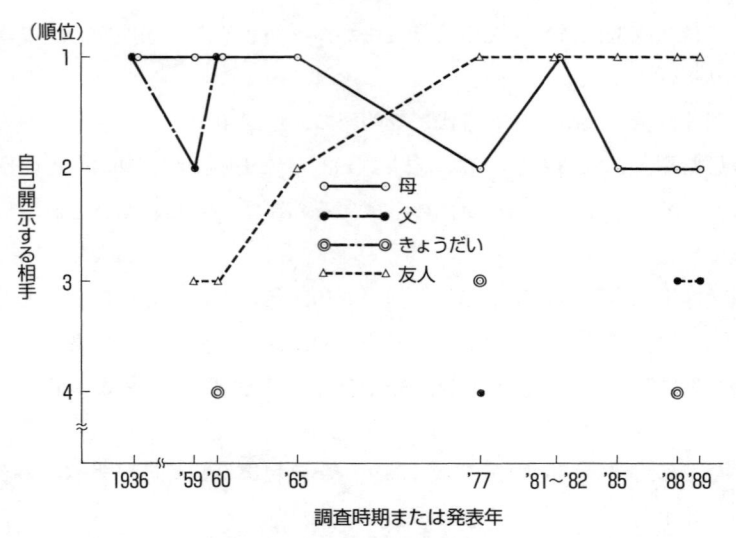

図 5-1 中学生男子生徒の自己開示の相手の時代的変化
（永田，1990より作図）

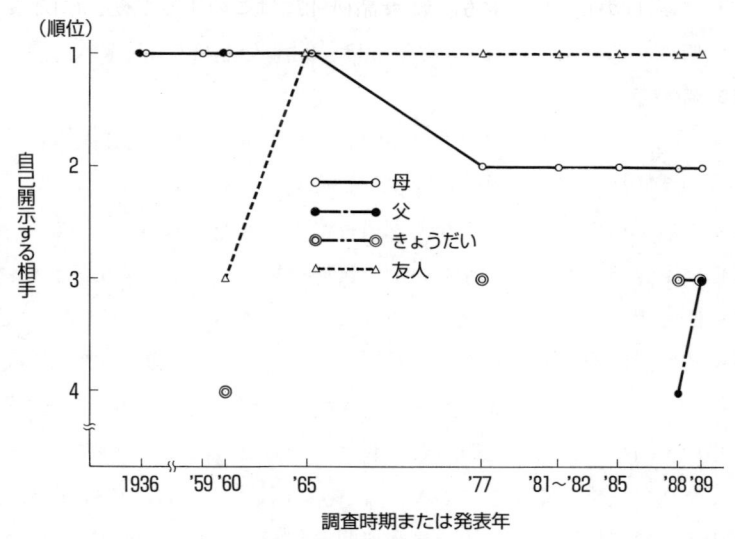

図 5-2 中学生女子生徒の自己開示の相手の時代的変化
（永田，1990より作図）

第5章 人，人間関係，社会

　これらの図は，それらの諸研究の結果を方法上の相違を無視して筆者が総合したものである。

　まず，中学生相当世代を対象に1935年代に行なわれた調査（鈴木，1936）と，それと同じ質問によって1960年代に行なわれた調査（梁井，1961）を比較すると，この2つの調査は太平洋戦争，敗戦という時期を間に挟むものであるにもかかわらず"なやみのある時，結局一番頼りになる"相手として父母を挙げた者が最も多い点ではほとんど相違が見られない。

　しかし，1975年以降の諸調査の結果では，男女ともこの種の悩みの相談など自己開示相手に友人が選ばれることが多い。その傾向は，資料は省略したが高校生の男女においてもみられる。念のため大学生の資料を見ると，研究例も少ないものの開示相手の変化には，明確な方向性を見ることはできない（永田，1990）。

　この結果は，1970年代の半ば頃から少なくとも中学生，高校生をとりまく両親も含む人間関係に地域の差異を超えて，何らかの変化が生じていることを示唆している。しかし，ここに引用した諸研究にはこのような変化に関係する要因を推定する手掛かりとなる資料は示されていない。

　一方，1970年以降5年間隔で行なわれてきた全国的な規模での標本抽出調査による総務庁（当時）の資料を検討してみる。これらは，経年的変化を追うことに目的があり，質問項目も簡単で，集計・分析もきわめて素朴なものである。

　図5-3，5-4は，総務庁の調査から"あなたは，悩みや心配ごとがあったときには，だれに相談しますか"という質問によって父，母，友人その他複数回答を認めた結果である。図5-3には，"近所や学校の友人"，図5-4には"母"，"父"を挙げた者の比率を示した。父母に比べて友人を挙げる者が多く，とくに10代に比べて20歳から21歳の時期に1970年代以降の変化が顕著であること，1990年に至って父母とくに父親が改めて多少の重みを増していることが読み取れる。

　先の自己開示の相手の変化がたまたま資料が収集された地域のもつ特性によるものではないことを示している。

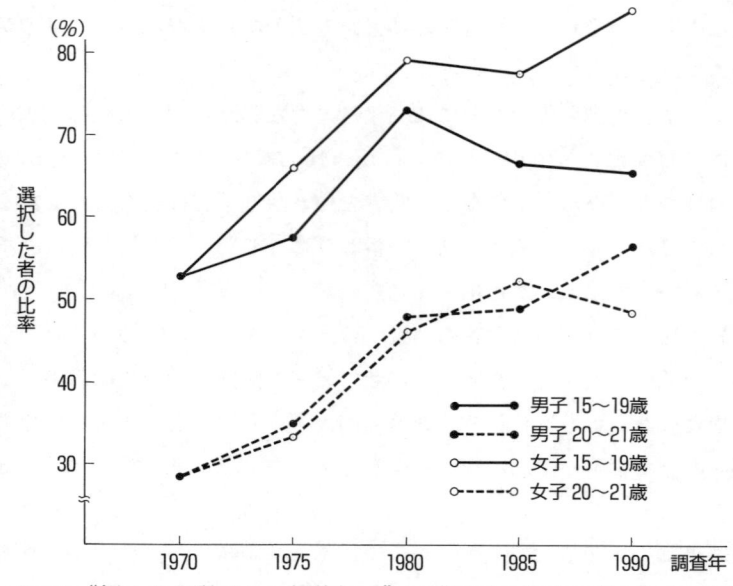

図5-3 "悩みや心配ごとの相談相手"に"近所や学校の友人"と回答した者の比率[1]
（総務庁資料より永田が作図）

注1）：1970年の調査報告書では年齢別と性別のクロス集計が記載されていないため，年齢別の資料を図示した。そのために男女の数値が同じとなっている。

　図5-5には，同じ総務庁の調査から"生きがいを感じるとき"として"社会のために役立つことをしているとき"，"友人や仲間といるとき"，"他人にわずらわされず，ひとりでいるとき"など9つの選択肢から当てはまるものの選択を求めた結果のうち，"友人や仲間といるとき"，"仕事に打ち込んでいるとき"を選択した者の比率を示した。

　この調査では"仕事"という言葉は定義されていない。その理解は回答者によって大きく異なる可能性がある。そこで，図5-5は，"仕事に打ち込んでいるとき"を選択した者については"仕事"を職業的活動と理解されやすいと予想される有職者の回答のみを示した。ただし，報告書には有職者の資料は年齢別と性別のクロス分類が提示されていないために男女を合併した結果である。

　図5-5には"友人や仲間といるとき"を選択した者の年齢別，性別の比率

第5章 人，人間関係，社会

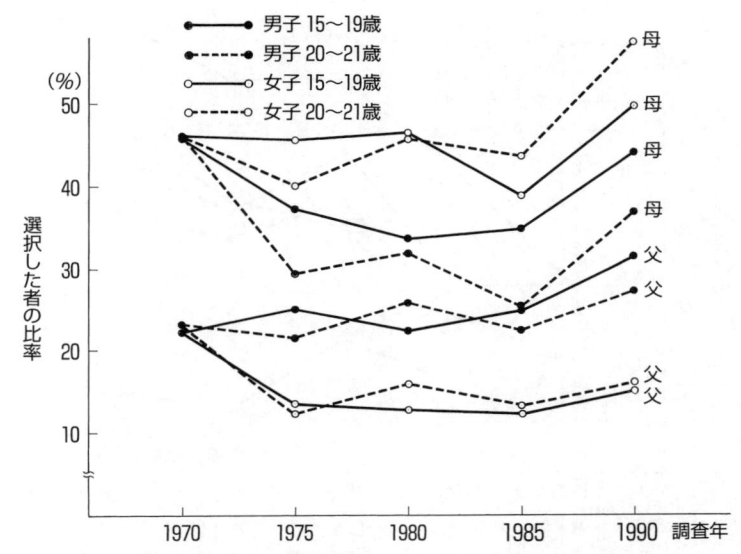

図5-4 "悩みや心配ごとの相談相手"に"母"，"父"と回答した者の比率[1]
（総務庁資料より永田が作図）

注1）：1970年の調査報告書では年齢別と性別のクロス集計が記載されていないため，年齢別の資料を図示した。そのために男女の数値が同じとなっている。

も示してある。複数の選択を認めているので"友人……"，"仕事……"の双方を選択した場合もあるはずである。

これを見ると，1970年頃から1975年頃以降に大きな変化があるように見える。この時期に，少なくとも青少年層に，ターナー（Turner, R. H., 1976），井上（1973），伊藤（1985）のいう公的生活領域ではなく，私生活領域での自己の確立を志向しようとする傾向が高揚した可能性を示している。少なくとも血液型性格関連説の現代版の流布，流行の時期とされる1970年代の中頃に，日本人の社会心理的動向に変化が生じた可能性があることが示唆される[28]。

[28] 自己開示の相手その他総務庁の調査結果は，1980年代の末以降のさらなる大きな社会心理的状況の変動を予想させる。しかし，これに関する詳細は資料の不足もあり，またの機会の考察に委ねたい。

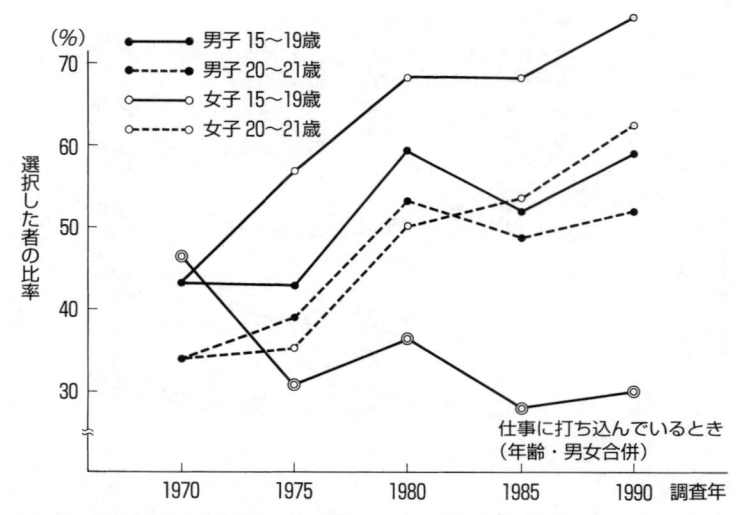

図 5-5 "生きがいを感じるとき"として"友人や仲間といるとき"あるいは"仕事に打ち込んでいるとき"を選択した者の比率[1]
（総務庁資料より永田が作図）

注1）：1970年の調査報告書では年齢別と性別のクロス集計が記載されていないため，年齢別の資料を図示した。そのために男女の数値が同じとなっている。
　　また，◎印の折線は"仕事に打ち込んでいるとき"を選択した者の比率を示すが，年齢別，性別のクロス集計が記載されていないため，すべての回答を合計した結果で示されている。

　単にこのような変化が見られることを示す目的だけから見れば相当数の資料が存在する。しかし，われわれは，この変化をどのように説明することができるのであろうか。1930年代に関しては当面さらに資料は乏しいように思われる。

　しかし，一つの試論として，1930年代とはどのような時代であり，1970年代の後半前後とはどのような時代なのか，これら社会心理現象の変動を多少とも理解することに資すると思われる現象を考察してみる。

(2) 1930年前後と1970年代後半以降の社会

　まず，主として中村隆英（1993a）に従って，1930年前後の時代を見る。関東大震災（大正12［1923］年）の被災による輸出の減少と復興費の必要による国際収支の赤字対策がやや軌道に乗りかけた頃，震災による債務の決済にも関

第 5 章　人，人間関係，社会

係して，銀行の信用不安による金融恐慌が生じたと言われる。

　その結果は，大銀行に預金が集中し，中小銀行の力が弱体化し，中小企業への金融が不自由になった。

　この時期を，中村（1993a）は，また，都市化の時代ともいう。それは，1928，29年の地方都市の財政支出の膨張として現われる。都市計画が一つのピークをむかえ，区画整理，道路の拡張や改良，上下水道の整備が行なわれたためであるという。

　一方，1928年には，事実上満州の支配者であった張作霖が日本の関東軍の手で爆殺される。また，プロレタリア文学といわれる一連の作品が発表され，「西部戦線異常なし」などの反戦的演劇が上演される。

　竹内（1999）のまとめた資料によると，1920年代に中等学校（旧制）卒業者の増加に押されて多くの高等学校（旧制）が新設され，1950年の旧制高等学校閉校までは旧制官立大学（帝国大学等）への進学路の中心であった旧制高等学校入学志願者の数も1943，44年を除くと1926，27年は最多数を数えた。

　しかし，他方ではこの時期，大学（旧制）卒業者の就職難が深刻な問題になり，小津安二郎監督の映画「大学は出たけれど」が製作されている（竹内，1999）。

　金本位制への復帰を計画した政府は，それにともなう不況を回避する目的から，為替レートの操作，金融の引き締め，国会議事堂の建設工事の中断，鉄道の新設の全面中止など公共投資の削減を実施する。その結果，株価，綿糸相場の下落，銀行，会社の新設増資などの落ち込み，物価の低落が生じて，不況の色が濃くなった（中村隆英，1993a，115頁）。

　ここで，第1章で紹介した産業組織における人間的要素にわれわれの目を向けさせたと言われるホーソン工場を舞台とした現場研究の幕を引く原因ともなる1929年のアメリカのウォール街の株価大暴落が生じる。

　日本では，貿易の縮小による生糸相場の極端な下落，工業製品価格，農産物価格の極度の下落が生じ，失業者数は1929年以降1932年までの間19万5千人増加して，49万人近い数になる（中村隆英，1993a，120頁）。

他方，1970年代の半ば以降という時期の特徴は何であろうか。1930年代に比較するとやや多様な資料が参照できる。

　まず，再び中村隆英（1993b）による記述を中心に述べると，1960年代後半の急速な経済成長の後，アメリカの為替レート切り上げ，1ドル360円から変動相場制への切り替えなどによる輸出の停滞，世界的な石油不足などによるインフレなどを経験している。

　1973年に原油価格が4倍近く引き上げられた結果，日本はいわゆるオイルショックによるインフレーションを経験している。

　1970年代後半は，国内経済が沈滞し，設備投資は低落したという。唯一の活路と見られた輸出は，鉄鋼，船舶などの重工業製品から付加価値の高い自動車，エレクトロニクス製品に重点が移ったと言われる。

　しかし，1950年代後半からの高度経済成長は，中等教育の普及など進学率の向上をもたらした。

　1970年代で，顕著にみられる現象の一つは，中学卒業者および高校卒業者の上級学校進学率の著しい上昇である。

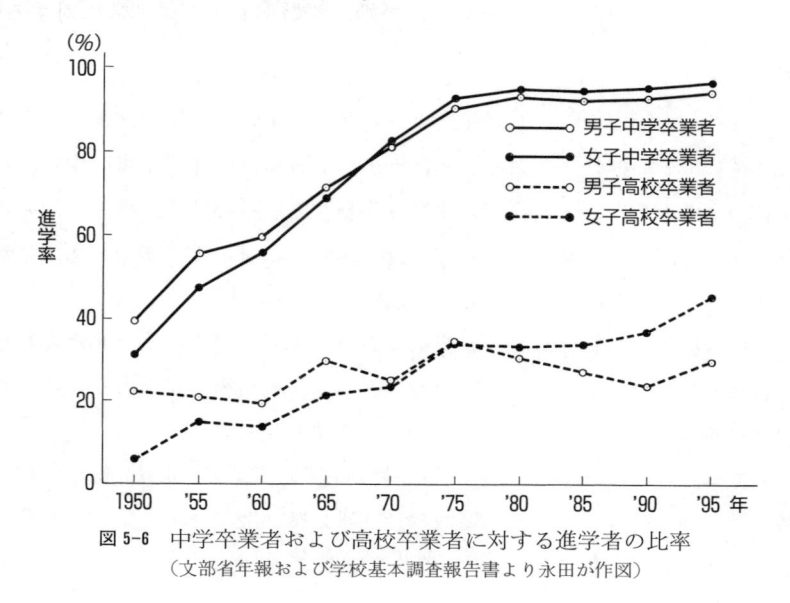

図 5-6　中学卒業者および高校卒業者に対する進学者の比率
（文部省年報および学校基本調査報告書より永田が作図）

図5-6は，当該年の新規卒業者の上級学校進学率を示したものである。1970年代に中学卒業者の高校進学率は急速に上昇し，70年代の半ば以降はほぼ上限に達したと言える。中学卒業者の高校進学率が上昇すれば当該年齢層に対する高校生の比率は高くなる。そのために70年代以後の高校卒業者の進学率はそれほど急上昇せず，むしろいわゆる団塊の世代と言われる1940年代の末に生まれた世代の二世の高校卒業期にはとくに男子において当該年度の進学率は低下している。男子に進学予備者（浪人）が多いのであろうか[29]。

> [29] ここでいう進学率は，当該年の中学校，高等学校卒業者のうちの現役進学率である。年度によって5月1日現在から7月1日現在までの相違がある。
> 　進学とは，中学校の場合は高等学校の本科，別科，高等学校専攻科への入学を，高等学校の場合は，大学，短大の本科，別科，旧制専門学校（1950年のみ）への入学を意味し，同時に職業をもつ場合も含まれるが，通信教育課程への進学者は除外した進学率である。
> 　また，学校基本調査の設計上，公務員の身分をもつ学生（防衛大学校など）は進学者には含まれない。
> 　ここでこの資料を示した目的は，1970年代の後半までの急速な進学率の上昇を示すことである。

図5-7は，人口動態調査をもとに婚姻，離婚率および婚姻数に対する離婚数の比を示したものである。1970年代という時期は，法的な手続きによる婚姻率そのものも急激に低下しはじめるだけでなく，婚姻数に対する離婚数の比率が上昇する時期である。これは，この時期に婚姻を届け出た者の離婚数を示す資料ではないことは留意しなければならない。しかし，この時期，離婚を承認する規範が広まりつつあることを示すものと見ることができるのではないであろうか。家族的結合の毀弱化の現われと見ることはできないであろうか。

(3) 1930年前後と1970年代後半以降の社会心理的状況

1930年前後と1970年代後半以降に共通するものが何かあり得るであろうか。多くの青少年にとって，不況あるいは産業構造の変化によって，親を人生のモデルとして自らの人生設計を立てることが困難であると思わざるを得ない時代なのではないか。

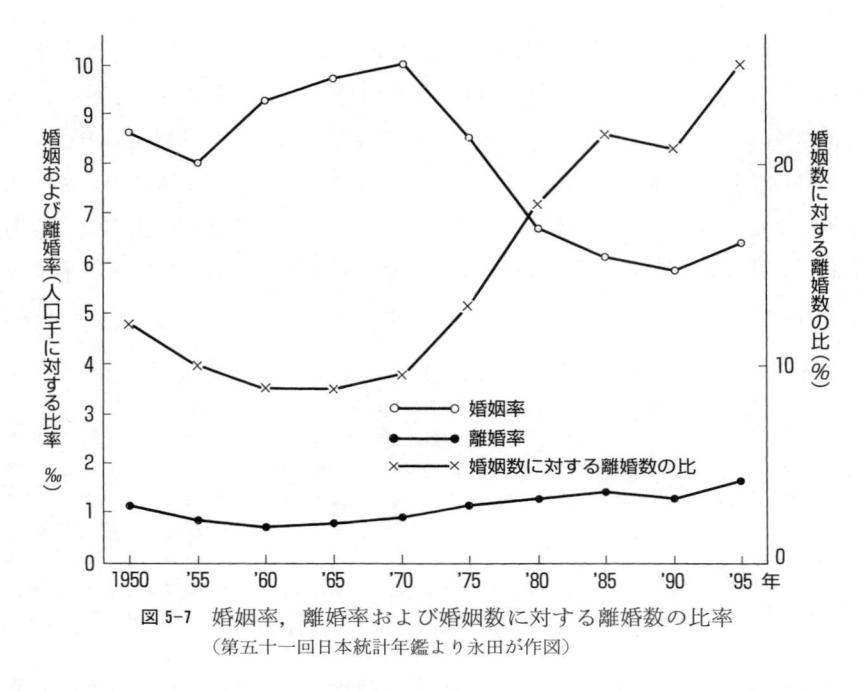

図 5-7　婚姻率，離婚率および婚姻数に対する離婚数の比率
（第五十一回日本統計年鑑より永田が作図）

　しかも，不況，あるいは教育の大衆化にともなって高学歴が人生の成功を容易に約束するものではないという，その先の展望のなさをも伴なっていたのではないであろうか。

　澤地（2000）は，自身の誕生の日，昭和5（1930）年9月3日の新聞に，"子づれの旅人たちは，夜が来れば，寺の本堂の縁の下などに野宿する。汽車賃もない都落ちである。街道すじの村々が粥の炊き出しを振舞ったとある"と東京から郷里を目指して東海道を落ちてゆく人々の記事が掲載されていることを紹介している。その新聞記事とはおそらく次の記事であろう。

　　職を失ってその日の糧にも窮し都会の生活から完全に見放された哀れな失業者の群が，郷里に帰るにも旅費がなくとぼとぼと東海道を歩いてゆく者が今夏以来めっきり殖えた。中には妻や子供をつれてこ食の如く，道筋の人家で食をもらいながら長い旅を続けている者もあり，沿道の程ヶ谷，戸塚，藤澤等の警察署ではこれらの保護に手を焼いている始末で，多い日には五十人を超える位であるが，

第5章　人，人間関係，社会

> 鎌倉郡川上村在郷軍人會では震災記念日の一日から一週間同村舊東海道松並木付近におかゆの接待所を設けて温かい食事を與へている。
> （東京朝日新聞，1930年9月3日　地名表記も原文のまま）

　このいわゆる昭和恐慌の直前，地方都市の整備のための財政支出が増大したことはすでに紹介した。工業化という産業構造の変化によるものであるが，第一次世界大戦中に都市部の人口増加がはじまり，これらの人々は都市に定着し，そこで家族をもつようになったと言われる。中村隆英（1993a）は，それ以前の第一次世界大戦後の恐慌の際に，都市に定着しようとした多くの労働者が解雇され，離職した恐慌のありさまを柳田（1920）の文章によって紹介している。大正9（1920）年，昭和恐慌の10年前のことである。

> 　新進気鋭の浜松の市でも，稀にはちと古臭い社会事業をやるらしいことを，少なくとも新聞は報じている。何でもついこのごろの話である。口を離れた職工たちを国に還すため，町の有力者が旅費の金を，慈善家から集めているという噂である。旅費もないような貧乏な家族に，還って来たぞやれ楽やというような，結構な故郷があろうとはちょっと信ぜられぬ。送還は果たして彼等の救済であるや否や。（略）
> 　一時の成功から申せば，浜松などで右の旅費の施しをするほど，簡便有効なる救済事業は他に類があるまい。何となれば遠方からやって来た労働者は，この付近の工場にはまだ幾らもないからである。しかし同時に他郡他県から，そうして戻された者の始末を考えておく必要があるから，問題は決して簡単ではないのである。その上にこれと関聯して，元から町に住みまたは近在から出入りする職工とても，単に帰宅を見届けて安堵する訳には行かぬ。何しろ区域が広くないから，これだけは多々ますます弁ずとも言われぬようである。
> （柳田，1920）

　そうであれば，さらに都市化の進行したその10年後，帰農しようにももはや農村にはこれらの人々を受け入れる余地はさらに少なかったのではないであろうか。
　1970年代以降の変化は，素材産業から付加価値重視の産業構造の変化とそれに見合うかに見える中等教育の普及，たとえ景気の高低の波はあるとしても絶

対的な水準における経済力の高水準化という，少なくとも1930年代と比較した場合には，巨視的な視点から見る限りは，われわれは恵まれた条件下にあったように見える。

　しかし，苅谷（2001）によれば，1950年代から1970年代の半ばにかけての中学卒業後の進学率の推移の背景は，父親の職業的階層別に見るとそれほど単純ではない。

　例えば，1975年のSSM75調査（Social Stratification and Social Mobility Survey：社会階層と社会移動全国調査。これは日本で行なわれたものである）の結果では，15歳時に高校以上の教育を受ける希望をもった者の将来の職業上の期待を見ると，団塊の世代を含む1946～55年生まれで父親の職業が農業であった者では，自分の将来像として農業従事者を期待するものが37.5%，専門管理職を期待する者は23.2%である。

　これに対して，マニュアル職（熟練，非熟練を含む労務職）の父親をもつ者では，父親と同様な職業を期待するものは38.8%であるのに対して，自己の将来像として専門管理職を期待するものが45.0%ときわめて高い比率を示す。

　父親が農業の場合に比べて，マニュアル職である者で，中学卒業後に高校以上の教育を受ける希望をもつ者の職業期待が，父の職業が農業の者に比べて専門管理職に向かっていることは，その前の世代である1936～45年生まれの人々においても同様である。

　この結果は，進学を目指すことと将来の職業への期待とは一般には必ずしも固定的に結びついているわけではないことを示している。苅谷（2001）は，農業という自営的職業に比べて，被雇用者であるマニュアル職にある者（およびその父）にとっては，高学歴をもつことには父親の職業的位置を超える好ましい位置を獲得するための条件の意味が大きかった可能性があるという。被雇用者であるが故に，学歴による階層移動の必要性あるいは可能性への期待が高いという意味である。

　1970年代以降には高学歴化がさらに加速される。多くの子どもたちは，親の経験しない高学歴の世界に入っていく。子ども世代に対して，身近に経験を語

り得ると同時に人生のモデルとなるべき者が存在しない場合が多くなったのではないであろうか。しかも，無条件に将来を期待する展望をもつほどには高学歴は将来を保障しないことも見えてきたのではないか。

　場合によっては，展望のなさを共有することができたかもしれない両親の間の絆そのものが急激に弱体化していく。家族が，頼るべき基礎となる集団としての意味を失いつつあることも青少年に予感させる時代であったのではないであろうか。

　このとき，職業適性や人生の指針をも含む，具体的な指針，あるいは役割への期待を提供するかに見える血液型性格関連説が受け入れられ，あるいは指針としての役割は果たし得ないまでも，関心に合致する情報を提供するものとしての意味をもったのである。

　1930年前後，1970年代の後半とは，ともに，親の世代以来のノウハウを十分にもつ既知の社会的ネットワーク内に自らの将来を定位することができないことを予見させたこと，労働力の多くを自営業である農業が吸収できなくなるとともに不況，受験競争など，自らの力量のみでは将来の展望をもち得ないと感じること，それらを背景として，自らの社会的役割として何を予測し，何を期待することが可能であるのか，その役割を具体的に示してくれるモデルがどこに存在するのかが判然としない状況が生じていたのではないか。

　しかし，われわれは自己の存在の確認，すなわち自己の社会的役割と社会的位置を明確化するために集合的同一性の拠り所を求めざるを得ない。1930年前後と1970年代後半は，人々がこの集合的同一性の拠り所を求めるための展望を得ることがきわめて困難な時期であった，という共通点をもっているのではないであろうか。

　すでに述べたように，集合的同一性の確立への手掛かりを見失ったとき，われわれは個人的同一性を確立するすべも失う。そこに，あたかも集合的同一性と個人的同一性の拠り所となる可能性を含むかに見えるとともに，多義性の故にその妥当性の有無を容易に評価することが困難な血液型性格関連説が多くの人々に受け入れられることになったのではないであろうか。[30]

(30) このような考察に対しては，太平洋戦争下での国民生活は1930年前後，1970年代後半以降と比較してさらに展望の得にくい時代ではなかったのかという疑問があるかもしれない。本文で述べた仮説に対してはこのような疑義が，とくに若い学生諸君から提出されたことがある。

この点は恐らくは当時の年齢，生活環境等によって多岐にわたるのではないかと思われる。資料的にはこれを検討する手掛かりが乏しいように思われる。

しかし，1931年生まれの山中（2002）は"あの戦争中は必死で国の要請に応えようとする，ガリガリの軍国主義的少国民であった。周囲の友人たちもそうだった。（略）戦争遂行策を実施する国を疑う気持ちなど徹塵も無かった"（山中，2002，247頁）と書いている。

戦争遂行政策にそった自己の将来像は明らかであったと理解することはできないであろうか。

また，山中より年長の1922年生まれの山田（1985）は，敗戦直後の，昭和20（1945）年8月16日の日記に"古い日本は滅んだ。富国強兵の日本は消滅した。吾々はすべてを洗い流し，一刻も早く過去を忘れて，新しい美と正義の日本を築かねばならぬ──こういう考え方は，絶対に禁物である。（略）

僕はいいたい。日本はふたたび富国強兵の国家にならなければならない。そのためにはこの大戦を骨の髄まで切開し，嫌悪と苦痛を以て，その惨憺たる敗因を追求し，嚙みしめなければならぬ。"（山田，1985，334頁以下）と記している。

これらを多数者の理解と見ることはできないかもしれない。しかし，山田も，医学生であったが，軍医として活躍すべく医学の勉学に励んでいたわけでもなく，東京で，食糧，衣料の不足，空襲の悲惨な被害を体験し，ドイツ，イタリアの降伏，広島への原爆投下を知り，敗戦への予感ももっていたのである。

おそらく，この時期，人々の関心に応えることのできた情報は，必ずしも血液型性格関連説である必要はなかったはずである。不確定な未来に対する自己の社会的位置を暗示してくれると同時に，その情報の信頼性を容易に疑うことのできないものであれば，如何なる情報であってもその役割を果たし得たのであろう。血液型性格関連説への関心と結びつきやすいとされる「おみくじ」や「占い」についても，この時期多くの人々が関心を示していた可能性もあろう。

同時に，われわれが自らを最も社会的に定位しやすい手掛かりについての展望が容易に得られるような状況や，展望という言葉が示すような期待感はないとしても，自己の行く末を見通すことが可能な状況が出現すれば，血液型性格関連説に類する情報への社会的要請は低下するのではないであろうか。

しかし，一旦普及した知識は，それを日々に確認する格別の必要がなくなったとしても，人々の間に一種の常識として定着していくように思われる。血液型性格関連説が，依拠すべき情報としての意義を失うとしても，それはただちに

に人々がその諸説を否定することを意味するわけではないであろう。
　ここでは，事例的な考察を試みた。事例としても考察の手掛かりとなる資料は不十分である。
　しかし，それ以上に，ここまでの考察の枠組自体に，このような社会心理状況自体が，またわれわれ自身の手で造り出されている可能性をも組み込む視点が必要であろう。
　これは，単にマス・メディアの影響といったものを指すのではない。第4章で微視的レベルの行動として述べたように，課題への積極的関与を通じて集合的同一性の変容が生じ，人々の関係それ自体に変化が生じる過程と，集合的同一性にかかわるカテゴリーそれ自身の変革をもたらす過程と社会システムの変容が生じる過程の関連という双方向的な過程のモデルが必要であるということである。

終　章　本書の仮説と仮説構成の方法

(1) 本書の仮説

　人の社会性とはどのようなことを意味するのか，その基本的性質は何かを明らかにするのが本書の目的である。

　本書ではこれを，人間関係の成り立ちを考えることからはじめた。人間関係の成り立ちを考えることは，人と人の関係を基礎とする社会というシステムの動的過程へと考察を進めることにならざるを得ない。

　ここで考察された仮説，問題を整理すると次のようになろう。

　　1．まず，さまざまな人間関係にかかわる現象の背後にある機制を理解するための枠組として，人間関係にはその意義，働き，すなわち機能として，異なる性質をもつ2つの側面が区別されることを示した。これは当然人間関係に二重構造を内包させることになる。

　　一方は人々の関係の外にある環境，あるいは関係を成り立たせる契機となる関係の外にある環境とわれわれの関係を調整する活動の過程で生じる人間関係である。その意味で道具的・手段的関係と呼ぶことがふさわしい。

　　他方は，多くの場合，これとは別の構造をもつ可能性のある，関係そのものを自己目的化した，と考えられる関係である。その意味で自己完結的関係と呼ぶことができる。以上は，過去の，多くの研究のまとめにすぎない。

　　その根拠として，まず，古典的研究と言える2つの先駆的研究の資料を中心に，人間関係や集団・組織過程に性質の異なる2つの関係が複合的に存在することを例示している。

2．この2つの関係が区別される最も重要な意味は，その成立の経過が異なることにある。そこで，道具的・手段的関係と自己完結的関係の成立・形成過程が検討された。

　道具的・手段的関係と自己完結的関係の形成の基本的原理が異なり，その原理そのものは多くの場合互いに矛盾を内包するものであることが示される。

　すなわち，道具的・手段的関係は人々の間の環境への適応の手段である諸資源（能力，知識，動機づけ，その他の道具あるいは手段として役立つもの）の差異に基づいて関係を秩序立てる過程であり，一方自己完結的関係の形成は視点を共有し，相互理解をすすめる過程である。相互理解とは心理的には対等化を志向する関係である。

　また，このように発生的，機能的にとらえることによって，これまではあたかも異質なものとして，包括的な視点のもとで論じられることのなかった親子関係，同輩関係，集団・組織過程に見られる人間関係の構造あるいは集合体の機能を統一的な枠組のもとで把握できることが論じられた。

　3．次に以上の諸現象と密接な関係にある個人の内的，心的過程がとりあげられた。

　その手掛かりとされた現象は「孤独感」である。「孤独感」は道具的・手段的関係と自己完結的関係の欠如に由来するとの仮説が検討された。ここでいう「孤独感」とは直接的には関係の欠如に由来すると考えられる。

　換言すれば，道具的・手段的関係それ自体もわれわれにとって重要な意味をもつ他者すなわち社会的な環境とのかかわりとしてとらえられるということである。

　また，道具的・手段的関係への関与を通じて自己完結的関係の形成の方途が学習されるのではないかという仮説の提示である。

　4．ここまで述べたわれわれの枠組は，間接的な関係にある人々を含むさらに大きな社会的なシステムと個々の人の関係を理解するための手掛かりをも提供することが考察された。

対面的な人間関係や組織体の中での道具的・手段的関係の成立は自己の役割を認識する過程を含む。これは，同時に社会システムの中での自己の位置と役割を明確にする働きをもつと考えられる。集合的同一性が直接の関係をもたない人々にも了解可能な役割の明示の意味をもつことの意味はそこにある。

　自己概念の内容はさまざまであるが，そこに社会システムの中での自己の位置についての情報が含まれるときにわれわれははじめて自己の実在性を認識することのできる必要条件を得たと言えるのではないかという仮説である。

　社会システムにおける自己の位置，役割の定位という問題に言及しようとすると，いわゆる巨視的な社会的状況との関係をどのようにとらえるかの問題に触れないわけにはいかない。

　なぜなら，その巨視的状況それ自体も人々がどのような相互の関係を構成するかの問題と無関係とは考えられないからである。本書の基本的な視点は，われわれが社会からどのような影響を受けるかを問題にするのではなく，われわれ自身が社会を構成しているという視点に立とうとしている以上，これは当然の問題であろう。

　今のところこれらの問題に答える十分な理論的枠組をわれわれはもち得ていない。しかし，それへの一歩として，事例的な試行的考察を試みた。

　1930年前後と1970年代後半以降に血液型性格関連説のブームが生じたとの前提に立って，これらの2つの時代の社会心理的状況の類似性をもとに，巨視的社会現象と個体レベルの心理過程との連関を考察した。しかし，その社会心理的状況の発生の機構についてはさらに今後の検討が必要である。

　以上が本書の基本的な論点である。これらの多くは仮説的推論に基づいている。直接の証明，検証がなされているとは言えない。むしろ直接的な検証は困難であるとも言える。

(2) 本書の仮説構成の方法

　一般に，原理的あるいは基本的な仮説は，実証という点から見れば，根拠を直接提示できない場合が多い。

　また，集積された観察の結果や事実を虚心に眺めることによってさまざまな断片的資料を総合する仮説，理論体系の構成が可能になるとは思われない。事実と言われるものの無心な集積を試みることによってそれらを統一的に理解するための仮説，理論が自ずと構成されることを期待するのは，心理学が発見してきたわれわれの認識の機制を見ればあまりにも楽観的に過ぎることは明らかであろう。ある現象の観察者は観察のための視点があって，はじめてその現象を記載することができるからである。

　観察された断片的な事象の示す矛盾点や理解が困難な問題が見出され，それを検討することから発想の転換によってこれまでとは異なる視点が提示されることは珍しくない。しかし，観察された事象をもとに論理的な操作，帰納に基づいて基本的，原理的な仮説が構成されることはほとんどないと言ってよいであろう。

　研究者に自覚的にとらえられているかどうかは別として，観察そのものが，ある関心，視点に立った上での事象の記述である。集積された資料は，それぞれの記載者のもつフィルターを通じて観察されたものである。

　こうした資料をもとに多くの事象を統一的に把握するための仮説を構成するには，観察者の視点にとらわれないでその事象の意味することを検討しなければならない。

　本書でとりあげた問題の多くは，観察，実験，調査といったいわゆる実証的な資料を収集することによって研究されてきたことである。このような実証的な資料は何らかの特定の方法に基づいて観察され，実験され，ある特定の調査項目（質問項目）に基づいて収集されている。

　資料収集の際の研究者の視点という上記の問題をこれに当てはめると，観察や実験や調査の方法は自ずと研究者の視点を反映したものである。また，その方法が異なれば得られる結果が異なる可能性も大きい。

さまざまな方法で見出された事象をある程度統一的に理解するための枠組を見出そうとすれば，現実には多様な方法で観察され，収集された資料をその方法の相違を超えて一般化可能なものとしてとらえる必要が生じてくる。換言すれば，その事象を記述するために用いた操作を超えた一般化を行なわざるを得ない。

　得られた資料は，その獲得の方法に規定されているところが大きいという事実を認めた上で，その資料を手掛かりとしてその方法（操作）を超えた一般的な仮説の構成を行なうにはかなりの飛躍が必要である。

　操作の方法は細部の相違をも強調すれば無限の多様性をもち得る。また，多くの研究者はそれぞれの観点に基づいて先行する研究の不足を補う目的でそれぞれがまた異なる操作に基づいて現象を記述し，その背後にある心的過程への推論を行なう。

　操作に密着する限り，集積された事実は，異なる操作を経て観察されているという意味で同列に論じることは困難である。操作の同一性に拘泥する以上は，事実の集積から統一的な理論を論理的に帰納することは困難であると言わざるを得ない。

　さまざまに異なる操作に基づいて提示されている現象から，その方法の相違を超えた統一的な事実を読み取るためには操作の相違を超えて概念的に把握するための作業が必要になる。その過程で，観察された現象とその概念化との間にはしばしば空隙が生じる。

　そのような作業の正当性を主張する論理的根拠を提出することは不可能に近い。提出された基本的な仮説によって，それまで以上に多くの現象や心的過程に関係する事実が――整合的に――理解可能であるかによって正当性を評価するのが一つの方法ではないであろうか。

　これが本書の方法的立場である。

　ここで検討しようとする仮説は，必ずしも新しい提案とは言えない部分が多い。また，著者の新しい提案に属する仮説も，多くの研究者の収集した事象を基礎として構成されている。著者の構想の裏づけとなる多くの研究は，必ずし

も本書の著者と同じ文脈や発想に基づいて収集されたわけではない。本書の著者はそれらの研究者の本来の視点がどのようなものかに関係なく，そこで見出され，記載された事象を素材として利用している。その資料の本来の収集者から見れば恣意的な引用となろう。

　すでに述べたように著者の問題は，個体内過程と個体間過程とそれらとは水準の異なる現象としての社会システムの関係をどのように把握するかということである。

　ここで提出される仮説によってこれまで以上に多くの心理―社会的過程が理解可能であるか否かによってこの作業の正当性が評価される必要があろう。

引用文献

(事例等として引用した文献は末尾に別途掲載)

Abric, J.-C. 1971 Experimental study of group creativity : Task representation, group structure, and performance. *European Journal of Social Psychology*, **1**, 311-326.

Adams, S. 1953 Status congruency as a variable in small group performance. *Social Forces*, **32**, 16-22.

Alexander, J. C., Giesen, B., Müuch, R. & Smelser, N. J. (Eds.), 1987 *The Micro-Macro Link*. Berkeley : University of California Press.

安西豪行 1986 中学生の対教師コミュニケーションに関する研究——とくに意見類似性の認知と自己開示との関連について 実験社会心理学研究, **26**, 23-34.

蘭 千壽 1990 パーソン・ポジティヴィティの社会心理学：新しい人間関係のあり方を求めて 北大路書房

Aristotelis Politica ［山本光雄訳 1961 政治学 岩波文庫］

Asch, S. E. 1953 Effects of group pressure upon the modification and distortion of judgments. In Cartwright, D. & Zander, A. (Eds.), *Group Dynamics : Research and Theory*. Evanston, I11. : Row Peterson. Pp. 151-162. ［岡村二郎訳 1969 集団圧力が判断の修正とゆがみに及ぼす効果 三隅二不二・佐々木薫訳編 グループ・ダイナミックス I 誠信書房 227-240頁］

Asch, S. E. 1955 Opinions and social pressure. *Scientific American*, **193**, No. 5, 31-35.

Asch, S. E. 1956 Studies of independence and conformity : I. A minority of one against a unanimous majority. *Psychological Monographs : General and Applied*, **70**, No. 9 (Whole No. 416), 1-70.

Back, K. W. 1961 Power, influence and pattern of communication. In Petrullo, L. & Bass, M. B. (Eds.), *Leadership and Interpersonal Behavior*. New York : Holt, Rinehart and Winston. Pp. 137-164.

Bales, R. F. 1950 *Interaction Process Analysis : A Method for the Study of Small Groups*. Cambridge, Mass : Addison-Wesley.

引用文献

Bales, R. F. 1958 Task roles and social roles in problem-solving groups. In Maccoby, E. E., Newcomb, T. M. & Hartley, E. (Eds.), *Readings in Social Psychology*. New York: Holt, Rinehart & Winston. Pp. 437-447. also In Steiner, I. D. & Fishbein, M. F. (Eds.), 1965 *Current Studies in Social Psychology*. New York: Holt, Rinehart and Winston. Pp. 321-333. 引用は1965年版による。

Bales, R. F. & Slater, P. E. 1955 Role differentiation in small decision-making groups. In Parsons, T. & Bales, R. F. (Eds.), *Family, Socialization and Interaction Process*. Glencoe, Ill.: Free Press. Pp. 259-306. [山村賢明訳 1971 小規模の意志決定集団における役割分化 橋爪貞雄・溝口謙三・高木正太郎・武藤孝典・山村賢明共訳 核家族と子どもの社会化 下 黎明書房 108-169頁]

Barnard, C. I. 1938 *The Functions of the Executive*. Cambridge, Mass: Harvard University Press. [山本安次郎・田杉 競・飯野春樹訳 1968 新訳 経営者の役割 ダイヤモンド社]

Batson, C. D. 1993 Communal and exchange relationships: What is the difference? *Personality and Social Psychology Bulletin*, **19**, 677-683.

Bavelas, A. 1953 Communication patterns in task-oriented groups. *Journal of the Acoustical Society of America*, **22**, 725-730. also In Cartwright, D. & Zander, A. (Eds.), *Group Dynamics: Research and Theory*. Evanston, Ill: Row, Peterson. Pp. 493-506. [中野繁喜・佐々木薫訳 1970 課題志向的集団におけるコミュニケーションの型 三隅二不二・佐々木薫訳編 グループ・ダイナミックスII 誠信書房 805-818頁]

Berkowitz, L. 1954 Group standards, cohesiveness, and productivity. *Human Relations*, **7**, 509-519.

Berlo, D. K. 1960 *The Process of Communication: An Introduction to Theory and Practice*. New York: Holt, Rinehart and Winston. [布留武郎・阿久津喜弘訳 1972 コミュニケーション・プロセス——社会行動の基礎理論 協同出版]

Blau, P. M. 1955 *The Dynamics of Bureaucracy: A Study of Interpersonal Relations in two Government Agencies*. Rev. ed., Chicago: University of Chicago Press.

Bowlby, J. 1969 *Attachment and Loss, Vol. 1 Attachment*. New York: The

Hogarth Press. ［黒田実郎・大羽 蓁・岡田洋子訳　1976　母子関係の理論 ①　愛着行動　岩崎学術出版社］

Brewer, M. B.　1991　The social self : On being the same and different at the same time. *Personality and Social Psychology Bulletin*, **17**, 475-482.

Brown, J. A. C.　1954　*The Social Psychology of Industry : Human Relations in the Factory*. Middlesex : Penguin Books. ［伊吹山太郎・野田一夫訳　産業の社会心理――工場における人間関係　ダイヤモンド社］

Bruner, J. S. & Postman, L.　1949　On the perception of incongruity : A paradigm. *Journal of Personality*, **18**, 206-223.

Burke, P. J.　1967　The development of task and social-emotional role differentiation. *Sociometry*, **30**, 379-392.

Burke, P. J.　1968　Role differentiation and the legitimation of task activity. *Sociometry*, **31**, 404-411.

Byrne, D.　1969　Attitude and attraction. In Berkowitz, L. (Ed.), *Advances in Experimental Social Psychology*, **4**, 35-89.

Byrne, D.　1971　*The Attraction Paradigm*. New York : Academic Press.

Byrne, D. & Nelson, D.　1964　Attraction as a function of attitude similarity-dissimirality : The effect of topic importance. *Psychonomic Science*, **1**, 93-94.

Byrne, D. & Nelson, D.　1965　Attraction as a linear function of proportion of positive reinforcements. *Journal of Personality and Social Psychology*, **1**, 659-663.

Cartwright, D. & Zander, A.　1953　Group cohesiveness : introduction. In Cartwright, D. & Zander, A. (Eds.), *Group Dynamics : Research and Theory*. Evanston, I11. : Row Peterson. Pp. 73-91. ［安藤延男訳　1969　集団凝集性　三隅二不二・佐々木薫訳編　グループ・ダイナミックスⅠ　誠信書房　83-116頁］

地方自治研究資料センター　1982　管理監督者の評価基準研究　自治研修協会

Cialdini, R. B. & Trost, M. R.　1998　Social influence : Social norms, conformity, and compliance. In Gilbert, D. T., Fiske, S. T. & Lindzey, G. (Eds.), *The Handbook of Social Psychology*. Vol. II Fourth Ed. Boston, Mass : McGraw-Hill. Pp. 151-192.

Clark, M. S. & Mills, J.　1979　Interpersonal attraction in exchange and communal relationships. *Journal of Personality and Social Psychology*, **37**, 12-24.

Clark, M. S. & Mills, J.　1993　The difference between communal and exchange relationships : what it is and is not. *Personality and Social Psychology Bulletin*, **19**, 684-691.

Clark, M. S., Mills, J. & Powell, M. C.　1986　Keeping track of needs in communal and exchange relationships. *Journal of Personality and Social Psychology*, **51**, 333-338.

Collins, B. E. & Guetzkow, H.　1964　*A Social Psychology of Group Processes for Decision-Making*. New York : Wiley.

出井康子　1966　集団形成に関する一考察——特に類似―非類似の問題を中心にして　教育・社会心理学研究, **5**, 215-230.

Deutsch, M.　1953　The effects of cooperation and competition upon group process. In Cartwright, D. & Zander, A. (Eds.), *Group Dynamics : Research and Theory*. Evanston, I11. : Row, Peterson. Pp. 319-353.［廣田君美・白樫三四郎訳　1970　集団過程に及ぼす協同と競争の効果　三隅二不二・佐々木薫訳編　グループ・ダイナミックスII　497-535頁　誠信書房］

Deutsch, M.　1975　Equity, equality, and need : What determines which value win be used as the basis of distributive justice ? *Journal of Social Issues*, **31**, 137-149.

Dilthey, W.　1900　*Die Entstehung der Hermeneutik*. および *Das Verstehen anderer Personen und ihrer Lebensäußerungen*.［久野　昭訳　1973　解釈学の成立　以文社］

Doise, W. & Mugny, G.　1979　Individual and collective conflicts of centrations in cognitive development. *European Journal of Social Psychology*, **9**, 105-108.

Doise, W. & Sinclair, A.　1972　The categorization process in intergroup relations. *European Journal of Social Psychology*, **3**, 145-157.

Drulović, M.　1972　Samoupravna Demokratija. Beograd : Beogradski Izdavačko-Graficki Zavod.［高屋定国・山崎　洋訳　1980　試練に立つ自主管理——ユーゴスラヴィアの経験　岩波書店］

Drury, J. & Reicher, S.　2000　Collective action and psychological change : The emergence of new social identities. *British Journal of Social Psychology*, **39**, 579-604.

Erikson, E. H.　1956　The problem of ego identity. *Journal of the American Psychoanalitic Association*, **4**, 56-121.［小此木啓吾訳編　1973　自我同一性——アイデンティティとライフ・サイクル　誠信書房　131-217頁所収］

Festinger, L. 1950 Informal social communication. *Psychological Review*, **57**, 271-282. also In Cartwright, D. & Zander, A. (Eds.), 1953 *Group Dynamics : Research and Theory*. Evanston, Ill. : Row Peterson. Pp. 190-203. ［佐々木薫訳 1969 インフォーマルな社会的コミュニケーション 三隅二不二・佐々木薫訳編 グループ・ダイナミックスⅠ 第二版 誠信書房 341-357頁］

Festinger, L. 1954 A theory of social comparison processes. *Human Relations*, **7**, 117-140.

Festinger, L. 1957 *A Theory of Cognitive Dissonace*. Evanston, Ill. : Row, Peterson. ［末永俊郎監訳 1965 認知的不協和の理論：社会心理学序説 誠信書房］

Foa, U. G. 1961 Convergences in the analysis of the structure of interpersonal behavior. *Psychological Review*, **68**, 341-353.

Franke, R. H. 1979 The Hawthorne experiments : Review. *American Sociological Review*, **44**, 861-867.

Franke, R. H. & Kaul, J. D. 1978 The Hawthorne experiments : First statistical interpretation. *American Sociological Review*, **43**, 623-643.

藤森立男 1980 態度の類似性，話題の重要性が対人魅力に及ぼす効果――魅力次元との関連において 実験社会心理学研究, **20**, 35-43.

藤村博之 1994 ユーゴ労働者自主管理の挑戦と崩壊 滋賀大学経済学部研究叢書第24号 滋賀大学経済学部

藤永 保 1997 「こころの時代」の不安――日常性の心理学へ 新曜社

船津 衛 1995 シンボリック相互作用論の特質 船津 衛・宝月 誠編 シンボリック相互作用論の世界 恒星社厚生閣 3-13頁

船津 衛 1998 自我のゆくえ 社会学評論, **48**, 407-418.

古川綾子 1972 親の自己認知と子どもの認知による子どもに対する両親のリーダーシップ行動測定について 実験社会心理学研究, **12**, 41-52.

古川竹二 1927 血液型による気質の研究 心理学研究, **2**, 612-634.

古川竹二 1931 血液型で職業と結婚の適否が分る――就職と結婚前に先づ血液型を調べよ 実業之日本, **34**, (5), 80-85.

古川竹二 1932 血液型と気質 三省堂

Gergen, K. J. 1971 *The Concept of Self*. New York : Holt, Rinehart and Winston.

Gurin, P. & Markus, H. 1988 Group identity : The psychological mechanisms of durable salience. *Revue Internationale de Psychologie Sociale*, **1**, 257-274.

Gurin, P., Miller, A. H. & Gurin, G. 1980 Stratum identification and consciousness. *Social Psychology Quarterly*, **43**, 30-47.

Guttman, L. & Suchman, E. A. 1947 Intensity and a zero point for attitude analysis. *American Sociological Review*, **12**, 57-67.

蜂屋良彦 1962 社会的コミュニケーションについての実験的研究――コミュニケーション過程に及ぼす社会的地位の影響 京都大学修士論文

蜂屋良彦 1967 集団機能に関する研究――集団課題への動機づけと機能的役割間の葛藤との関係について 年報社会心理学, **8**, 193-203.

蜂屋良彦 1968 集団機能に関する研究――大学における運動部集団の調査より 教育・社会心理学研究, **7**, 149-157. [蜂屋良彦 1999 集団の賢さと愚かさ――小集団リーダーシップ研究 ミネルヴァ書房 所収]

蜂屋良彦 1972 リーダーシップの課題的役割と集団維持的役割の間の関係についての調査研究 実験社会心理学究, **12**, 1-10. [蜂屋良彦 1999 集団の賢さと愚かさ――小集団リーダーシップ研究 ミネルヴァ書房に一部加筆の上所収]

蜂屋良彦 1987 リーダーシップの役割の分化 神戸大学文学部紀要, **14**, 1-40. [蜂屋良彦 1999 集団の賢さと愚かさ――小集団リーダーシップ研究 ミネルヴァ書房に一部加筆の上所収]

蜂屋良彦 1999 集団の賢さと愚かさ――小集団リーダーシップ研究 ミネルヴァ書房

Halpin, A. W. & Winer, B. J. 1957 A factorial study of the leader behavior descriptions. In Stogdill, R. M. & Coons, A. E. (Eds.), Leader Behavior: Its Description and Measurement. *Research Monograph*, **88**, Bureau of Business Research, The Ohio State University. Pp. 39-51.

Hamblin, R. L. 1958 Leadership and crises. *Sociometry*, **21**, 322-335.

Harris, M. 1985 *Good to Eat: Riddles of Food and Culture*. New York: Simon & Schaster. [板橋作美訳 1994 食と文化の謎 同時代ライブラリー 岩波書店]

Helson, H. 1947 Adaptation-level as frame of reference for prediction of psychological data. *American Journal of Psychology*, **60**, 1-29.

Helson, H. 1948 Adaptation-level as a basis for a quantitative theory of frame of reference. *Psychological Review*, **55**, 297-313.

Hemphill, J. K. & Coons, A. E. 1957 Development of the leader behavior description questionnaire. In Stogdill, R. M. & Coons, A. E. (Eds.), Leader Behavior: Its Description and Measurement. *Research Monograph*, **88**, Bureau of Business Research, The Ohio State Univ.. Pp. 6-38.

飛田 操 1989 目標達成の困難度と対人魅力との関係について 心理学研究, **60**, 69-75.

廣松 渉 1972 世界の共同主観的存在構造 勁草書房

廣松 渉 1982 存在と意味——事的世界観の定礎 第一巻 岩波書店

広瀬幸雄 1993 環境問題へのアクション・リサーチ——リサイクルのボランティア・グループの形成発展のプロセス 心理学評論, **36**, 373-397.

Hogg, M. A. 1992 *The Social Psychology of Group Cohesiveness: From Attraction to Social Identity*. London: Harvester Wheatsheaf. [廣田君美・藤澤 等監訳 1994 集団凝集性の社会心理学 北大路書房]

Homans, G. C. 1951 *The Human Group*. London: Kegan Paul. [馬場明男・早川浩一訳 1959 ヒューマン・グループ 誠信書房]

Homans, G. C. 1961 *Social Behaviour: Its Elementary Forms*. London: Routledge & Kegan Paul.

Hovland, C. I., Harvey, O. J. & Sherif, M. 1957 Assimilation and contrast effects in reaction to communication and attitude change. *Journal of Abnormal and Social Psychology*, **55**, 242-252.

Howard, J. A. 1991 From changing selves toward changing society. In Howard, J. A. & Callero, P. L. (Eds.), *The Self-Society Dynamic*. Cambridge: Cambridge University Press. Pp. 209-237.

Hoyle, R. H. 1993 Interpersonal attraction in the absence of explicit attitudinal information. *Social Cognition*, **11**, 309-320.

Husserl, E. 1952 *Ideen zu einer reinen Phänomenologie und phänomenologischen Philosophie, Zweites Buch, Phänomenologische Untersuchungen zur Konstitution*. Hague: Martinus Nijhoff. [立松弘孝・別所良美訳 2001 イデーンII-₁ 純粋現象学と現象学的哲学のための諸構想 第2巻 構成についての現象学的諸研究 みすず書房]

池田謙一 2000 コミュニケーション 社会科学の理論とモデル 5 東京大学出版会

池田清彦 2000 臓器移植：我，せずされず 小学館文庫

稲田準子 1953 児童の性格と親子関係 児童心理, **7**, 785-789.

井上　俊　1973　死にがいの喪失　筑摩書房
伊藤　勇　1985　日本型大衆社会と「自我」　社会学研究，第48号，93-109.
岩井勝二郎　1934　血液型と気質　応用心理研究，**1**，176-181.
岩見和彦・滝本佳史（編）　1986　〈血液型ブーム〉研究　関西大学社会学部社会調査室　社会調査報告書，昭和60年度調査

Jackson, S. E., Brett, J. F., Scssa, V. I., Cooper, D. M., Julin J. A. & Peyronnin, K. 1991 Some differeces make a difference: Individual dissimilarity and group heterogeneity as correlates of recruitment, promotions, and turnover. *Journal of Applied Psychology*, **76**, 675-689.

Jennings, H. H.　1943　*Leadership and Isolation.*　New York: Longmans, Green.

Jennings, H. H.　1950　*Leadership and Isolation.*　2nd ed. New York: David McKay Company.

Jourard, S. M.　1971　*The Transparent Self*. rev. ed. New York: Van Nostrand Reinhold. ［岡堂哲雄訳　1974　透明なる自己　誠信書房］

亀田達也　1983　類似他者・非類似他者が個人に及ぼす情報的影響　実験社会心理学研究，**23**，1-8

上瀬由美子　1992　自己認識欲求の構造と機能に関する研究——女子青年を対象として　心理学研究，**63**，30-37.

上笹　恒・堀　洋道　1993　地域社会の動態と住民意識の変容——筑波研究学園都市の事例をとおして　心理学評論，**36**，319-339.

上武正二　1939a　統率心理の研究（第一部其二）——その前提としての児童集団の准条件発生的研究　教育心理研究，**14**，471-484.

上武正二　1939b　統率心理の研究（第一部其三）——その前提としての児童集団の准条件発生的研究　教育心理研究，**14**，944-971.

上武正二　1941　児童集団に於ける統率過程の条件発生的研究（Ⅰ）——統率心理に関する研究（第二部）　心理学研究，**16**，352-380.

上武正二　1942　児童集団に於ける統率過程の条件発生的研究（Ⅱ）——統率心理に関する研究（第二部）　心理学研究，**17**，93-132.

狩野広之　1970　ホーソン実験のはなし　労働の科学，**25**，No. 3，4-11.

Kaplan, E.　1952　An experimental study on inner speech as contrasted with external speech. Unpublished Master's Thesis. Clark University. Werner, H. & Kaplan, B. 1963 より引用

苅谷剛彦　2001　階層化日本と教育危機——不平等再生産から意欲格差社会へ　有

信堂

Kelley, H. H. & Volkert, E. H. 1952 The resistance to change of group-anchored attitude. *American Sociological Review*, **17**, 453-465.

Kiesler, C. A. & Kieslser, S. B. 1969 *Conformity*. Reading, Mass.: Addison-Wesley. ［早川昌範訳 1978 同調行動の心理学 廣田君美監修 現代社会心理学の動向 3 誠信書房］

小林さえ 1960 課題条件が集団成層化におよぼす効果について 教育・社会心理学研究, **1**, 154-163.

Kojima, H. 1975 Inter-battery factor analysis of parents' and children's reports of parental behavior. *Japanese Psychological Research*, **17**, 33-48.

Kölbel, G. 1960 *Üer die Einsamkeit. Vom Ursprung. Gestaltwandel und sinn des Einsamkeitserlebens*. München-Basel: Reinhart. cited from Jong-Gierveld, J. de & Raadschelders, J. 1982 Types of loneliness. In Peplau, L. A. & Perlman, D. (Eds.), *Loneliness: A Sourcebook of Current Theory, Research and Therapy*. New York: John Wiley & Sons. Pp. 105-119.

今野祐昭 1992 都市コミュニティ形成と住民意識に関する一考察——神戸市真野地区の「まちづくり」運動の事例 社会学評論, **43**, 285-303.

Krech, D., Crutchfield, R. S. & Ballachey, E. L. 1962 *Individual in Society: A Textbook of Social Psychology*. New York: McGraw-Hill.

Kuhn, M. H. & McPartland, T. S. 1954 An empirical investigation on self-attitudes. *American Sociological Review*, **19**, 68-76.

Kuhn, T. S. 1970 *The Structure of Scientific Revolutions*. 2nd ed. Chicago: University of Chicago Press. ［中山 茂訳 1971 科学革命の構造 みすず書房］

黒川正流・三隅二不二 1975 組織体における下位組織集団の大きさがその集団のリーダーシップ行動評定に及ぼす効果に関する研究 実験社会心理学研究, **15**, 62-73.

Lopata, H. Z. 1969 Loneliness: Forms and components. *Social Problems*, **17**, 248-261.

前田 恒・小嶋外弘・中島貞夫 1962 集団の凝集力と生産性に関する実験的研究（II）——group status を操作した場合について 教育・社会心理学研究, **3**, 39-50.

前田 恒・小嶋外弘・野間健三 1960 集団の凝集力と生産性に関する実験的研究

(I)——member attractiveness を操作した場合について　教育・社会心理学研究, **1**, 164-173.

Maier, N. R. F.　1973　*Psychology in Industrial Organizations*. 4th ed. Boston: Houghton Mifflin.

Mascaro, G. F. & Graves, W.　1973　Contrast effects of background factors on the similarity-attraction relationship. *Journal of Personality and Social Psychology*, **25**, 346-350.

松田　薫　1991　「血液型と性格」の社会史　河出書房新社

松田　薫　1994　「血液型と性格」の社会史——血液型人類学の起源と展開　改訂第二版　河出書房新社

松本健一　1990　仮説の物語り——いかに事実を発見するか　新潮社

Mayo, E.　1933　*The Human Problems of An Industrial Civilization*. New York: MaCmillan.［村本等一訳　1967　新訳　産業文明における人間問題　社団法人日本能率協会（原著第4版［1960］の訳）］

Mayo, E.　1939　Preface. In Roethlisberger, F. J. & Dickson, W. J. 1939 *Management and The Worker: An Account of a Research Program Conducted by the Western Electric Company, Hawthorne Works, Chicago*. Cambridge, Mass: Harvard Univ. Press.

Mead, G. H.　1934　*Mind, Self & Society*. Chicago: The University of Chicago Press.［稲葉三千男・滝沢正樹・中野　収訳　1974　精神・自我・社会　青木書店］

Mills, J. & Clark, M. S.　1982　Exchange and communal relationship. *Review of Personality and Social Psycholgy*, **3**, 121-144.

三隅二不二・黒川正流　1971　集団規模の大いさが集団のリーダーシップ機能及び成員の帰属意識，モラールに及ぼす効果に関する研究　教育・社会心理学研究, **10**, 169-181.

三隅二不二・中野繁喜　1960　学級雰囲気に関するグループ・ダイナミックスの研究（第Ⅲ報告）　教育・社会心理学研究, **1**, 119-135.

三隅二不二・白樫三四郎　1963　組織体におけるリーダーシップの構造―機能に関する実験的研究　教育・社会心理学研究, **4**, 115-127.

三隅二不二・田崎敏明　1965　組織体におけるリーダーシップの構造―機能に関する実証的研究　教育・社会心理学研究, **5**, 1-13.

溝口　元　1986　古川竹二と血液型気質相関説——学説の登場とその社会的受容を

中心として　生物科学, **38**, 9-20.

溝口　元　1987　軍隊と血液型気質相関説　生物学史研究, **49**, 19-28.

文部省　1952　文部省第七十八年報　昭和二十五年度　文部省調査普及局統計課

文部省　1955　学校基本調査報告書　文部省調査局統計課

文部省　1960　学校基本調査報告書　文部省調査局統計課

文部省　1965　学校基本調査報告書　文部省調査局統計課

文部省　1970　学校基本調査報告書　文部省調査局統計課

文部省　1975　学校基本調査報告書　文部省調査局統計課

文部省　1980　学校基本調査報告書　文部省調査局統計課

文部省　1990　学校基本調査報告書　文部省調査局統計課

文部省　1995　学校基本調査報告書　文部省調査局統計課

Moreno, J. L.　1934　*Who Shall Survive?*　Washington, D. C.: Nervous and Mental Disease.

Moreno, J. L.　1953　*Who Shall Survive?*　New York: Beacon House.

Morgan, D. L. & Schwalbe, M. L.　1990　Mind and self in society: Linking social structure and social cognition.　*Social Psychology Quarterly*, **53**, 148-164.

守安直孝　1933　血液型に因る気質類型説に就て　犯罪学雑誌, **7**, 361-370.

諸橋泰樹　1985　大衆雑誌にみられる「人間関係術」——心理, 性格, 行動等に関する記述の実態と問題点について　女性誌を中心に（その1）　臨床心理学研究, **23**（2号）, 61-72.

諸橋泰樹　1986　大衆雑誌にみられる「人間関係術」——心理, 性格, 行動等に関する記述の実態と問題点について　男性誌を中心に（その2）　臨床心理学研究, **23**（3号）, 54-71.

Morse, N. C. & Reimer, E.　1956　The experimental change of a major organizational variable.　*Journal of Abnormal and Social Psychology*, **52**, 120-129.

Moscovici, S., Lage, E. & Naffrechoux, M.　1969　Influence of a consistent minority on the responses of a majority in a color perception task.　*Sociometry*, **32**, 365-380.

Mugny, G. & Doise, W.　1978　Socio-cognitive conflict and structure of individual and collective performances.　*European Journal of Social Psychology*, **8**, 181-192.

村田光二　1984　対人魅力の形成と原因帰属過程——類似態度比率と態度項目数の効果　実験社会心理学研究, **24**, 13-22.

村田光二・木下順子　1993　仮説検証過程における確証傾向——血液型ステレオタイプに基づく場合　東京学芸大学紀要, **44**, 219-228.

Murray, H. A. (Ed.)　1938　*Explorations in Personality : A Clinical and Experimental Study of Fifty Men of College Age by The Workers at the Harvard Psychological Clinic.*　Oxford University Press.［外林大作訳編　1961　パーソナリティ　I　誠信書房］

永田良昭　1961　対人関係の次元に関する研究　教育・社会心理学研究, **2**, 160-173.

永田良昭　1965a　第一線・第二線監督者のリーダーシップの研究 I ——リーダーシップ測定尺度作製の試み　鉄道労働科学, **17**, 75-82.

永田良昭　1965b　第一線・第二線監督者のリーダーシップの研究 II ——M機能の検討を中心として　鉄道労働科学, **18**, 313-317.

永田良昭　1965c　集団の体制化に及ぼす課題条件の効果——個々人の活動の関連性の効果について　心理学研究, **36**, 56-66.

永田良昭　1969　リーダーシップ論を俎上にのせる　日本グループ・ダイナミックス学会シンポジュウム記録　集団と行動　第13集収録　日本グループ・ダイナミックス学会

永田良昭　1972　組織におけるインフォーマルな集団の機能　豊原恒男・本明寛・藤田忠・三隅二不二編　講座　経営行動の心理学 5　組織行動の心理学　ダイヤモンド社　83-130頁

永田良昭　1973a　情緒的魅力および資源の大きさの類似性からみた学級集団の対人関係の構造　実験社会心理学研究, **13**, 105-115.

永田良昭　1973b　Task structure as a situational factor on group processes.　In Misumi, Jyuji (Ed.), *Group Dynamics in Japan.*　The Japanese Group Dynamics Association.　Pp. 37-47.［集団過程の状況的変数としての課題構造　同書　126-134頁］

永田良昭　1977　コミュニケーション行為としての集団遊び　関係学研究, **5**, 283-288.

永田良昭　1978　グループ・パフォーマンス　末永俊郎編　講座社会心理学　2　集団行動　東京大学出版会　203-234頁

永田良昭　1980　集団規範への同調および逸脱を規定する要因としての地位について　心理学研究, **51**, 152-159.

永田良昭　1983　態度の「極性化」現象と認知的均衡理論について　学習院大学文

学部研究年報, 第30輯, 335-353.
永田良昭　1987　集団・組織のダイナミックス　永田良昭・船津　衛編　社会心理学の展開　北樹出版　77-86頁
永田良昭　1990　人間関係の社会心理史研究序説　学習院大学文学部研究年報　第37輯　241-268.
永田良昭　1995　社会的自己同一性の確立および崩壊の機制と同一性確立の意義　文部省科学研究費補助金研究成果報告書
永田良昭　1996　対人関係において能動的な役割を取得することに基づく自己生成的な認知的不協和について　学習院大学文学部研究年報, 第43輯, 157-183.
永田良昭　1997　大衆社会現象の心理的指標の検討および相関的, 因果的関係にある巨視的変数　文部省科学研究費補助金研究成果報告書
永田良昭　1999　孤独感の構造, 集合的同一性, 人格的同一性および本当の自己の所在――個体内過程, 人間関係, 集団の組織化過程に関する複合過程理論　学習院大学文学部研究年報, 第46輯, 137-166.
永田良昭　2000　血液型性格関連説など通俗的人間観への関心の社会心理的要因　心理学研究, **71**, 361-369.
永田良昭・廣田君美　1961　集団凝集性と課題解決　グループ・ダイナミックスの研究, 第5集, 理想社　158-190頁
中村陽吉　1952　集団成層構造の研究　心理学研究, **23**, 1-11.
中村隆英　1993a　昭和史Ⅰ　1926-1945　東洋経済新報社
中村隆英　1993b　昭和史Ⅱ　1945-1989　東洋経済新報社
Nemeth, C. J. & Wachtler, J.　1983　Creative problem solving as a result of majority vs. minority influence. *European Journal of Social Psychology*, **13**, 45-55.
Newcomb, T. M.　1953　An approach to the study of communicative acts. *Psychological Review*, **60**, 393-404.
Newcomb, T. M.　1956　The prediction of interpersonal attraction. *American Psychologist*, **11**, 575-586.
Newcomb, T. M.　1959　Individual systems of orientation. In Koch, S. (Ed.), *Psychology : A Study of a Science. Study I. Conceptual and Systematic. Vol. 3, Formulations of the Person and the Social Context*. New York : McGraw-Hill. Pp. 384-422.
Newcomb, T. M.　1960　Varieties of interpersonal attraction. In Cartwright, D.

& Zander, A. (Eds.), *Group Dynamics*. 2nd ed. Row Peterson. Pp. 104-119.［永田良昭訳　1969　対人魅力の諸相　三隅二不二・佐々木薫訳編　グループ・ダイナミックスⅠ　第2版　誠信書房　127-145頁］

Newcomb, T. M.　1961　*The Acquaintance Process*. New York : Holt, Rinehart and Winston.

Newcomb, T. M., Koenig, K. E. & Warwick, D. P.　1967　*Persistence and Change : Bennington College and Its Students After Twenty-five Years*. New York : John Wiley & Sons.

落合良行　1989　青年期における孤独感の構造　風間書房

大村政男　1986　血液型気質説の回顧と展望　日本大学心理学研究, **7**, 27-42.

大村政男　1988　血液型気質説についての研究　研究紀要（日本大学人文科学研究所）, **35**, 175-199.

大村政男　1989　血液型気質相関説の批判的検討　研究紀要（日本大学人文科学研究所）, **38**, 53-77.

大村政男　1990　血液型と性格　福村出版

大村政男　1995　石津作次郎の『血液型研究（LA STUDO DE SANGA TIPO』と能見正比古・俊賢の『アボ・メイト（abo mate)』についての評論　研究紀要（日本大学人文科学研究所）, **50**, 167-189.

大村政男　1998　新訂血液型と性格　福村出版

奥田秀宇　1985　報酬分配における利己主義と対人魅力　心理学研究, **56**, 153-159.

奥田秀宇　1993　態度の重要性と仮想類似性——対人魅力に及ぼす効果　実験社会心理学研究, **33**, 11-20.

太田美晴　1974　対人態度の形成に及ぼす自他の類似性の効果　学習院大学文学部卒業論文　未公刊

折井正明・宇野善康　1987　地域内発生イノベーションの普及と促進集団——長野県南安曇郡豊科町における「古民家再生イノベーション」をめぐる普及促進集団「民家を守り育てる会」に関する事例研究　社会心理学研究, **3**, 17-28.

Parsons, T. & Bales, R. F.　1955　(Eds.), *Family, Socialization and Interaction Process*. Glencoe, I11. : Free Press.［橋爪貞雄・溝口謙三・高木正太郎・武藤孝典・山村賢明共訳　1970-1971　核家族と子どもの社会化　上・下　黎明書房］

Pennock, G. A.　1930　Industrial research at Hawthorne. An experimental investigation of rest periods, working conditions and other influences. *The Personnel Journal*, 8, 296-313.

Peplau, L. A. & Perlman, D. 1982 Perspectives on loneliness. In Peplau, L. A. & Perlman, D. (Eds.), *Loneliness : A Sourcebook of Current Theory, Research and Therapy*. New York : John Wiley & Sons. Pp. 1-8.

Reicher, S. D. 1984 The St. Pauls' riot : an explanation of the limits of crowd action in terms of a social identity model. *European Journal of Social Psychology*, **14**, 1-21.

Reicher, S. D. 1987 Crowd behaviour as social action. In Turner, J. C., Hogg, M. A., Oakes, P. L., Reicher, S. D. & Wetherell, M. S. (Eds.), *Rediscovering The Social Group : A Self-Categorization Theory*. Oxford : Blackwell. [内藤哲雄訳 1995 社会的行為としての群集行動 蘭 千壽・磯崎三喜年・内藤哲雄・遠藤由美訳 1995 社会集団の再発見 自己カテゴリー化理論 誠信書房 226-270頁]

Reicher, S. 1996 'The Battle of Westminster': developing the social identity model of crowd behaviour in order to explain the initiation and development of collective conflict. *European Journal of Social Psychology*, **26**, 115-134.

Roethlisberger, F. J. & Dickson, W. J. 1939 *Management and The Worker : An Account of a Research Program Conducted by the Western Electric Company, Hawthorne Works, Chicago*. Cambridge, Mass ; Harvard Univ. Press.

Rogers, C. R. 1959 A theory of therapy, personal relationships, as developed in the client-centered framework. In Koch, S. (Ed.), *Psychology : A Study of a Science. Study I. Conceptual and Systematic. Vol. 3 Formulations of the Person and the Social Context*. New York : McGraw-Hill. Pp. 184-256.

Rogers, C. R. 1962 The interpersonal relationship : the core of guidance. *Harvard Educational Review*, **32**, 416-429. [畠瀬 稔訳編 1967 対人関係：ガイダンスの核心 ロージァス全集 第6巻 人間関係論 岩崎学術出版社 45-69頁所収]

Rosenbaum, M. E. 1986 The repulsion hypothesis : On the nondevelopment of relationships. *Journal of Personality and Social Psychology*, **51**, 1156-1166.

Rubenstein, C. & Shaver, P. 1982 The experience of loneliness. In Peplau, L. A. & Perlman, D. (Eds.), *Loneliness : A Sourcebook of Current Theory, Research and Therapy*. New York : John Wiley & Sons. Pp. 206-223.

Russell, D., Peplau, L. A. & Catrona, C. E. 1980 The revised UCLA loneliness scale : Concurrent and discriminant validity evidence. *Journal of Personality* and *Social Psychology*, **39**, 472-480.

Russell, D., Peplau, L. A. & Ferguson, M. L. 1978 Developing a measure of loneliness. *Journal of Personality Assessment*, **42**, 290-294.

Russell, D., Cutrona, C. E., Rose, J. & Yurko, K. 1984 Social and emotional loneliness : An examination of Weiss's typology of loneliness. *Journal of Personality and Social Psychology*, **46**, 1313-1321.

佐藤達哉・渡邊芳之 1992 現代の血液型性格判断ブームとその心理学的研究 心理学評論, **35**, 234-268.

Schachter, S., Ellertson, N., McBride, D. & Gregory, D. 1951 An experimental study of cohesiveness and productivity. *Human Relations*, **4**, 229-238.

Schaefer, E. S. 1959 A circumplex model for maternal behavior. *Journal of Abnormal and Social Psychology*, **59**, 226-235.

Schaefer, E. S. 1965 A configurational analysis of children's reports of parent behavior. *Journal of Consulting Psychology*, **29**, 552-557.

Shaver, P. & Buhrmester, D. 1983 Loneliness, sex-role orientation and group life : A social needs perspective. In Paulus, P. B. (Ed.), *Basic Group Processes*. New York : Springer-Verlag. Pp. 259-288.

Sherif, M. 1936 *The Psychology of Social Norms*. New York : Harper.

Sherif, M. & Sherif, C. W. 1956 *An Outline of Social Psychology*. rev. ed. New York : Harper & Brothers.

Sherif, M., Harvey, O. J., White, B. J., Hood, W. R. & Sherif, C. E. 1961 *The Robbers Cave Experiment : Intergroup Conflict and Cooperation*. Norman, Okla.: The University of Oklahoma. (引用は 1988 Middletown, Connecticut : Wesleyan University Press. のリプリント版による)

Simpson, R. L. & Gulley, W. H. 1962 Goals, environmental pressures, and organizational caracteristics. *American Sociological Review*, **27**, 344-351.

Singh, R. & Ho, Soo Yan 2000 Attitudes and attraction : A new test of the attraction, repulsion and similarity-dissimilarity asymmetry hypotheses. *British Journal of Social Psychology*, **39**, 197-211.

Singh, R. & Tan, L. S. C. 1992 Attitudes and attraction : A test of the similarity-attraction and dissimilarity-repulsion hypotheses. *British Journal of Social Psychology*, **31**, 227-238.

Slater, P. E. 1955 Role differentiation in small groups. *American Sociological*

Review, **20**, 300-310.

Slater, P. E. 1958 Contrasting correlates of group size. *Sociometry*, **21**, 129-139.

Smeaton, G., Byrne, D. & Murnen, S. K. 1989 The repulsion hypothesis revisited: Similarity irrelevance or dissimilarity bias? *Journal of Personality and Social Psychology*, **56**, 54-59.

総務省統計局・統計研修所 2001 第五十一回 日本統計年鑑 日本統計協会・毎日新聞社

Srull, T. K. & Wyer, R. S. Jr. 1980 Category accessibility and social perception: Some implications for the study of person memory and interpersonal judgments. *Journal of Personality and Social Psychology*, **38**, 841-856.

Stogdill, R. M. 1948 Personal factors associated with leadership: A survey of the literature. *Journal of Psychology*, **25**, 35-71.

Stryker, S. & Burke, P. J. 2000 The past, present, and future of an identity theory. *Social Psychology Quarterly*, **63**, 284-297.

Sullivan, H. S. 1953 *The Interpersonal Theory of Psychiatry*. New York: Norton. [中井久夫・宮崎隆吉・高木敬三・鑢幹八郎共訳 1990 精神医学は対人関係論である みすず書房]

鈴木 清 1936 自我を中心とする児童の道徳に関する研究，教育心理研究，**11**，676-695.

Symonds, P. M. 1939 *The Psychology of Parent-Child Relationships*. New York: Appleton-Century Crofts.

Tagiuri, R. & Blake, R. R. 1953 Some determinants of perception of positive and negative feelings in others. *Journal of Abnormal and Social Psychology*, **48**, 585-592.

Tajfel, H. 1970 Experiments in intergroup discrimination. *Scientific American*, **223**, 96-102.

Tajfel, H. 1972 La catégorisation sociale. In Moscovici, S. (Ed.), *Introduction à La Psychologie Sociale*. Paris: Larousse. Pp. 272-302.

田島 司 2000 態度の類似性の判断と対人魅力に及ぼす背景要因の対比効果——態度内容の身近さが与える影響 心理学研究，**71**，345-350.

竹内 洋 1999 学歴貴族の栄光と挫折 日本の近代12 中央公論新社

詫摩武俊・松井 豊 1985 血液型ステレオタイプについて 人文学報，**172**，15-30.

Tan, D. T. Y. & Singh, R. 1995 Attitudes and attraction: A developmental study of the similarity-attraction and dissimilarity-repulsion hypotheses. *Personality and Social Psychology Bulletin*, **21**, 975-986.

田中美知太郎 1931 人間定義にあらわれたギリシャ人間観 理想, **5**, 982-1000.

田尾雅夫 1974 協同作業におよぼす地位の非一貫性の効果について 心理学研究, **44**, 296-304.

田尾雅夫 1979 自律性の測定――看護婦の場合 応用心理学研究, **2**, 1-10.

田尾雅夫 1999 組織の心理学〔新版〕 有斐閣

Thibaut, J. W. & Kelley, H. H. 1959 *The Social Psychology of Groups*. New York: John Wiley & Sons.

辻岡美延・山本吉廣 1978 親子関係の類型――親子関係診断尺度 EICA 教育心理学研究, **26**, 84-93.

Torrance, P. E. 1955 Some consequences of power differences in permanent and temporary three-man groups. In Hare, A. P., Borgatta, E. F. & Bales, R. F. (Eds.), *Small Groups: Studies in Social Interaction*. New York: Knopf. Pp. 600-609.

Turner, J. C. 1978 Social categorization and social discrimination in the minimal group paradigm. In Tajfel, H. (Ed.), *Differentiation between Social Groups*. London: Academic Press.

Turner, J. C. 1981 Towards a cognitive redefinition of the social group. *Cahiers de Psychologie Cognitive*, **1**, 93-118.

Turner, J. C. 1984 Social identification and psychological group formation. In Tajfel, H. (Ed.), *The Social Dimension*. Vol. 2 Cambridge: Cambridge University Press. Pp. 518-538.

Turner, J. C., Oales, P. J., Haslam, S. A. & McGarty, C. 1994 Self and collective: Cognition and social context. *Personality and Social Psychology Bulletin*, **20**, 454-463.

Turner, J. C., Hogg, M. A., Oakes, P. J., Reicher, S. D. & Wetherell, M. S. 1987 *Rediscovering the Social Group: A Self-Categorization Theory*. Oxford: Basil Blackwell［蘭 千壽・磯崎三喜年・内藤哲雄・遠藤由美訳 1995 社会集団の再発見：自己カテゴリー化理論 誠信書房］

Turner, R. H. 1976 The real self: From institution to impulse. *American Journal of Sociology*, **81**, 989-1016.

Turner, V. W. 1969 *The Ritual Process : Structure and Anti-Structure*. Chicago : Aldine Publishing Company.［冨倉光雄訳　1976　儀礼の過程　思索社］

Vaux, A. 1988 Social and emotional loneliness : The role of social and personal characteristics. *Personality and Social Psychology Bulletin*, **14**, 722-734.

Verba, S. 1961 *Small Groups and Political Behavior——A Study of Leadership*. New Jersey : Princeton Univ. Press.［青井和夫訳編　1963　小集団と政治行動——リーダーシップの研究　誠信書房］

Walster, E., Aronson, V., Abraham, D. & Rottman, L. 1966 Importance of physical attractiveness in dating behavior. *Journal of Personality and Social Psychology*, **4**, 508-516.

Weiss, R. S. 1973 *Loneliness : The Experience of Emotional and Social Isolation*. Cambridge, Mass. : The M. I. T. Press.

Weissenberg, P. & Kavanagh, M. J. 1972 The independence of initiating structure and consideration : A review of the evidence. *Personnel Psychology*, **25**, 119-130.

Werner, H. & Kaplan, B. 1963 *Symbol Formation : An Organismic-Developmental Approach to Language and The Expression of Thought*. New York : Wiley & Sons.［柿崎祐一監訳　1974　シンボルの形成——言葉と表現への有機発達論的アプローチ　ミネルヴァ書房］

White, R. & Lippitt, R. 1953 Leader bebavior and member reaction in three " social climates ". In Cartwright, D. & Zander, A. (Eds.), *Group Dynamics : Research and Theory*. Evanston Ill. : Row, Peterson. Pp. 585-611.［中野繁喜・佐々木薫訳　1970　三種の「社会的風土」におけるリーダーの行動と成員の反応　三隅二不二・佐々木薫訳編　グループ・ダイナミックスⅡ　第二版　誠信書房　629-661頁］

Wiersema, M. F. & Bantel, K. 1992 Top management team demography and corporate strategic change. *Academy of Management Journal*, **35**, 91-121.

Wiersema, M. F. & Bird, A. 1993 Organizational demography in Japanese firms : Group heterogeneity, individual dissimilarity, and top management team turnover. *Academy of Management Journal*, **36**, 996-1025.

Winch, R. F., Ktsanes, T. & Ktsanes, V. 1954 The theory of complementary needs in mate-selection : An analytic and descriptive study. *American Socio-*

logical Review, **19**, 241-249.

Winch, R. F., Ktsanes, T. & Ktsanes, V. 1955 Empirical elaboration of the theory of complementary needs in mate-selection. *Journal of Abnormal and Social Psychology*, **51**, 508-513.

Wood, M. R. & Zurcher, L. A. Jr. 1988 *The Development of a Postmodern Self : A Computerassisted Comparative Analysis of Personal Documents*. New York : Greenwood Press.

山川雄巳　1975　組織内入力としての部内提案と計画作成への職員参加　三宅一郎・福島徳寿郎編　都市行政組織の構造と動態　京都大学人文科学研究所調査報告　第30号　141-172.

梁井迪子　1961　時代による青年の態度形成の変化　教育・社会心理学研究, **2**, 25-34.

Young, J. E. 1982 Loneliness, depression and cognitive therapy. In Peplau, L. A. & Perlman, D. (Eds.), *Loneliness : A Sourcebook of Current Theory, Research and Therapy*. New York : John Wiley & Sons. Pp. 379-405.

Zander, A. & Medow, H. 1965 Strength of group and desire for attainable group aspirations. *Journal of Personality*, **33**, 122-139.

Zimbardo, P. G. 1969 The human choice : individuation, reason and order versus deindividuation, impulse, and chaos. *Nebraska Symposium on Motivation*, **17**, 237-307.

事例出典

会田雄次　1962　アーロン収容所　中公新書［会田雄次著作集　第一巻　1980　中央公論社　所収］

朝日新聞　2000年1月3日朝刊

石光眞清　1988　石光眞清の手記　石光眞人編　中央公論社

Lietaer, B. A.　1999　*Das Geld Der Zukunft*. Riemann Verlag.［小林一紀・福元初男訳　2000　マネー崩壊——新しいコミュニティ通貨の誕生　日本経済評論社］

丸山静雄　1984　インパール作戦従軍記——一新聞記者の回想　岩波新書　岩波書店

森嶋通夫　1997　血にコクリコの花咲けば——ある人生の記録　朝日新聞社

中村敏雄　1989　メンバーチェンジの思想——ルールはなぜ変わるか　平凡社

中山泰昌編　1982　新聞集成明治編年史　第3巻　本邦書籍　283頁

能見正比古　1971　血液型でわかる相性——伸ばす相手，こわす相手　青春出版社

能見正比古　1985　人間関係・つき合い方——血液型と性格ハンドブック　青春出版社

能見俊賢　1983　各界著名人血液型最新データ付——血液型おもしろ読本　人づき合いがガラリと変わる　文化創作出版

Office of Strategic Services, Research and Analysis Branch　1944　*The Okinawas of The Loo Choo Islands : A Japanese Minority Group*. 沖縄県立図書館資料編集室編　1996　沖縄県史　資料編2（原文編）所収

斉藤道雄　2002　悩む力　べてるの家の人々　みすず書房

作道洋太郎　1985　西郷札　国史大辞典編集委員会編　国史大辞典6　吉川弘文館　155頁

佐野洋子　2000　あれも嫌いこれも好き　2000年3月26日　朝日新聞朝刊

澤地久枝　2000　わたしが生きた「昭和」　岩波現代文庫

土屋祝郎　1978　紅萌ゆる——昭和初年の青春　岩波新書

山田風太郎　1985　戦中派不戦日記　講談社文庫

山中　恒　2002　青春は疑う——ボクラ少国民の終焉　勁草書房

事例出典

柳田國男　1920　東京朝日新聞10月，11月　柳田國男　1989　秋風帖　柳田國男全集2　ちくま文庫

吉田義仁　1992　ほくらのパパは駆け出し主夫　朝日新聞社

Wertheimer, M.　1945　*Productive Thinking*.　New York : Harper & Brothers.　［矢田部達郎訳　1952　生産的思考　岩波書店］

あとがき

　3年程前から，これまで考えてきたいくつかの問題について，筆者の構想をまとめるとともに，既に個別には発表した論考の位置づけをも含めて，社会的動物としての人間像の全体的見取り図を描いて見ようと考えて，少しづつ書きはじめていた。

　ほぼ，本書の骨格とでも言うべきものを素描し終わった段階で，予想外の用務に忙殺されることになり，日常的にはとても原稿の細部に手を入れる時間もとれなくなった。

　というよりも，細切れ時間ではどうしても頭の中が整理できないのである。多少ともまとまった時間の割ける時期は，短い夏の間か，幸運にも土曜，日曜に予定が入らない時くらいになってしまったために，実質的にはそれほどの時間を当てる余裕はなかったものの，結果的には3年越しの作業になった。

　本書の大部分は，学習院大学をはじめとする各地の大学で，比較的自由な主題を選ぶことのできる特殊講義などの形で行なった講義が出発点となっている。

　あるものは，筆者が30代のはじめに奈良女子大学文学部の特殊講義でとりあげた主題に端を発しているが，多少とも本書が形をなしているとすれば，質問や試験の答案，レポートを通じて筆者の考えの不完全なところ，曖昧なところを自覚させてくれた各地の学生諸君のおかげであり，そうした機会を与えて頂いたそれぞれの大学の方々に感謝したい。

　また，ふとした議論の中から得た貴重なヒントや示唆までも含めると，数人の方だけのお名前を挙げるだけでは足りないほど本書は，多くの諸先輩，知友との交流に負うところが多い。とくに，蜂屋良彦氏には未公刊の資料を引用することを快く承知して頂いたことを記して御礼を申しあげたい。

　また，「まえがき」にも述べたように，実証研究を基礎としたつもりではあ

るが，実験結果や仮説検証型の調査に言及した場合，可能な限りあえて本来の資料の生の数値を挙げないで，そこで論じるべき事柄の典型に近い事例を引用して具体像を提示しようと試みた。

　事例の選択が適切かどうかは筆者の責任であるが，筆者の期待する事例を見出すために，本務先の先輩，同僚教授である多くの方々に貴重なご教示を頂いた。

　アリストテレスの国的動物の意味や，ギリシャ思想に関する田中美知太郎氏の論考の原著については北島美雪教授に，明治期の新聞資料に関して井上勲教授，社会的動物という言葉の英語起源に関しては橋本槇矩教授に貴重なご教示を頂いている。

　実験，調査資料ではなく事例によって事実を示すという試みは，議論を曖昧にする危険がある。実験では統制されているはずの雑多な要因が混入したままであるうえに，それらの重要な背景要因自体が不明確であるからである。

　それにもかかわらずあえてそれを試みたのは，実験あるいは調査の設計者の視野の中での条件統制は，別の視点から見ると必ずしも十分とは言えない場合があること，あるいは実験にしても調査にしても，結局はその時点で実験や調査に参加してくれる人々（被験者）にとって意味をもつようなある具体的現象として要因を表現するのであり，その具体化の仕方は多くの場合実験者の恣意的判断によって選ばれているように見えることである。

　そうであれば，むしろ，ある抽象的概念によって表わされる要因を日常の世界の中のどのような現象に見出すかの手掛かりを示すことにも積極的な意義があるように思われるのである。

　しかし，単に事例をあげたのでは現象の羅列におわってしまう。やや誇大な表現であるが，そこではその現象を理解するための，一般化した筆者の理論モデルを提示しているつもりである。

　換言すれば，厳密な条件の統制の行なわれた実験を羅列するにとどまり，それらの実験の背後にあるはずの理論モデルに遡った考察を放棄しているように見える類書とは異なる行き方を意図的に試みたつもりである。こうした試みは，

厳密さを尊ぶ実験研究者には異端と見えると思う。

　こうした試みをした理由は，ただ新しい現象の収集にしか関心がないように見える最近の傾向に違和感を覚えていたことにも原因があるが，同時に，単なる違和感というよりも，このままでは，この種の研究が，隣接している分野の研究者からも関心をもたれなくなり，同業の研究者の間でしか通用しない自閉的な営為になり下がるように思えたことである。必ずしも専門家ではないかもしれない方々や，専門分野の異なる方々にも読んで頂けるものにしたいと考えたのである。

　仮名遣いの統一，校正には妻照子の協力を得た。

　ミネルヴァ書房の編集部の方々，とくに寺内一郎氏には本書の出版を心よくお引き受けいただいたことをはじめとして，本書の完成までに多くのご面倒をお掛けした。同書房の校正室の方々には表記の不統一などの指摘をはじめ緻密な校正をして頂いた。

　記して謝意を表わす次第である。

2003年5月

　　　　　　　　　　　　　　　　　　　　　　　　　　　　　　　著者

人名索引

アブリック（Abric, J.-C.） *127*
アダムス（Adams, S.） *116, 117*
会田雄次 *59, 61*
アレキサンダー（Alexander, J. C.） iii
安西豪行 *84*
アリストテレス（Aristotelis） *6-8, 10, 108*
アッシュ（Asch, S. E.） *1-6, 8*
バック（Back, K. W.） *176*
ベールス（Bales, R. F.） *42, 43, 47, 118*
バーヴェラス（Bavelas, A.） *67*
バーコウィッツ（Berkowitz, L.） *115*
バーロ（Berlo, D. K.） *146*
ブラウ（Blau, P. M.） *112*
ボウルビィ（Bowlby, J.） *139, 145*
ブルーナー（Bruner, J. S.） ii, *174*
バーメスター（Buhrmester, D.） *80, 136, 139, 142*
バーク（Burke, P. J.） *118, 162*
バーン（Byrne, D.） *45, 81, 82*
カートライト（Cartwright, D.） *112, 141*
シアルディニ（Cialdini, R. B.） *6, 67*
コリンズ（Collins, B. E.） *37*
出井康子 *38, 40, 41, 46, 78, 101*
ドイッチュ（Deutsch, M.） *56, 140*
ディクソン（Dickson, W. J.） *18, 35, 48, 49*
ディルタイ（Dilthey, W.） *87*
ドワーズ（Doise, W.） *157, 177, 186*
エリクソン（Erikson, E. H.） *162*
フェスティンガー（Festinger, L.） *15, 16, 76, 81, 114, 120*
フォア（Foa, U. G.） *92*
藤森立男 *81, 82*
藤村博之 *123*
藤永保 *165*
古川綾子 *90, 168, 173*
船津衛 iii, *184*
ガーゲン（Gergen, K. J.） *162*
ゲツコウ（Guetzkow, H.） *37*
ガレー（Gulley, W. H.） *126*
グリン（Gurin, P.） *176, 178*

蜂屋良彦 *118, 125, 152, 153*
ハルピン（Halpin, A. W.） *95*
ハンブリン（Hamblin, R. L.） *69*
ハリス（Harris, M.） *7*
ヘンフィル（Hemphill, J. K.） *94*
飛田操 *110*
廣松渉 *10*
広瀬幸雄 *188, 189*
廣田君美 *112*
ホッグ（Hogg, M. A.） *112*
ホーマンズ（Homans, G. C.） *31, 53*
堀洋道 *185*
ホブランド（Hovland, C. I.） *178*
ハワード（Howard, J. A.） *184*
ホイル（Hoyle, R. H.） *82*
フッサール（Husserl, E.） *10*
稲田準子 *90*
井上俊 *183, 195*
石光眞清 *179*
伊藤勇 *183, 195*
岩井勝二郎 *175, 191*
岩見和彦 *175*
ジャクソン（Jackson, S. E.） *79*
ジェニングス（Jennings, H. H.） *26, 27, 34, 116, 129, 144, 165*
ジェラード（Jourard, S. M.） *139, 140, 145*
亀田達也 *81*
上笹恒 *185*
上武正二 *55, 66, 69*
カプラン（Kaplan, E.） *146*
苅谷剛彦 *202*
ケリー（Kelley, H. H.） *6, 32*
キースラー（Kiesler, C. A.） *6*
小林さえ *57*
小島秀夫 *90*
今野祐昭 *189*
クレッチ（Krech, D.） iii
クーン（Kuhn, M. H.） *163, 167, 168*
黒川正流 *99*
リエター（Lietaer, B. A.） *11*

リピット（Lippitt, R.） *119, 121*
前田恒 *115*
メイヤー（Maier, N. R. F.） *123*
丸山静雄 *59*
マスカロ（Mascaro, G. F.） *82*
松田薫 *175, 191*
松井豊 *168, 172, 175*
松本健一 *13, 14*
マクパートランド（McPartland, T. S.）
　　　163, 167, 168
ミード（Mead, G. H.） 　iii
メドウ（Medow, H.） *105*
ミルズ（Mills, J.） *140*
三隅二不二 　*96, 99, 122, 123, 125*
溝口元 *168*
モレノ（Moreno, J. L.） *26*
森嶋通夫 *104, 105*
守安直孝 *174*
諸橋泰樹 *172*
モース（Morse, N. C.） *124*
ミュニィ（Mugny, G.） *157*
村田光二 *81, 174*
マレー（Murray, H. A.） *79*
永田良昭 *58, 65, 68, 69, 86, 87, 92, 95, 96, 99,*
　　　101, 109, 111, 112, 114, 128, 130, 131, 143, 144,
　　　149, 150, 155, 166, 168, 169, 171, 180, 191, 192
中村隆英 *196, 198, 201*
中村敏雄 *102, 103*
中村陽吉 *66*
中野繁吉 *122, 123*
ネメス（Nemeth, C. J.） *151*
ニューカム（Newcomb, T. M.） *70-74, 77,*
　　　78, 81, 82, 129, 152, 156
能見正比古 *170*
能見俊賢 *170, 171*
奥田秀宇 *44, 82, 102, 142*
大村政男 *168, 173, 175*
折井正明 *187, 189*
太田美晴 *39, 40, 41, 46, 78, 101*
ペプロー（Peplau, L. A.） *137*
パーマン（Perman, D.） *137*
ポストマン（Postman, L.） 　ii, *174*
ライマー（Reimer, E.） *124*
レスリスバーガー（Roethlisberger, F. J.）

18, 35, 48, 49, 104
ロジャーズ（Rogers, C. R.） *136, 139-141,*
　　　145
ローゼンバウム（Rosenbaum, M. E.） *81*
ラッセル（Russell, D.） *138, 141, 143*
斉藤道雄 *158*
佐藤勇 *175*
澤地久枝 *200*
シャクター（Schachter, S.） *114*
シェーファ（Schaefer, E. S.） *89, 90*
シェーバー（Shaver, P.） *80, 136, 139, 141,*
　　　142
シェリフ（Sherif, M.） *17, 67, 187*
白樫三四郎 *96*
シンプソン（Simpson, R. L.） *126*
シンクレール（Sinclair, A.） *177, 186*
シン（Singh, R.） *82*
スレーター（Slater, P. E.） *42, 156*
スミィトン（Smeaton, G.） *82*
ストッジル（Stogdill, R. M.） *93*
ストライカー（Stryker, S.） *162*
鈴木清 *193*
サイモンズ（Symonds, P. M.） *89*
タジフェル（Tajfel, H.） *53, 162, 163*
田島司 *82*
竹内洋 *197*
滝本佳史 *175*
詫摩武俊 *168, 172, 175*
タン（Tan, D. Y.） *82*
田中美知太郎 *8*
田尾雅夫 *122, 123, 128*
田崎敏明 *96*
ティボー（Thibaut, J. W.） *32*
土屋祝郎 *179*
辻岡美延 *90*
ターナー（Turner, J. C.） *16, 53, 163, 188*
ターナー（Turner, R. H.） *183, 195*
ターナー（Turner, V. W.） *12, 106-108*
宇野善康 *187, 189*
ヴォー（Vaux, A.） *143*
バーバ（Verba, S.） *37, 50, 113*
渡邊芳之 *175*
ワイス（Weiss, R. S.） *138, 142, 143*
ヴァイゼンバーグ（Weissenberg, P.） *118*

ウェルトハイマー（Wertheimer, M.） 85
ホワイト（White, R.） 119, 121
ウィアズマ（Wiersema, M. F.） 79
ウインチ（Winch, R. F.） 79, 80
ウイナー（Winer, B. J.） 95
ウッド（Wood, M. R.） 182
山川雄巳 127

柳田國男 201
梁井迪子 193
吉田義仁 161
ザンダー（Zander, A.） 105, 112, 141
ジンバルドー（Zimbardo, P. G.） 156
ザーチャ（Zurcher, L. A. Jr.） 182

事項索引

あ行

愛情―敵意（love vs. hostility） 89, 92
愛着（attachment） 139
維持機能 141
イノベーション 187

か行

外系（external system） 31
外言（external speech） 146
課題 32, 111, 114
課題志向的リーダー（task leader） 141
課題遂行の専門家（task specialist） 43
間主観性 10, 15, 55
規範 16, 17, 68
凝集性 112
血液型性格関連説 167
交互性（reciprocation） 71
公正 45
公平（equity） 45, 139
個人的同一性 164, 171, 186
個人のシステム（individual system） 73, 129
コミタトゥス →コムニタス
コムニタス 107

さ行

サイキグループ（psychegroup） 34
賛美（admiration） 71
資源 61, 67, 114
自己開示（self disclosure） 139, 191
実在―指向的（reality-oriented）な力 72
支配―服従（dominance-submission） 89, 92
自発性―創造性の原理（The doctorine of spontaneity and creativity） 27
自閉的な力 72
社会関係の専門家（social specialist） 43
社会的規範 →規範
社会的孤立（social isolation） 138
――に基づく孤独感 143, 158, 171
社会的参画（integrated involvement） 139, 141
社会的情緒的リーダー（socio-emotional leader） 141
社会的真実性（social reality） 13, 14, 76
社会的同一性（social identity） 141, 163
社会的比較過程の理論 76
集合的システム（collective system） 73, 129, 130
集合的同一性 164, 171, 186
集団規範 113
集団凝集性 112
受容―拒否（acceptance-rejection） 89, 92
条件付きの肯定的配慮 141
情緒的孤立（emotional isolation） 139
――に基づく孤独感 143, 157, 171
自律―統制（autonomy vs. control） 89
人格的同一性 164
心理的な親密さ（psychological intimacy） 139, 141
勢力（power） 70, 121
ソシオグループ（sociogroup） 34
ソシオメトリック・テスト 26, 115

た行

体制づくり（initiating structure） 95, 118
単一――地位序列 42
地位 68
知覚された支持（perceived support） 71
通過儀礼 12, 106
テクノクラート 123
同一性 162
道具（instrumental）性 139
統制―無視 92
同調行動 6

な・は行

内系（internal system） 31
内言（inner speech） 147

内集団（in-group） *163*
配慮性（consideration） *95, 118*
パラダイム　*14*
表出（expressive）性　*139*
平等（equality）　*45, 139*
物理的真実性（physical reality）　*15, 16, 76*
方向づけ（orientation）　*77, 83*
"方向づけ"の共有（co-orientation）　*79*
ホーソン研究　*18*
没個性化（deindividuation）　*156*

ま・や・ら行

魅力　*70*
無条件の肯定的配慮（unconditional positive regard）　*139, 136*
メンバーチェンジ　*102*
目標達成　*141*
欲求の相補性　*79*
了解（Verstehen）　*87, 135*

〈著者紹介〉

永田良昭（ながた・よしあき）

1935年	東京生まれ
1959年	京都大学文学部哲学科心理学専攻卒業
1964年	京都大学大学院文学研究科心理学専攻博士課程退学
	鉄道労働科学研究所研究員，京都大学文学部助手，大阪女子大学学芸学部助教授，学習院大学文学部助教授，教授を経て
現　在	学習院大学長・教授（兼任），文学博士
著　書	『集団行動の心理学』（共編著　有斐閣）1987
	『社会心理学の展開』（共編著　北樹出版）1987
	『心理学史』（分担執筆　放送大学教育振興会）1998

人の社会性とは何か

2003年7月10日　初版第1刷発行　　〈検印省略〉

定価はカバーに表示しています

著　者　永　田　良　昭
発行者　杉　田　啓　三
印刷者　田　中　雅　博

発行所　株式会社　ミネルヴァ書房
607-8494　京都市山科区日ノ岡堤谷町1
電話代表　(075)581-5191
振替口座　01020-0-8076

©永田良昭, 2003　　創栄図書印刷・新生製本

ISBN4-623-03823-8
Printed in Japan

書名	著者	判型・価格
社会心理学への招待	白樫三四郎 編著	A5判268頁 本体2800円
集団の賢さと愚かさ ——小集団リーダーシップ研究	蜂屋良彦 著	A5判264頁 本体3500円

MINERVA 社会学叢書

①労使関係の歴史社会学	山田信行 著	A5判280頁 本体3500円
②組織の社会学	沢田善太郎 著	A5判264頁 本体3500円
③階層・教育と社会意識の形成	吉川徹 著	A5判304頁 本体4286円
④転職——ネットワークとキャリアの研究	M・グラノヴェター 著 渡辺深 訳	A5判326頁 本体4000円
⑤公共圏とコミュニケーション	阿部潔 著	A5判354頁 本体4000円
⑥階級・国家・世界システム	山田信行 著	A5判250頁 本体3500円

——— ミネルヴァ書房 ———
http://www.minervashobo.co.jp/